本書出版得到國家古籍整理出版專項經費資助

新編諸子集成續編

太玄校釋

〔漢〕揚雄 撰
鄭萬耕 校釋

中華書局

圖書在版編目(CIP)數據

太玄校釋/(漢)揚雄撰;鄭萬耕校釋. —北京:中華書局,2014.11(2024.5 重印)
(新編諸子集成續編)
ISBN 978-7-101-10367-0

Ⅰ.太… Ⅱ.①揚…②鄭… Ⅲ.①古典哲學-中國-西漢時代②《太玄經》-注釋 Ⅳ.B234.992

中國版本圖書館 CIP 數據核字(2014)第 189537 號

責任編輯:鄒　旭
責任印製:陳麗娜

新編諸子集成續編
太玄校釋
〔漢〕揚　雄　撰
鄭萬耕　校釋

*

中華書局出版發行
(北京市豐臺區太平橋西里 38 號　100073)
http://www.zhbc.com.cn
E-mail:zhbc@zhbc.com.cn
三河市宏盛印務有限公司印刷

*

850×1168 毫米 1/32 · 14⅜印張 · 2 插頁 · 263 千字
2014 年 11 月第 1 版　2024 年 5 月第 6 次印刷
印數:7901-8800 冊　定價:52.00 元

ISBN 978-7-101-10367-0

新編諸子集成續編出版緣起

新編諸子集成叢書，自一九八二年正式啟動以來，在學術界特別是新老作者的大力支持下，已形成規模，成爲學術研究必備的基礎圖書。叢書原擬分兩輯出版，第一輯擬目三十多種，後經過調整，確定爲四十種，今年將全部出齊。第二輯原來只有一個比較籠統的規劃，受各種因素限制，在實施過程中不斷發生變化，有的項目已經列入第一輯出版，因此我們後來不再使用第一輯的提法，而是統名之爲新編諸子集成。

隨着新編諸子集成這個持續了二十多年的叢書劃上圓滿的句號，作爲其延續的新編諸子集成續編，現在正式啟動。它的立意、定位與宗旨同新編諸子集成一脈相承，力圖吸收和反映近幾十年來國學研究與古籍整理領域的新成果，爲學術界和普通讀者提供更多的子書品種和哲學史、思想史資料。

續編堅持穩步推進的原則，積少成多，不設擬目。希望本套書繼續得到海内外學者的支持。

中華書局編輯部

二〇〇九年五月

目録

序

揚雄作太玄以擬易，雖屬模擬之書，實質上不失爲一個新的創作。易傳贊易云：「易之爲書也，廣大悉備，有天道焉，有人道焉，有地道焉。」揚雄也是企圖構造一個廣大悉備的系統，用來包羅天道、地道和人道。揚雄敢於「擬經」，遭到一些人的指責、譏評，也受到一些人的贊揚。值得注意的是著名科學家張衡對於太玄的稱贊。他説：「吾觀太玄，方知子雲妙極道數，乃與五經相擬，非徒傳記之屬，使人難論陰陽之事，漢家得天下二百歲之書也。」從張衡的議論看來，足證太玄是一部含有深刻内容的學術著作。

太玄非常艱澀難懂，「觀之者難知，學之者難成」（漢書揚雄傳）。其如此難懂的原因之一是揚雄采用了一些罕見詞字。揚雄是文字學家，研究過方言和奇字，於是寫書時把許多方言奇字都用上了。事實上，用明白易曉的語言來表達思想，還可能引起人們的誤解；用艱澀難懂的語言表達思想，就更令人感到幽深莫測了。

晉宋以來，注解太玄的有幾家，其中比較流行的是范望注和司馬光注。而明初葉子奇的太玄本旨較爲精切。清代也有幾本注解。但是這些注解都没有做到將太玄内容講解清楚。鄭萬耕同志研究揚雄哲學，在昔人注解的基礎上，更加鑽研，寫成太玄校釋一書，對於揚雄所用的方言奇字作了疏釋，對於太玄所包括的天文學知識作了說明，力求使太玄成爲一部可懂的書，這是近年研究古典哲學著作的新成就，對於中國哲學史研究有重要意義。這是值得向讀者推薦的。

一九八六年四月

張岱年序於北京大學

前言

揚雄（公元前五十三年至公元十八年），字子雲，蜀郡成都人，是我國西漢末年重要的思想家和文學家。

他自幼好學，博覽羣書，不拘泥於章句，力求通曉其意。少壯之時，曾欽慕屈原、司馬相如，喜好辭賦。後來，以爲作賦是雕蟲小技，便不再寫了。晚年，揚雄校書天禄閣，不參與朝政，埋頭著書立説，以求成名於後世，晉人范望稱之爲「朝隱」。

揚雄曾收集各地的方言俗語，作一方言字典，考辨名物風謡，以明異鄉難通之語，對我國語言文字學的發展作出了重要貢獻。他以爲經莫大於周易，便模仿周易而作太玄；傳莫大於論語，擬之而作法言。太玄文詞比較艱深晦澀，而法言却較爲淺近通俗，都頗具哲理，是他的主要哲學著作。

太玄是模仿周易的占筮之書

班固作揚雄傳，贊叙揚雄之事説：「實好古而樂道，其意欲求文章成名於後世，以爲經莫大於易，故作太玄。……皆斟酌其本，相與放依而馳騁云。」班固所云，深得其實。據記載，當時篡漢的王莽，唐代著名的八司馬之一柳宗元，都曾以太玄卜筮自己命運的吉凶。太玄乃是一部模仿周易而作的占筮之書。

周易的卦畫有奇⚊、偶⚋；太玄模仿之，其卦畫則有奇⚊、偶⚋和𝌀。周易有六位，太玄則有四重，最上爲方，次爲州，次爲部，最下爲家，這就是漢書揚雄傳所説「參摹而四分之，極於八十一」的意思。周易以八卦相重，共爲六十四卦；太玄則以⚊、⚋、𝌀錯布於方、州、部、家四重之中，共爲八十一首，首以擬卦。周易每卦六爻，六十四卦共爲三百八十四爻，爻有爻辭；太玄每首九贊，八十一首共爲七百二十九贊，贊有贊辭，贊以擬爻。但是，周易每卦皆有卦辭，而太玄每首則無辭；易卦六爻，爻皆有辭，玄首四重，而别爲九贊，繫於每首之下。這又與周易有所不同。

周易有經有傳，傳以解經。太玄也模仿之，經分三卷，傳十一篇，也用以解説太玄經文，即揚雄傳所説：「皆以解剥玄體，離散其文。」周易有彖傳，太玄則有首。周易有象傳，太玄則有測；象傳以解説爻辭，測也用以解説太玄贊辭。周易有文言，太玄則有文；文言解説易之元、亨、利、貞四德及乾、坤兩卦之爻辭，文也模仿周易提出罔、直、蒙、酋、冥作爲玄之五德，加以解説，并反復闡釋中首九贊之辭。周易有繫辭，太玄則有攡、瑩、掜、圖、告；繫辭爲易經之通論，用以論述易經之創作、義藴和功用等，太玄此五篇皆推贊玄經，闡發太玄之創作、義藴和功用，也屬繫辭之類。周易有説卦，太玄則有數；説卦論八卦所象之事物，數也論述九贊所象之事物，屬於一類。周易有序卦，太玄則有衝；衝序列八十一首，兩兩相對而解之，亦序卦之屬。周易有雜卦，太玄則有錯，模仿雜卦傳，解釋八十一首之意義，不依各首次序，錯綜交雜而説之。

周易論及揲蓍求卦之法，太玄也列有揲蓍索首之則。就是：天地之策各有十八，合爲三十六，地則虚三，而實用三十三策。筮時，從三十三策蓍草中取出一策，掛於左手小指間，是謂「別一」。然後，將其餘蓍草隨意分爲兩部分，是謂「中分其餘」。「中分」之後，將其中一部分按每三策一組數之，是謂「以三搜之」。搜過之策，仍置原處。在「三搜」之後，將其餘蓍草（或一策，或二策，或三策）置於所掛蓍草之旁，是謂「并餘於艻」。「一艻之後」，「再數」另一部分蓍草，「以三搜之」。搜過之策，仍置原處。此次「再數」至十以下，所餘蓍草必爲七、八、九策。其餘七策爲一畫，八策爲二畫，九策爲三畫，是謂定畫。經過這樣「別一」、「中分」、「三搜」、「并餘」、「再數」、「定畫」六次策算，即可確定其首之一位。至此，揲蓍之全過程完結，故言「六算而策道窮」。經過四度求畫，而方、州、部、家四位成，則玄之一首定。這就是太玄揲蓍索首的具體方法（參見太玄數。以此擬易大衍蓍法，實不周延。古人解此方法，可參見黄宗羲易學象數論太玄蓍法）。

太玄也模仿周易占斷吉凶之文，而作有占筮斷卦之法。具體方法是：凡占斷所遇卦的吉凶休咎，必須區分經緯、晝夜、表贊。一、二、五、六、七贊爲經，旦筮用之。三、四、八、九贊爲緯，夕筮用之。日中、夜中筮，雜用二經贊一緯贊。一五七爲一表，屬於經；三四八爲一表，屬於緯；二六九爲一表，雜用經緯。凡旦筮則用經，當九贊一五七之表，遇陽首則一五七并爲晝，是謂「一從二從三從」，始、中、終皆吉；遇陰首則一五七并爲夜，是謂「一違二違三違」，始、中、終皆凶。凡夕筮則用緯，當九贊三四八之表，遇陽首，始吉，中、終凶；遇陰首，始凶，中、終吉。若日中、夜中筮，則雜用二經一緯，當九贊二六九之表，遇陽首，始、中凶，終吉；遇陰首，始、中吉，終凶。雖然觀一表之中始與中之贊辭，但最後決斷占筮是吉是凶，主要依據終贊之辭而定。正如范望所記述：「王莽將有事，以周易筮之，遇『羝羊觸藩』；以太玄筮之，逢干首。干者，陰家，其位一五七也，而以七決之，其辭云：『何戟解解。』此『從終』之義也。」

要而言之，太玄確是一部模仿周易而作，具有神秘色彩的占筮之書。然而，它却對以前的易學、哲學和自然科學作了一定程度的總結，提出了一個世界圖式和哲學體系，包含有豐富的哲學思想。值得我們加以研究、鑒別，繼承其中的寶貴遺産。

太玄的世界圖式及其自然科學基礎

太玄所提出的世界圖式，也是模仿周易的，而又與周易不同。周易的世界圖式是從陰陽兩個對立的觀念出發，基本上採用二分法展開的。「易有太極，是生兩儀；兩儀生四象，四象生八卦。」（周易繫辭上）八卦重爲六十四卦，每卦六爻，共三百八十四爻。以此作爲世界事物變化的公式。太玄的世界圖式是從易傳天、地、人三才的觀念出發，而採用三分法，又列爲四重（即方、州、部、家）構造而成的。太玄圖說：「一玄都覆三方，方同九州，枝載庶部，分正羣家。」又說：「玄有二道，一以三起，一以三生。以三起者，方州部家也。以三生者，參分陽氣，以爲三重，極爲九營。是爲同本離末，天地之經也。旁通上下，萬物并也。九營周流，終始貞也。始於十一月，終於十月。羅重九行，行四十日。」這是說，一玄分而爲三，名之爲方，有一方二方三方，這就是「一玄都覆三方」。一方爲天玄，二方爲地玄，三方爲人玄。三方又各分爲三，名之爲州，每方有一州二州三州，共爲九州，這就是「方同九州」。每州又各分爲三，名之爲部，每州有一部二部三部，共爲二十七部，這就是「枝載庶部」。每部又各分爲三，名之爲家，每部有一家二家三家，共爲八十一家，這就是「分正羣家」。這樣的三分過程，就是所謂「一以三起」。

這樣由四重所構成的某方、某州、某部的某家，太玄稱之爲首。八十一首分爲九個階段，爲「九天」，每「天」九首。每首又分爲下、中、上（或始、中、終，或思、福、禍）三個小階段；每個小階段有三贊；三三而生，共爲九贊。八十一首共分爲七百二十九贊。這裏所用的都是三和三的倍數，如九、八十一、七百二十九等等。這就是所謂「參分陽氣，以爲三重，極爲九營」；這就是「一以三生」。這樣，一玄、三方、九州、二十七部、八十一家及其所構成的八十一首和七百二十九贊，就構成了一個世界圖式。這就是太玄體系的結構。它用這個體系説明萬事萬物的發展和運動。所以説：「是爲同本離末，天地之經也。」「同本離末」，是説事物都由同一個本源分化出來。分化以後的事物，雖有不同，但又互相聯繫，即所謂「旁通上下，萬物并也」。同時，這個圖式分爲九個階段，用來説明一年四時的變化過程，這就是所謂「九營周流，終始貞也」。

太玄把一年四季的變化分爲九個階段，一個階段稱爲一「天」，一年共「九天」，順次以每州的第一部第一家的首名命名。這就是所謂：「九天：一爲中天，二爲羡天，三爲從天，四爲更天，五爲睟天，六爲廓天，七爲減天，八爲沈天，九爲成天。」（太玄數）太玄八十一首分爲九節，每節九首，各分配於「九天」。第一首至第九首屬於中天，第十首至第十八首屬於羡天，以此類推。每「天」包括四十日（太玄以兩贊配一日，每首九贊，每「天」九首，九九而八十一，得四十日半，取其整數，所以説四十日）。在一年「九天」之中，陰陽運行的情況是，陽生於十一月，陰終於十月。這就是所謂「始於十一月，終於十月。羅重九行，行四十日」。這樣，每一首主四日半，八十一首主三百六十四日半。這是試圖以八十一首來表現一年四時的變化過程，所以説：「八十一首，歲事咸貞。」（玄首都序）

太玄是怎樣用這個圖式説明世界萬物一年四時的運動變化的呢？太玄圖説：「誠有内者存

乎中，宣而出者存乎羡，雲行雨施存乎從，變節易度存乎更，珍光淳全存乎睟，虛中弘外存乎廓，削退消部存乎減，降隊（墜）幽藏存乎沈，考終性命存乎成。」這是用陰陽消長和萬物盛衰的狀況來説明「九天」的變化過程。在中天，陽氣潛藏於内；在羡天，植物開始萌生；在從天，雲雨滋潤萬物；在更天，植物變化繁多；在睟天，植物茂盛結實；在廓天，植物變得外强中乾；在減天，植物逐漸衰退；在沈天，植物降落潛藏；在成天，萬物完成結束。太玄還爲陰陽二氣的消長運行規定了時間和方位。在一年的循環之中，陽生於子（中首，十一月，冬至，正北方），極盛於巳（四月，東南），至亥（十月，西北）完全不發生作用，讓位於陰，所謂「西北則子美盡矣」。在陽氣開始衰微時，它的對立物——陰氣就開始發揮作用。陰生於午（應首，五月，夏至，正南方），極盛於亥（十月，西北），至巳（四月，東南）完全不發生作用，又讓位於陽，所謂「東南則午美極矣」。陰氣開始衰微時，其對立物——陽氣就開始發揮作用，陽又「生於子」。西北是陰氣極盛的方位，東南是陽氣極盛的方位，所以説：「陰酋西北，陽尚東南。」（參見太玄圖）照這些説法，太玄八十一首就構成了一個時間、空間相互配合的世界圖式。從第一首（中首）到最後一首（養首），是一個陰陽二氣在這個宇宙間架之中消長運行的循環過程。太玄首則更加生動而詳盡地描繪了這個過程。也正是陰陽二氣的消長運行，決定了一年四季萬物的盛衰。按照太玄的説法，認爲在一年四時之中，陰陽二氣平等地交替發生作用，沒有什麽「尊卑」、「主從」之分；陰陽并不體現人的道德性質，也沒有意志、欲望和感情。這樣的圖式，在一定程度上，是和董仲舒爲代表的神秘主義目的論體系相對立的。

太玄圖式也配入了五行。太玄瑩説：「鴻本五行，九位施重。上下相因，醜（類）在其中。」太玄告説：「五行迭王，四時不俱壯。……南北定位，東西通氣，萬物錯離乎其中。」這就是説，太玄八十一首的次序不僅表示陰陽的消長，也表示五行的生剋。世界事物的變化，既是陰陽消長的結果，也是按照五行的機械性能進行的。

同時，太玄還爲五行及其生數和成數規定了時間和方位。三八爲木，爲東方，爲春；四九爲金，爲西方，爲秋；二七爲火，爲南方，爲夏；一六爲水，爲北方，爲冬；五五爲土，爲中央，爲四維（四隅）。從而構成了一個以五行爲支柱的時間、空間相配的宇宙間架。不僅如此，太玄還把音律、顏色、氣味以及人的五臟、性情、外貌，天上的日月星辰，地上的氣候、鳥獸草木，社會的生產、宗教活動等等，都配入這個宇宙間架，企圖以此説明「玄」之包羅萬象，能解釋一切。這些説法幾乎是抄録吕氏春秋十二紀、禮記月令和淮南子時則訓的説法，而又把它發展得更加繁雜、瑣碎，因而也就更不符合實際情況，更缺乏合理性，多是一些荒唐的胡話。

太玄的世界圖式把陰陽、五行、天地人、世界上的一切事物都緊密地勾掛起來，組成了一個相互聯繫的整體，從而描繪了一幅世界聯繫的總的圖畫。它企圖探討外部世界的普遍聯繫。但是，這個關於世界聯繫的圖畫，把一切事物的發展變化都局限於以九爲基數的框子之中，企圖用一些簡單的數字解釋豐富的、紛繁變化的事物，不免陷於牽强，失於主觀臆斷。它既没有把握事物聯繫的複雜性，也不可能揭示事物之間的本質聯繫。

然而，太玄這個包羅萬象的世界圖式，是以當時的自然科學爲基礎的。

當時天文學中，關於天體的學説，主要有兩家，一是蓋天説，一是渾天説。揚雄起初信奉蓋天説，後來在桓譚的啓發和幫助下，轉而擁護渾天説。晚年，他提出「難蓋天八事」（參見隋書天文志），成爲蓋天説的批判者了。揚雄還曾向黄門渾天老工學習天文，對渾天説作過研究。太玄的世界圖式正是吸收渾天説「天包地外」、「周旋無端」，循環運行，永無休止的思想，而構造出來的。正如揚雄自述所説：「大潭思渾天」而作太玄（漢書本傳）。

太玄圖式也吸取并改造了孟喜、京房及易緯的「卦氣説」。孟、京的著作和易緯，災異、迷信的神學思想十分濃厚，但也包含有許多自然科學的精粹成果。「卦氣説」就是其中的科學成分之一。這已經爲我國唐代大天文學家一行和尚所肯定（參見新唐書卷二十七上）。它把六十四卦分配於一年四時之中，表示陰陽二氣的消長和四季的變化過程。一年之中，每卦都發生作用，叫做「用事」，也即所謂「卦氣」。坎、離、震、兑四正卦的二十四爻分主二十四節氣，其餘六十卦，每卦主六日又八十分日之七，備一歲三百六十五日又四分日之一。太玄圖式把八十一首分配於一年四時之中，用以表示陰陽二氣消長和萬物盛衰的過程。把八十一首分爲「九天」，每「天」「用事」四十日半,所謂「羅重九行,行四十日」。這是吸取「卦氣説」而來的。太玄的世界圖式和孟、京及易緯的「卦氣説」一樣,都是用「卦」或「首」來表示一年之中季節的變化,實質上都是一種曆法或月曆。

秦至漢初,都采用顓頊曆,但是逐漸發現它已經與實際天象不合。到漢武帝元封七年(公元前一百零四年)開始改用鄧平、落下閎等人創制的新曆法,以元封七年爲太初元年。這個曆法也就稱爲太初曆。後來,劉歆又加以整理,并附加一種理論,稱爲三統曆。

中國古代曆法,以夜半爲一天的開始,以朔旦爲一月的開始,以冬至爲一年的開始,以甲子爲推算年代的開始。尤其重視曆元。所謂曆元,就是用朔旦、冬至恰好是甲子日的夜半的那個時刻,作爲推算曆法的開始。太初曆的制定者之一鄧平創制了八十一分法,規定一個月的日數爲二十九又八十一分之四十三。從而實際推算的結果是:一月的日數爲二十九又八十一分之四十三日;一歲的月數爲十二又十九分之七月;一歲的日數爲三百六十五又一千五百三十九分之三百八十五日;一章爲十九年(七閏月),亦即二百三十五月。經過這個周期,朔旦、冬至又在同一天。一統爲八十一章即一千五百三十九年,一萬九千零三十五月,五十六萬二千一百二十日。經過這個周期,朔旦、冬至又在同一天的夜半。一元爲三統即四千六百一十七年。經過這個周期,朔旦、冬至又同在甲子那一天的夜半。按照實際推算,第一統以甲子日開始,第二統、第三統必然以甲辰日、甲申日開始;三統以後,又回到以甲子日開始。這就是劉歆三統曆的結構(詳見漢書律曆志)。

太玄圖式將八十一首分爲七百二十九贊，每兩贊主一晝夜，共三百六十四日半，外加踦、嬴兩贊，而滿一歲三百六十五日又一千五百三十九分日之三百八十五。正與三統曆相合。所以太玄圖說：「凡三百六十四日有半，踦滿焉，以合歲之日而律曆行。」又說：「故自子至辰，自辰至申，自申至子，冠之以甲，而章、會、統、元與月蝕俱没，玄之道也。」這恰好説明太玄圖式是本於三統曆的。而將八十一首分爲天玄、地玄、人玄，很可能也是由三統曆中「天統」、「地統」、「人統」的説法演化而來。所以本傳叙述太玄説：「其用自天元推一晝一夜陰陽數度律曆之紀，九九大運，與天終始。故玄三方、九州、二十七部、八十一家、二百四十三表、七百二十九贊，分爲三卷，曰一二三，與太初曆相應，亦有顓頊之曆焉。」

太玄圖式還吸收了三統曆和淮南子關於二十四節氣的知識，把八十一首七百二十九贊配以二十四氣和日躔宿度，以及風雨物候，用以説明四時季節和月令的變换。

綜上所述，太玄圖式包含了天文、曆法等自然科學知識，是一個日月星辰運行、四時變化、萬物盛衰的有機結合體，構成了一個特殊的曆法。所以太玄圖説：「陰質北斗，日月畛營，陰陽沈交，四時潛處，五行伏行。六合既混，七宿軫轉，馴幽推歷，六甲内馴。九九實有，律吕孔幽，歷數匿紀，圖象玄形，贊載成功。」

太玄的哲學思想

一、「玄幽攡萬類」的宇宙形成論

太玄哲學的最高範疇稱爲「玄」。「玄」在太玄中，像周易的「易」一樣，具有多重含義。其一是指太玄書，如太玄瑩所説「玄術瑩之」，太玄圖所謂「玄有二道」，「玄有六九之數」等。其二是指太玄的哲學體系，即前述那個世界圖式，如太玄圖所説「一玄都覆三方」。其三是指事物變化的規律或法則，如太玄圖所説：「夫玄也者，天道也，地道也，人道也……」其四是指事物神妙莫測的變化，如太玄告所謂：「天以不見爲玄，地以不形爲玄……」其五，就其自然觀或宇宙形成論的意義説，它是指世界的最高本原，天地萬物的根本。

太玄認爲，宇宙的形成有一個過程。太玄攡説：「玄者，幽攡萬類而不見形者也。」攡，舒張展開之意。幽，言其無形。即是説，天地萬物從玄中分化出來，或者説玄自身展開出萬類萬物。「玄」這個概念，源於老子第一章：「玄之又玄，衆妙之門。」「玄」本來是説天的一種蒼蒼之色，引伸開來，説明一種幽遠難測的性質。大概揚雄是要强調萬物之所從出，宇宙的本原神妙莫測、幽深難知，而把老子的「玄」這個概念加以改造，作爲太玄哲學的最高範疇。也就是説，太玄認爲「玄」是宇宙的開始狀態。

「玄」爲何物？太玄作了自己的解釋。它認爲，玄是無形的，雖然無形，但又滲透於天地萬物之中，無所不在。玄的特點是「陰陽坒參」，「渾行無窮」（太玄首）。就是説，玄包含陰陽兩個對立面，是陰陽二氣渾沌未分的統一體，它在不斷地運動。所以揚雄又認爲「玄」的内容是元氣。玄「大者含元氣，纖者入無倫」（揚雄解謿，見漢書本傳）。這是用先秦稷下唯物派關於「道」（氣）「其大無外，其小無内」的思想解釋「玄」，表明「玄」與稷下唯物派的「道」是一類概念。就是説，玄以元氣爲内容，滲透於一切事物之中。這樣，太玄所謂「玄」，實際上就相當於漢代當時流行思想所説的「元氣」。王充在論衡對作中充分肯定了這一點，認爲「玄」和周易的「乾坤」，春秋的「元」一樣，都是賦予氣的不同名稱。「易之『乾坤』，春秋之『元』，揚氏之『玄』，卜氣號不均也。」贊同以「玄」爲元氣。張衡也認爲「玄」是尚未有形的元氣（參見後漢書張衡傳，太平御覽卷一）。因此，揚雄認爲，宇宙的形成開始於元氣，所謂「自今推古，至於元氣始化」（揚雄覈靈賦，太平御覽卷一引）。元氣是最初的物質。

「玄」怎樣分化出萬物？宇宙形成的具體過程如何呢？太玄認爲，玄——元氣措張開陰陽二氣，「攡措陰陽而發氣」，陰陽二氣相互作用形成天地。陽氣發散，形成天體而轉動；陰氣凝聚，成爲大地而定形。陰陽二氣一分一合，化生萬類萬物。於是天體的運行，晝夜、四時的更迭，萬物的盛衰也就都確定下來了（參見太玄攡）。

這就是太玄所提出的宇宙形成論。就其理論思維説，有幾點值得注意。第一，以元氣爲最原初的物質始基，肯定了元氣是物質世界的根本，構成萬物的元素。這個元氣説的宇宙形成論來源於淮南子，但又認爲元氣是宇宙的始原，在元氣之前再没有别的什麽東西，從而克服了淮南子「虚廓生宇宙，宇宙生元氣」，認爲在元氣之前，還有一個虚空的世界的理論缺陷，發展爲一種更徹底的唯物論。第二，世界萬物的産生是「玄」——元氣自身演化、自身分化、自身展開的過程。這是太玄宇宙形成論頗有特色的地方。「攡措陰陽而發氣。」攡，舒、張、開展。措，置、施布。發，舉、舒、揚、開之義。實際上，攡、措、發三字基本上是在同一意義上使用的，都是講「玄」分化的過程。這裏不僅包含有深刻的辯證思維的因素，也是和董仲舒、讖緯的創世説根本對立的。在太玄中，不承認什麽外在的力量，也没有上帝、神和任何造物主的地位。「玄」没有意志，自然無爲，雖然分化出萬物，但并不顯示自己的形跡。天也是無爲的，天下萬物不是「天」有意創造的，「吾於天歟，見無爲之爲矣」（法言問道）。給官方哲學的神學目的論以沉重打擊。第三，揭示了世界萬物普遍聯繫的法則。太玄把世界描繪成一個以元氣爲原初物質，由於陰陽二氣的作用而自身展開，并由氣緊密貫通起來的統一整體，即所謂「通同古今以開類」（太玄攡）。太玄認爲，萬物都是由同一個本源分化出來，分化之後的事物雖千差萬别，豐富多彩，但又互相聯繫着，「同本離末，天地之經也。旁通上下，萬物并也」。這就以其樸素的形式接觸到了事物普遍聯繫的法則。

二、「陰陽消息」的樸素辯證法思想

太玄吸取當時的自然科學知識，闡發了周秦以來的辯證法思想。認爲天地萬物都含有對立面，「立天之經曰陰與陽，形地之緯曰從與横，表人之行曰晦與明」（太玄瑩）。因爲「玄」本身就具有陰陽兩個方面。太玄攡説：「陽知陽而不知陰，陰知陰而不知陽。知陰知陽，知止知行，知晦知明者，其唯玄乎？」知是主管的意思。止行是指陰陽二氣在一年四時的運行。晦明指陰陽各自的性質。這是説，玄非陰非陽，而是既主陰又主陽，即陰陽兩個對立面的統一體。太玄認爲，天有天之道，地有地之道，人有人之道，但它們有一個共同的法則，即「陰陽消息之計」（太玄圖）。「三儀同科，厚薄相劘。」（太玄攡）三儀，指天、地、人。科，即法、則。厚薄，即陰陽，陰氣濁稱厚，陽氣清故稱薄。相劘即相互摩蕩，也即相互作用。這就是説，一切事物的産生和變化，都是由陰陽兩個對立面相摩相蕩，相互作用所引起的；這是一切事物所遵循的共同法則。太玄舉例論證説：「一晝一夜然後作一日，一陰一陽然後生萬物。」（太玄圖）「日不南不北則無冬無夏，月不往不來則晦望不成。」（太玄告）就是説，自然現象的變化，總是兩點，一點不成其爲事物。據此，它解釋了一年四季的形成，萬物的盛衰，認爲是陰陽二氣消長的結果。比如，冬至以後陽盛陰衰，萬物向生；夏至以後陰盛陽衰，萬物就死。夏天陽氣純剛，萬物莫不强盛；冬天陰氣彰强，陽氣衰退，萬物將亡。

總之，陰陽二氣在一年四時之中，消長運行，各有盛衰，相互交替，太玄稱之爲「陰陽更巡」（太玄攡），因而萬物纏綿而生生。正是陰陽兩個對立面的相互作用，使萬物得以産生，推動了事物的運動變化，所謂「虚實蕩，故萬物纏」（同上）。虚實也即陰陽，陽實而陰虚。陰陽相摩相蕩，萬物生生不已。這樣，太玄就猜測到了，事物的運動變化是對立面的統一和矛盾的過程，從而自發地接觸到了辯證法的最根本法則——對立統一規律。這種對立引起變化，變化源於對立的思想，是對易傳「剛柔相推而生變化」，「一陰一陽之謂道」的辯證思維的繼承和發揮，是我國古代的兩點論。

依據這種兩點論，太玄進一步闡發了對立面轉化的思想。認爲對立的一方，發展到極點，就要向反面轉化。「陽不極則陰不萌，陰不極則陽不牙。極寒生熱，極熱生寒。」「盛則入衰，窮則更生。」（太玄攡）對立的一方不發展到極端，就不能向其反面轉化。所以，它要求人們一定要把握「極」這個時機，也就是一種時間上的條件。「陰不極則陽不生，亂不極則德不形。君子修德以俟時，不先時而起，不後時而縮。」（太玄文）太玄又説：「次七，疾則藥，巫則酌。測曰，疾藥巫酌，禍可轉也。」（太玄經失首）就醫服藥是禍（疾）向福轉化的條件。「福不醜（惡），不能生禍；禍不好，不能成福。」（太玄瑩）作惡，是福向禍轉化的條件；爲善，是禍向福轉化的條件。强調轉化的條件性，是太玄辯證思維的一個重要特點。根據這種思想，太玄又把事物的發展過程分爲九個階段。

自然界變化的九個階段叫做「九天」，實際上是把一年四季的變化分爲九個階段。人事變化的九個階段叫做「九事」。它認爲，在事物發展的九個階段中，五是一個分水嶺。五以前是息（生長），處於上升階段；五以後是消，開始轉向消滅，是走下坡路的情況。這就叫做「陰陽消息」。這個觀點説明，世界上没有凝固不變的東西，整個世界都處於生長、發展和衰落的過程中。這就打擊了董仲舒「天不變，道亦不變」的形而上學思想。

基於這種陰陽消息説，太玄認爲，世界上的一切事物都處於永無休止的運動變化之中。「天渾而揮，故其運不已；地隤而静，故其生不遲；人馴乎天地，故其施行不窮。」（太玄告）而事物的運動變化是不斷更新的過程。「其動也，日造其所無而好其所新；其静也，日減其所有而損其所成。」（太玄攡）這是説，運動才能更新，而静止就要衰亡。這個觀點涉及到了運動和静止的關係問題。它并没有説静止就是絲毫不動。實際上，這裏所講的，是事物發展變化的兩種趨勢。惟其有運動和静止兩個方面，所以舊的東西不斷衰亡，新的東西不斷産生。這是要强調事物的更新發展。這種對於運動變化的認識，應該説是一個新的觀點。

太玄還進一步提出了「因循革化」的命題，認爲事物在發展過程中有繼承（「因循」），又有變革（「革化」），二者相輔相成，是統一的。有因有革，是事物發展變化的一條規律，二者缺一不可。所以事物要發展，就既要「因而能革」，又要「革而能因」。「物不因不生，不革不成。」没有因的方面，事物就不能發生；没有革的方面，新事物就不能形成。因此，這兩個方面都不可偏廢。只講一面，就不符合事物變化的法則，「知因而不知革，物失其則；知革而不知因，物失其均（常態）」。同時，因與革也不是隨意妄爲，而是因要合理，革要適時，必須合乎事物自身發展的條件和規律（以上參見太玄瑩）。太玄把「因循革化」作爲一對範疇提出來，加以論證，豐富了辯證法的範疇，有力地打擊了董仲舒「奉天法古」、反對變革的形而上學，是對我國古代辯證思維的一大貢獻。

要之，太玄所包含的辯證法思想是相當豐富而精湛的，從而使揚雄成爲漢代辯證法的宇宙觀的代表人物。但是，由於時代和階級的局限，太玄的發展觀，同樣没有擺脱「中和」和循環論思想的影響，最後陷入了形而上學。

三、「貴其有循而體自然」的認識論

太玄充分肯定世界是可知的，人具有認識客觀事物及其規律性的能力。它説，人只要認真觀察，深入鑽研，天地的微妙、人間的事理都可以通曉。「仰以觀乎象，俯以視乎情。察性知命，原始見終。」（太玄攡）「天地，神明而不測者也。心之潛也，猶將測之，況於人乎？況於事倫乎？」（法言問神）天地人，宇宙間的一切事物，都是可以認識的。所以太玄文説：「視天而天，視地而地，視神而神，視時而時，天地神時皆馴而惡入乎逆。」聖人只要探究自然，就能够掌握自然變化的規律，并引導、控制自然的變化，使人與自然界相諧調。

揚雄强調聞見的重要，重視學習的作用。他曾批評老子「絶學無憂」説：「人而不學，雖無憂，如禽何？」（法言學行）不學固然無憂，但與禽獸没有區别了。既要學，更要思，「學以治之，思以精之」（同上）。思才能精。因此，太玄認爲，人的認識要靠耳聽、目視、心思。要對事物有清楚的認識，耳目等感官必須普遍地接觸事物，「目上於天，耳入於淵」（太玄經睟首）。如果耳目塞閉，就會混亂、蒙蔽人的思維，「割其耳目，及其心腹」（割首），「冥斷否，在塞耳」（斷首），就不會有明白、正確的認識。它還特别强調心（思維）對於認識的作用，認爲内心清明、通達，就可以視無不見，無所不曉，「内其明，目窺深也」（太玄測視首），「中冥獨達，内曉無方也」（達首）。相反，内心昏暗，就會耳目錯亂，視而不見。這是對先秦稷下唯物派和荀子認識論思想的繼承。

更有特色的是，太玄提出了「貴其有循而體自然」（太玄瑩）的命題。自然，即事物之本然，本來的樣子。循，即遵循，遵循客觀實際情況。體自然，即以自然爲體材，也即以客觀實際的本來樣子爲内容。太玄强調，一個著作必須遵循客觀情況，以事物的本來面目爲内容，客觀情況是個什麽樣子，就要寫成什麽樣子，不能去其所有，强其所無，任意損益。因此，它又特别强調摹擬，「上擬諸天，下擬諸地，中擬諸人」（太玄捝）。而太玄本身就是這樣的一部著作。太玄捝説：「玄之贊辭也，或以氣，或以類，或以事之骫卒。」太玄之贊辭皆有所依據，或以陰陽之氣的消長運行，或以五行之氣的相生相勝，或以同類事物的相從相應，或以人之行爲作事的委曲終始立論，「苟非其事，文不虚生」（漢書本傳）。如果違背了客觀實際情況，非碰壁不可，「天下之大事悖矣」（太玄挽）。照這些話看來，太玄主張學説必須具有客觀性，主觀應符合客觀。這是科學的，正確的。

基於這種觀點，揚雄進一步提出了「言必有驗」的主張。認爲一種言論是否正確，要經得起各方面的驗證。「善言天地者以人事，善言人事者以天地。」（太玄告）言天地自然之道則驗之以人事滄桑，言人倫事理必驗之以自然之道。講幽隱的東西，必須有顯明的東西驗證；講玄遠的東西，要有切近的東西驗證；講大的東西，要有小的東西驗證。經不起全面考驗的言論，就不是真理，「無驗而言之謂妄」（法言問神）。這又叫做「事辭相稱」（法言吾子）。這是以言論是否符合客觀實際作爲檢驗真理的尺度，具有合理因素，後來爲王充所繼承和發展。

綜上所述，太玄肯定世界的可知性，注重感覺經驗，主張主觀要符合客觀，按照客觀事物的本來面貌認識世界，説明世界，强調實際檢驗，具有一定的科學性、合理性，都是屬於唯物主義反映論的。但是，有時它又過分誇大了「心」的作用，所謂「人心其神矣乎！」（法言問神）没有擺脱唯理論的影響。由此，又誇大了聖人的認識能力和作用，「聖人仰天則常，窮神掘變，極物窮情」（太玄文）。認爲是非的標準在於聖人，「衆言淆亂，則折諸聖」（法言吾子）。以聖人的言論作爲是非標準，就離開了唯物論，而倒向唯心論了。

總而言之，太玄雖是模擬周易的占筮之書，但又在當時自然科學的基礎上，繼承周秦以來的唯物主義和辯證法的思想傳統，闡發並確立了唯物主義元氣論的自然觀，闡發了「陰陽消息」的精湛的辯證法思想，建立了一個較爲系統的哲學體系，爲爾後唯物主義和無神論的進一步發展奠定了基礎。受到漢代著名唯物主義哲學家桓譚、王充和偉大的科學家張衡的推崇和贊揚，並給予他們以深刻影響。而太玄反對神學迷信、注重義理的思辨學風，融合易老的大膽嘗試，又實開魏晉玄學之先河。

校釋説明

一、本校釋以晉范望太玄解贊（四部叢刊影印明萬玉堂翻宋本——簡稱范本）爲底本，校以宋司馬光太玄經集注（四部備要據明刻本校刊——簡稱集注本）。並參考明葉子奇太玄本旨（文淵閣四庫全書本——簡稱葉本）、趙如源校訂本（明天啓武林趙氏刻本——簡稱趙本）、清劉斯組太玄别訓（乾隆刻本）、陳本禮太玄闡祕（簡稱陳本）、湖北崇文書局子書百家本、上海涵芬樓影印道藏本和俞樾諸子平議。

二、校勘中底本錯字、衍文一律保留，加（　）號；凡改正錯謬、增補文句，均加〔　〕號，並在校釋中加以説明。其餘一仍底本之舊。

三、揚雄創作太玄，時人多不能解。唯鉅鹿侯芭承受其學，獨得精旨，而章句不傳。三國之時，章陵宋衷始作解詁，吴郡陸績釋而正之。晉范望採二家之注，取長補短，更加新意，撰有解贊。唐王涯又因舊發新，爲之作注。至宋爲之作注者甚衆，只有司馬光太玄經集注行於後世。遼胡次和作太玄集注。明葉子奇作太玄本旨。清劉斯組有太玄别訓，焦袁熹有太玄解，陳本禮有太玄闡祕等。其中流行於世的有范望注、司馬光注、葉子奇注和陳本禮注。本校釋於范注、司馬光集注等擇善而從。凡所徵引均予注明。葉子奇太玄本旨世不多見，而又較爲精切，頗具特色，則多所採摘，録於注末，以備參考。

四、注釋中所引文字均注明出處。删略較多而間引者，不盡依原書文句，以免繁瑣。

五、本校釋先校勘而後釋義，以釋爲主。

六、有關文獻資料，擇要附録於後，以資參閲。

太玄校釋

玄首都序

馴乎！玄，渾行無窮正象天〔一〕。陰陽㠯參，以一陽乘一統，萬物資形〔二〕。方州部家，三位(踈)〔疏〕成〔三〕，曰陳其九九，以爲數生〔四〕。贊上羣綱，乃綜乎名〔五〕，八十一首，歲事咸貞〔六〕。

校釋

〔一〕馴，順。天，指圓。這裏是兩套語言：一是講太玄體系的形成；一是講宇宙萬物的形成，講世界觀。就第一義説，玄指太玄書；言太玄順應天道，像天一樣渾淪周行，永無休止。漢書揚雄傳引揚雄自序説，「大潭思渾天」而作太玄。太玄正是吸取當時天文曆法等自然科學知識，以渾天説爲依據構造而成的。就第二義説，玄指陰陽二氣混而未分；言玄之特點是周行無窮，運動不息，象天圓轉一樣，循環無窮永無休止。

〔二〕玭，比，指相配。參，三。統，指天、地、人，說本三統曆。言一統而三統兼具。就世界觀說，此言陰陽相比相參，萬物由此而生。陰陽二氣消長運行，萬物盛衰，視陽而定，故言以一陽乘一統。就太玄書說，言陽畫⚊與陰畫⚋相配，合而爲三，成𝌀畫，便有了天、地、人三方（即三統），畫卦於三方之中，則太玄體系成。

〔三〕集注本「踈」從宋（衷）、陸（績）本作「疏」，趙本同，近是。疏，布。司馬光曰：「揚子名首之四重，以方州部家者，取天下之象言之，故『一玄都覆三方，方同九州，枝載庶部，分正羣家』（按此太玄圖文）。玄者，天子之象也；方者，方伯之象也；州者，州牧之象也；部者，一國之象也；家者，一家之象也。上以統下，寡以制衆，而綱紀定矣。三位，一二三也。以一二三錯布於方州部家，而八十一首成矣。」

〔四〕太玄以三起數，轉而相乘，三三而九，九九而八十一，以成一玄三方九州二十七部八十一家。一玄分而爲三：⚊、⚋、𝌀，分配於方州部家四个層次之中，共得八十一首。

〔五〕贊，指玄贊，相當於周易的爻。玄每首九贊，共七百二十九贊。綱，指玄之八十一首。上，指八十一首繫於七百二十九贊之上。八十一首分別統領七百二十九贊，似綱之於網，以綜括七百二十九贊而成八十一首之名。

〔六〕咸，皆、都之義。貞，正。八十一首七百二十九贊，每兩贊相當於一晝夜，計三百六十四日半，外加踦、嬴兩贊，備一歲之日數，表示一年之中陰陽消長，萬物盛衰的過程。故言一歲之事皆正。

玄測都序

盛哉日乎，丙明離章〔一〕，五色淳光。夜則測陰，晝則測陽，晝夜之測，或否或臧〔二〕。陽推五福以類升，陰幽六極以類降〔三〕，升降相關，大貞乃通〔四〕。經則有南有北，緯則有西有東。巡乘六甲，與斗相逢，歷以記歲，而百（穀）〔榖〕時雍〔五〕。

校　釋

〔一〕集注本「丙」作「炳」。二字音同而通。丙、離、章皆訓爲明，取易離卦文義，盛言日之光耀明朗。日之運行，區分晝夜。七百二十九贊，每兩贊爲一晝夜，合三百六十四日半，正應日之運行，成一歲之功。

〔二〕測，有測度預示之義。臧，善。不善爲否。范注：「言日晝則知陽，夜則知陰，一陰一陽，故或善或否矣。」按，太玄數云：「休則逢陽」，「咎則逢陰」。太玄爲占筮之書，故有晝夜臧否之説。

〔三〕陽推，指陽氣具有盛長萬物的作用。陰幽，指陰氣具有潛藏萬物的作用。尚書洪範云：「五福：一曰壽，二曰富，三曰康寧，四曰攸好德，五曰考終命。」「六極：一曰凶短折，二曰疾，三曰憂，四曰貧，五曰惡，六曰弱。」太玄攡云：「日一南而萬物死，日一北而萬物生。」陽氣日盛，萬物向生，象徵事物處於上昇階段。陰氣漸長，萬物向死，象徵事物處於退降階段。陽爲吉故以福言，陰爲凶故以極言。

〔四〕范注：「闕，交也。陰陽升降，更相交錯，天道大正，氣節通也。」

〔五〕集注本從宋、陸、王（涯）本「歷」作「曆」，「記」作「紀」。可通。「穀」當從集注本作「㲉」。巡，行。六甲，以十天干十二地支相配，其中有甲子、甲戌、甲申、甲午、甲辰、甲寅，稱爲六甲。雍，和。言日行乘六甲，周而復始，以成歲事。日右行而左還，北斗左行而右旋，各一周天，在牽牛一度斗建子位，日斗相逢。人類治曆明時，而百穀告成，時和年豐。

☰ 中〔一〕。陽氣潛萌於黄宫，信無不在乎中〔二〕。

初一，昆侖旁薄，幽〔三〕。測曰，昆侖旁薄，思諸貞也〔四〕。

次二，神戰于玄，其陳陰陽〔五〕。測曰，神戰于玄，善惡并也。

次三，龍出于中，首尾信，可以爲庸〔六〕。測曰，龍出于中，見其造也〔七〕。

次四，庳虛無因，大受性命，否。測曰，庳虛（無）〔之〕否，不能大受也〔八〕。

次五，日正于天，利以其辰作主〔九〕。測曰，日正于天，貴當位也〔一〇〕。

次六，月闕其（博）〔摶〕，不如開明于西。測曰，月闕其（博）〔摶〕，明始退也〔一一〕。

次七，酋酋，（大）〔火〕魁頤，水包貞〔一二〕。測曰，酋酋之包，任臣則也〔一三〕。

次八，黄不黄，覆秋常〔一四〕。測曰，黄不黄，失中德也。

上九，（巔）〔顛〕靈，氣形反〔一五〕。測曰，（巔）〔顛〕靈之反，時不克也。

校釋

〔一〕中，太玄首名。以下八十一首同。揚雄模仿周易而作太玄，以八十一首相當於六十四卦（虛坎、離、震、兑四正卦而不用），其次序與漢易卦氣值日次序相同。詳見新唐書卷二十八一行據孟喜説所作卦氣圖。孟説：「自冬至初，中孚用事。」（新唐書卷二十七上）又見易緯稽覽圖，其中云：「甲子卦氣起中孚。」太玄首列中首，明與中孚卦相當。又太玄衝云：「中則陽始。」亦即「甲子卦氣起中孚」之義。中之初一，日起牽牛宿一度，冬至氣應

（日星節候均據范望注）。

〔二〕葉本「乎」作「其」。此太玄首辭。以下八十一首同。原與玄首都序合，獨立成篇，即漢書揚雄傳所謂十一篇之太玄首。相當於周易彖傳。大致在范望解贊之時，散於諸首之下。黄，指地。土色黄，故稱地爲黄。黄宫，即地中。易緯有所謂「九宫説」：「陽動而進，變七之九，象其氣之息也。陰動而退，變八之六，象其氣之消也。故太一取其數以行九宫……」（乾鑿度）用以表示一年四季之中，陰陽二氣盛衰消息的過程。揚氏取其義，稱地中爲黄宫。此句意謂：冬至之時陽氣潛萌於地中，萬物變化無不由此發端。

〔三〕昆，渾。侖，淪。旁薄，即磅礴，廣博之義。幽，隱而不見。范注：「天渾淪而包於地，地彭魄而在其中。天之晝夜過周一度，日或隱或見，見照四方，隱故稱幽。言日在地下幽隱不見也。」按，太玄文云：「昆侖旁薄，大容也。」「昆侖旁薄，資懷無方。」此句意謂：天渾淪無所不包，地磅礴無所不載，天道玄遠幽深，隱匿難知。太玄開宗明義，盛言渾淪磅礴，明其取象渾天之説而作。葉注：「昆侖，圓渾貌，天之形也。旁薄，廣博貌，地之形也。幽，微妙也，人之思也。玄擬天地人之道，蓋一在天爲中天，氣之始也；地爲泥沙，地之基也；人爲思慮，思之微也。故於初贊首列三才之道。蓋言其際天蟠地而思慮幽微也。此則玄經造端托始之深意。」

〔四〕集注本從宋、陸、王本「諸」作「之」。此太玄測辭。以下七百二十九測同。原與玄測都序合，獨立成篇，即十一篇之太玄測。相當於周易象傳。范望解贊時，散於諸贊之末。此句意爲：從天體運行説，中首初一，冬至氣應，陽氣始生，爲一歲之始；天地運行不悖，而包容羣類。從人事説，一爲思之所起，未形於外，太玄圖云：「一也者，思之微也。」人慎於思，唯正則無所不通。太玄文云：「昆侖旁薄，幽。何爲也？曰賢人天地，思而包羣類也。」

〔五〕神，指陰陽二氣。陽氣始生，與陰相交，微妙莫測，故稱神。易繫辭傳：「陰陽不測之謂神。」玄，指玄冥幽深之地。陳，讀作陣。此句意謂：十一月冬至之時，陰消陽息，相争相敵於幽深玄冥之處。又揚雄以心爲神。法言問神云：「或問神。曰心。」此句喻人心思不定，善惡暗争，未知適從，邪正兩行。太玄文：「神戰于玄，邪正兩行。」葉注：「二爲下之中，在思反覆未定之時，故言戰。思而未定，故雜陳。曰陰陽，亦言其雜也。可善可惡，思未定也。」

〔六〕龍，指陽氣。易文言：「潛龍勿用，陽氣潛藏。」信，伸。庸，用。此句意謂：陽氣萌發，出潛離隱，長養萬物，可以大有作爲。據太玄數：三八爲木爲東方爲春。東方宿爲蒼龍，故稱龍。太玄圖解釋中首，有「東動青龍，光離於淵，摧上萬物，天地輿新」之説。又喻聖賢作事順其法則，不失其時，則可以大有功用。太玄文云：「君子脩德以俟時，不先時而起，不後時而縮。動止微章，不失其法者，其唯君子乎？故首尾可以爲庸也。」「龍出於中，事從也。」

〔七〕造，作。言陽氣長物，聖賢謀事，皆大有作爲，功用可見。語本易象傳：「飛龍在天，大人造也。」

〔八〕集注本「無否」作「之否」，陳本作「無因」。作「無否」文義不暢，似以集注本爲佳。太玄文云：「庫虚之否，不公也。」是其證。疑范本、陳本涉贊辭而誤。庫，下。清劉斯組太玄別訓曰：「庫虚無因，玄之四美。」按，揚雄崇尚黄老之學，推崇道德之説，法言問道云：「老子之言道德，吾有取焉耳。」朱熹曰：「太玄中高處只是黄老。」（朱子語類卷六十七）故有此説。否，閉塞不通，取易否卦義，引申爲敗毁。此條意謂：人不具此四種美德，欲承擔大任，必致毁敗。太玄文云：「小人不能懷虚處乎下，庫而不可臨，虚而不可滿，無而能有，因而能作，故大受性命而無辭辟也，故否。」「庫虚之否，不公也。」四爲陰，小人之象，不具四美，故否。葉注：「陽尊陰庫，陽實陰虚，陽有陰無，陽唱陰和。四逢夜陰，故庫虚無因。陽施陰受，然陰微弱，可以小受，而不可以大受，大受則非也。」

〔九〕集注本從宋、陸、王本「以」作「用」。辰，時。言日於中天，又逢其時，即日當正午，光照四方。太玄文云：「日正於天，光通也。」

〔一〇〕言日貴在天之中央之位。於玄五處中體之中位，爲陽，於時爲晝，最爲有利。太玄圖云：「中和莫盛乎五。」太玄文：「日正於天，乘乾之剛。」故言「貴當位也」。

〔一一〕集注本從宋、陸本「博」作「摶」。循其文義，以「摶」爲是。摶，說文：「圜也。」「明」作「賤」。似以「明」爲佳。闕，月虛爲闕。范注：「（月）生明於西，日以就盛，到十六毀圜於東方，故不如開明於西也。」按，太玄文云：「月闕其摶，損嬴也。」葉注：「六在中之偏盛之極，在水行。月，水之精，盛極故缺也。缺則寖消而至於晦，不如開明於西之漸盈也。玄以此贊當冬至子之半，蓋陰退一分而陽始生一分也。」

〔一二〕集注本從王本「大」作「火」。似恰。范注有「七，火也」，「火始王水流下，萬物當成就」。如作「大」字，注則無所依托。且「火魁頤」與「水包貞」對文，意暢。酋，方言：「久熟曰酋。」酋酋，指萬物成就。魁，范注：「藏也。」俞樾諸子平議：「讀魁爲裹。魁裹並從鬼聲，故得通也。說文包部：『包象人裹妊。』是則裹與包同義……皆藏也。」或同「奎」，史記律書：「奎者，主毒螫殺萬物也，奎而藏之。」頤，養。此句意爲：萬物成就，皆需水火藏養之功。喻君子建功立業，需有水火和柔養藏之性。老子云：「天下莫柔弱於水，而攻堅强者莫之能勝。」（七十八章）水性柔弱處下，虛則滿，盈則進，其流其止皆有法則，故曰貞。太玄文云：「酋酋之包，法乎則也。」

〔一三〕任，用。任臣，指御用臣民。此句意謂：君子寬容和柔，仁義兼備，如具水火之性。此乃建功立業，御用臣民之法則。太玄文：「酋酋之包，何爲也？曰：仁疾乎不仁，誼疾乎不誼，君子寬裕足以長衆，和柔足以安物。天地無不容也。不容乎天地者，其唯不仁不誼乎！故水包貞。」

〔一四〕覆，敗。意謂：當黄不黄，覆敗秋之常道，喪其秋實之成。

〔一五〕集注本「巔」作「顛」，近是。太玄文釋此句皆作「顛」，可證。顛，極上爲顛。靈，陰氣之稱。大戴禮記曾子天圓云：「陰之精氣曰靈。」顛靈，即靈氣在上。此句意謂：陰氣極上必返乎下，陽氣潛萌必昇於上。喻人之死，形成其精神的陽氣（天氣）極上，歸於天；形成其形體的陰氣（地氣）極下，歸於地。太玄圖云：「殄絶乎九。」九爲滅絶，含有人死之義。太玄文：「顛靈，氣形反。何爲也？曰：絶而極乎上也。極上則運，絶下則顛。靈已顛矣，氣形惡得在而不反乎？君子年高而極時者也歟。陽極上，陰極下，氣形乖，鬼神阻。」似有本於淮南子：人之生，「精神，天之有也；而骨骸者，地之有也。」「天氣爲魂，地氣爲魄。」人之死，「精神離形，各歸其真。」以及禮記郊特牲：「魂氣歸於天，形魄歸於地。故祭，求諸陰陽之義也。」「鬼神，陰陽也。」

𝌇 周〔一〕。陽氣周神而反乎始，物繼其彙〔二〕。

初一，還於天心，何德之僭，否〔三〕。測曰，還心之否，中不恕也〔四〕。

次二，植中樞，周無隅〔五〕。測曰，植中樞，立督慮也〔六〕。

次三，出我入我，吉凶之魁〔七〕。測曰，出我入我，不可不懼也。

次四，帶其鉤鞶，錘以玉鐶〔八〕。測曰，帶其鉤鞶，自約束也。

次五，土中其廬，設于金輿，厥戒渝〔九〕。測曰，廬金戒渝，小人不克也。

次六，信周其誠，上(通)〔亨〕于天〔一〇〕。測曰，信周其誠，上通也。

次七，豐淫，見其朋，還于蒙，不克從〔一一〕。測曰，豐淫見朋，不能從也。

次八，還遇躬外，其禍不大〔一二〕。測曰，還遇躬外，禍不中也。

上九，還于喪，或弃之行。測曰，還于喪，其道窮也〔一三〕。

校釋

〔一〕相當於復卦。太玄衝云：「周，復乎德。」太玄錯云：「周旋。」周之初一，日入牛宿五度。

〔二〕周，指循環運行。神，指陽氣育養萬物的神妙功能。易說卦：「神也者，妙萬物而爲言者也。」彙，類。此句意爲：一年之中，陰陽消息，交錯運行，至冬至之節，陰極陽生，復還其始」，萬物各繼其類而萌發，皆陽氣之功效。

〔三〕還，旋、復之義。心，中。天心，即天之中央。史記天官書：「中宫，天極星，其一明者，太一常居也。」楊泉物理論：「北極，天之中，陽氣之北極也。」一爲水爲北方，於辰爲亥子，冬至時北斗所指之方位，是爲北天極，天之中。陽氣復始於北極，故曰還于天心。一爲思始，心之所爲。心處體中，身之自然。故天心又可指爲人心。還於天心，即反復思索之義。僭，差，引申爲過錯。此句意謂：陽氣復始於北，而閉塞不通，是什麽德性有差錯吧。喻反復思索，而閉塞不通，在於有差錯。

〔四〕恕，説文：「仁也。」論語衛靈公：「其恕乎！己所不欲，勿施於人。」此句意爲：反復思索而不通，在於心無至仁之德。

〔五〕植，立。樞，要。隅，方。意爲：立中央之樞要，以周運無窮之方所。莊子齊物論云：「樞始得其環中，以應無窮。」葉注：「二爲思之中，故其處於内者，既中正而不偏，是以應於外者，復周流而無滯，所以善也。」

〔六〕督，爾雅釋詁：「正也。」又訓爲中。莊子養生主：「緣督以爲經。」注：「督，中也。」周禮考工記匠人注：「督旁之脩。」疏：「中央爲督，所以督率兩旁。」慮，思慮，引申爲揆度。言立中央之樞要，以爲正度之標凖。

〔七〕我，指次三。魁，藏。三爲成意，善惡之行皆由此出，故言出我入我。此句意謂：善惡之行，始于成意，行善則吉，爲惡則凶。故成意之初，吉凶即藏。葉注：「魁，首也。三爲意之成，用之始，其用不用皆由於我。善否之應，所以爲吉凶之首也。作事謀始，不可不戒。」

〔八〕鞶，大帶。錘，同垂，以繩繫物爲垂。此句意爲：鈎綴大帶，繩繫玉鐶。喻人自約束，不失禮法。

〔九〕集注本「于」作「其」。廬，舍。輿，車。渝，變。五爲土，又「中和莫盛乎五」，故稱「土中其廬」。此句意謂：美廬金車，可謂盛福，然必戒其變。語含福極禍來，安而不忘危之義。

〔一〇〕集注本「通于天」作「亨于天」，近是。范注有「亨，通也」句，證范望所見爲「亨」。若作「通」，則此注爲贅語。疑後人涉測文誤作「通」。葉注：「信，人道也。誠，天道也。人能確然以實，馴而周復其自然之誠，故可以上通於天也。以其當晝，居福之隆，故能盡善之如此也。」

〔一一〕豐，大。淫，過甚曰淫。蒙，童蒙幼稚。易序卦：「蒙者，蒙也，物之稚也。」克，能。二七皆爲火，故曰朋。七爲火王，故稱豐淫。二爲火始，微弱幼稚，故言蒙。此句意謂：太過自侈，復還遇朋，友朋稚昧，也不可從。

〔一二〕集注本從二宋（小宋指宋維幹）本「遇」皆作「過」。於文義似不可通。范注：「躬，身也。

八爲禍中，故言禍也。雖則遇禍，不入於身，故不大也。」葉注：「八雖居禍，以其得中，雖還而遇禍，而罪不在己，故曰躬外也。然其非己所致，其禍又豈得而大哉！」

〔一三〕司馬光曰：「生極則反乎死，盛極則反乎衰，治極則反乎亂。九處周之極，逢禍之窮，當日之夜，故曰還於喪。夫國家將興則人歸之，將亡則人去之，故曰或棄之行。」按，老子云：「反者，道之動。」（四十章）易繫辭下：「窮則變，變則通，通則久。」物極必反，反變則通。太玄文云：「君子……在禍則反。」此處禍之極，唯有變通，棄之他往，或可免於喪亡。

𝌈 礥〔一〕。陽氣微動，動而礥礥，物生之難也〔二〕。

初一，黃純于潛，不見其畛，藏鬱於泉〔三〕。測曰，黃純于潛，化在嘖也〔四〕。

次二，黃不純，屈于根。測曰，黃不純，失中適也。

次三，赤子扶扶，元貞有終〔五〕。測曰，赤子扶扶，父母瞻也〔六〕。

次四，拔我不德，以力不克。測曰，拔我〔不〕德，力不堪也〔七〕。

次五，拔車（山）〔出〕淵，宜於大人。測曰，拔車（山）〔出〕淵，大位力也〔八〕。

次六，將其車，入于丘虛〔九〕。測曰，將車入虛，道不得也。

次七，出險登丘，或牽之牛〔一〇〕。測曰，出險登丘，莫之（伐）〔代〕也〔一一〕。

次八，車不拔，髀軸折〔一二〕。測曰，車不拔，躬自賊也。

上九，崇崇高山，下有川波其，人有輯航，可與過其〔一三〕。測曰，高山大川，不輯航不克也。

校釋

〔一〕相當於屯卦。礥，音賢。太玄錯：「礥，拔難。」太玄首云：「物生之難也。」屯，説文：「難也。象草木初生，屯然而難。」故相當。礥之初一，日入女宿二度。

〔二〕此句意爲：冬至之節，陽氣回昇，陰氣尚厲，動而育物，必遇艱險，萬物初生，時也屯難。

〔三〕黃純，指潛生於地中的陽氣。初一處陽首之陽位，故言純。畛，界限，引申爲形跡。鬱，化。此句意謂：陽氣潛生於地下，化育萬物，而不見其形跡。葉注：「畛，域也。藏，伏而未出。鬱，積而未伸也。言黃鍾之氣純潔而潛伏，不見其畛域，尚伏而未出，積而未伸于淵泉之下也。捝云贊辭或以氣言之。此類是也。」

〔四〕幘，陸績曰：「隱也。」按，幘與賾通。左傳定公四年疏：「賾，亦深之義也。」可引申爲隱。謂至深隱密之處。

〔五〕葉本「扶扶」作「抶抶」。扶，方言：「護也。」扶扶，意指獲得保護輔助。元貞，易文言：「元者，善之長也。」「貞者，事之幹也。」此句意爲：稚幼之子，得人護助，必有元貞之德，方能成其功業。

〔六〕集注本「瞻」作「詹」。瞻與詹古通，希望之義。

〔七〕集注本「測曰，拔我」下有一「不」字，於文義更暢。疑范本脱誤。我，指本首之礥難。此句意謂：拔難濟世，以力不以德，必無成功之望。

〔八〕俞樾諸子平議：「『山』疑『出』字之誤。『拔車出淵』與下文『將車入虚』，文正相對。」俞説是。葉注：「車，君子所乘以行者也。五得位當陽，德力俱備之大人也。故能以所乘行，登山涉淵，無所不可，宜其能有濟於屯礥之世。」

〔九〕集注本「丘」作「邱」。俞樾平議云：「丘字衍文也。」將，扶助。方言郭璞注「扶，護也」云：「扶、挾，將，護。」虚，同墟。此句意謂：扶助車輿，雖出山淵溝壑之險，又入丘墟荆棘之難。

〔一〇〕集注本「丘」作「邱」。司馬光曰：「邱者，難之小者也。牛者，物之有力者也。七雖當晝而涉於禍境，如已出大險而猶有小難者也。夫大險已出則小難不憂乎不濟也，况或助之牛以牽車乎？如君子既能濟險而復有賢才助之也。」

〔一一〕集注本從諸家「伐」作「代」，近是。范本似因形近而傳寫誤。

〔一二〕集注本「髀」作「骭」。髀，説文：「股也。」王涯曰：「骭，人脛也。無德而將車，出難禍又至矣。如以人代牛，引車不拔而骭軸俱折矣。」

〔一三〕其，語助詞。輯，同楫，行舟工具。航，船。與，助。呂氏春秋樂成：「孰殺子產，吾其與之。」高注：「與，助也。」此句意謂：高山大波，艱險之極，極則又反，必致平易。故言有楫航可助過險難之地。若無舟楫之具，則不能轉爲平易。就是說，物極必反是需要一定條件的。

𝌉 閑〔一〕。陽氣閑於陰，礥然物咸見閑〔二〕。

初一，蛇伏於泥，無雄有雌，終莫受施〔三〕。測曰，蛇伏於泥，君不君也。

次二，閑其藏，固珍寶。測曰，閑其藏，中心淵也。

次三，關無鍵，舍金管〔四〕。測曰，關無鍵，盜入門也。

次四，拔我輗軏，小得利小征〔五〕。測曰，拔我輗軏，貴以信也。

次五，礥而閑而，拔我姦而，非石如石，厲〔六〕。測曰，礥閑如石，其敵堅也。

次六，閑黄垁，席金笫〔七〕。測曰，閑黄垁，以德固也。

次七，跙跙，閑于（藘除）〔籧篨〕，或寢之廬〔八〕。測曰，跙跙之閑，惡在舍也。

次八，赤臭播關，大君不閑，克國乘家〔九〕。測曰，赤臭播關，恐入室也。

上九，閑門以終，虛〔一〇〕。測曰，閑門以虛，終不可實也。

校釋

〔一〕也相當於屯卦。太玄錯云：「閑，瘞塞。」太玄衝云：「閑孤。」閉塞而孤，必有屯難。閑之初一，日入女宿六度。冬至氣終於此首之次三，小寒起於此首之次四。

〔二〕意謂：此時陰氣雖盡於下，猶壯於上，陽氣被陰所阻塞，欲出而難，萬物之生長也被防閑。

〔三〕蛇，即龍。潛藏於地中，故言蛇。意指潛藏於地中的陽氣。易文言：「潛龍勿用，陽氣潛藏。」無雄有雌，指陽氣在下被陰氣阻塞，不見其形跡。此句意謂：陽氣潛藏於地下，被陰氣阻塞難出，不能施布於萬物。喻君受臣阻，不能施澤於民。法言問神：「龍蟠於泥，蚖其肆矣。」葉注：「閑在陰家，初一屬夜，又爲陰。蛇陰惡之類。一在九地爲泥沙。無雄有雌，亦陰也。既皆陰惡，所行不正，終誰聽受其所施者乎？」

〔四〕舍，同捨，遺棄。

〔五〕輗軏，音泥月，車轅橫木的木銷子。征，行。意謂：車待輗軏而後行，事待信而後舉。無輗不信，何能大行於天下。論語爲政：「人而無信，不知其可也。大車無輗，小車無軏，其何以行之哉！」

〔六〕厲，危。此句意爲：姦邪根深，堅如磐石，欲拔而除之，艱難之至，危及其身。葉注：「五屬土。石，土中之堅剛者也。五居君位，當陰家之夜，其才弱矣。居閑難之時，既非剛明之君，而欲拔除奸邪，本無堅剛之才，欲效堅剛之用，豈有濟乎？故曰非石如石，故危也。易曰：『德薄位尊，力小任重，智小謀大，鮮不及矣。』此之謂也。」

〔七〕垁，音雉，城五堵曰垁。第，牀。方言：「牀，陳楚之間謂之第。」此句意謂：防閑而有堅城於外，美牀於内，患不及身。葉注：「閑以黄垁，則其防家也周矣。席金第，則其安身也重矣。六當福隆，在晝之陽，固能以德固之如此也。」

〔八〕跙跙，行不正貌。集注本「蘧除」作「遽篨」。司馬光曰：「小宋（維幹）本作『籧篨』（音渠除）。」按，小宋本爲是。方言：「簟，宋魏之間或謂之籧苗，其粗者謂之籧篨。」籧篨，即粗糙的竹席子。此言「閑於籧篨，或寢之廬」，廬非堅固，籧篨則不安美，正與次六「閑黄垁，席金第」文義相對。此句意謂：行爲不正，恰如防閑外無堅城，内無美席一樣，患必及身。

〔九〕赤臭播關，俞樾諸子平議：「播疑當作燔，或字之誤，或聲同而借也。干次八曰『赤舌燒城』，此云『赤臭燔關』，兩文相近。燔猶燒也，關猶城也。」王涯曰：「赤臭者，陰陽交争，殺傷之氣也。」意指寇賊臨城，攻殺甚急。此句意爲：賊寇臨門，君子德厚助廣，不必防閑，戰而勝之，則利於治國乘家。葉注：「赤臭，惡氣也，以喻惡人。播，奔也。八居晝陽，得上之中，故能因惡人奔關而逃，則聽其去而不閑留之，則君子得以克國乘家也。」

〔一〇〕司馬光曰：「閑門自終，不與物交，慎則慎矣，而終無所得，求之功業不亦遠乎？易曰：『括囊，無咎無譽。』」

（𝌤）〔𝌊〕少〔一〕。陽氣澹然施於淵，物（溓）〔謙〕然能自截〔二〕。

初一，冥自少，眇于謙。測曰，冥自少，不見謙也〔三〕。

次二，自少不至，懷其（䘏）〔卹〕。測曰，自少不至，謙不成也〔四〕。

次三，動截其，得人主之式〔五〕。測曰，截其得（人）〔其〕，謙貞也〔六〕。

次四，貧貧，或妄之振〔七〕。測曰，貧貧妄振，不能守正也。

次五，地自冲，下于川〔八〕。測曰，地自冲，人之所聖也。

次六，少（持）〔恃〕滿，今盛後傾〔九〕。測曰，少（持）〔恃〕滿，何足盛也。

次七，貧自究，利用見富。測曰，貧自究，富之聘也。

次八，貧不貧，人莫之振。測曰，貧不貧，何足敬也。

上九，密雨溟沐，潤于枯瀆，三日射谷。測曰，密雨射谷，謙之靜也〔一〇〕。

校釋

〔一〕首象當爲𝌊。集注本、葉本并爲𝌊，是其證。相當於謙卦。太玄衝云：「少，微也。」太玄錯云：「少也約。」微約而不滿，所以爲謙。少之初一，日入女宿十一度。

〔二〕集注本從宋、陸本「溓」作「謙」，近是。范本或形近而誤，或聲同而通。澹然，安靜貌。䆊，同纖。此句意爲：陽氣默默然施布於深淵，萬物也微弱而自守其纖微。

〔三〕冥，太玄文云：「冥者，明之藏也。」眇，微小。見，讀作現。陳本禮曰：「謙之又謙，入於微眇，不欲以謙自見也。」按，此句含有謙不自現才是上謙之義。老子云：「上德不德，是以有德。」（三十八章）

〔四〕集注本「成」作「誠」，似妄改。「卹」作「䘏」，范本誤。卹，同恤，憂慮之義。此句意謂：謙而不至，憂其不謙而求之，則不成其爲謙。老子三十八章：「下德不失德，是以無德。」葉注：「二在夜陰，不明於自謙之道，故雖謙而不至，必不免乎矜己凌人，寧無憂卹之及乎？」

〔五〕其，語助詞。式，法則。意謂：動微無爲，因任賢輔，乃爲君之法則。意本黄老「主逸臣勞」之説。管子明法解：「明主操術任臣下，使羣臣效其智能，進其長技……身無煩勞而分職。故明法曰：『主不身下爲，而守法爲之可也。』」淮南子主術訓：「人主之術，處無爲之事，而行不言之教，清靜而不動，一度而不摇，因循而任下，責成而不勞。」

〔六〕集注本從諸家「人」作「其」，近是。其，語助詞。

〔七〕振，同賑。此句意謂：貧而自彰其貧，妄求賑救。葉注：「四爲下禄，故貧也。貧而守其貧之道，則得矣。苟或妄受人之振救，是爲人之貨取也。豈能守其正乎？」

〔八〕冲，虚。意本老子六十六章：「江海所以能爲百谷王者，以其善下之，故能爲百谷王。」

〔九〕俞樾諸子平議云：「『持』疑『恃』字之誤。惟其以滿自恃，故今盛而後傾也。若作『持滿』，則與『持盈』同。詩鳧鷖篇序曰：『能持盈守成。』國語越語曰：『夫國家之事，有持盈，有定傾。』不當反以致傾危矣。」按，俞説近是。意謂：六爲盛極，本當以謙少自戒，今反以滿自恃，雖處盛位，後必傾危。葉注：「六爲盛多之極，消耗將然之地，故戒以謙少而爲持滿之道，庶幾其能久。然天道循環，未有盛而不傾者也。」

〔一〇〕溟沐，細雨，俗稱毛毛雨。三，指多。射，音益，詩大雅：「無射亦保。」周頌：「無射於人斯。」注曰：「射，厭也。」即充足盛滿之義。葉注：「九居少之極，是能極其謙者也。如雨之細，不覺其漬物之深，積日之多，忽成其注川之盛。是積小以致盛，積謙以致尊也。」

☱☲ 戾〔一〕。陽氣孚微，物各乖離而觸其類〔二〕。

初一，虚既邪，心有傾〔三〕。測曰，虚邪心傾，懷不正也。

次二，正其腹，引其背，酋貞。測曰，正其腹，中心定也〔四〕。
次三，戾其腹，正其背。測曰，戾腹正背，中外争也。
次四，夫妻反道，維家之保。測曰，夫妻反道，各有守也。
次五，東南射兕，西北其矢。測曰，東南射兕，不得其首也〔五〕。
次六，準繩規矩，不同其施。測曰，準繩規矩，乖其道也。
次七，女不女，其心予，覆夫諿。測曰，女不女，大可醜也〔六〕。
次八，殺生相（矢）〔午〕，中和其道。測曰，殺生相（矢）〔午〕，中爲界也〔七〕。
上九，倉靈之雌，不同宿而離失，則歲之功乖〔八〕。測曰，倉靈之雌，失作敗也。

校釋

〔一〕相當於睽卦。太玄衝云：「戾，内反。」太玄錯云：「戾相反。」戾之初一，日入虚宿四度。

〔二〕司馬光曰：「卯之始化謂之孚，草之萌甲亦曰孚。然則孚者，物之始化也。陽氣始化，其氣尚微，萬物之形粗可分别，則各以其類至而相乖離矣。」

〔三〕虚，指心無所藏。管子心術上：「虚者，無藏也。故曰：去知則奚求矣；無藏則奚設矣。無求無設則無慮；無慮則反覆虚矣。」此句意謂：心懷主觀成見或私情私欲，對事物的認識必有所偏斜歪曲。葉注：「一當睽戾之始，思心之初，乃以虛僞邪枉爲思，則其心喪矣。其凶可知。」

〔四〕腹以喻内，指心。背以喻外，指耳目肢體。酋貞，即就正。此句意謂：内心清虛安定，則耳聰目明，對天地萬物的變化都能達到清楚明白的認識。管子内業：「定心在中，耳目聰明。」荀子解蔽：「凡觀物有疑，中心不定，則外物不清，吾慮不清，則未可定然否也。」

〔五〕首，向。禮玉藻：「君子之居恒當户，寢恒東首。」漢書司馬遷傳：「北首争死敵。」不得其首，即失其所向。

〔六〕趙本「諿」誤作「輯」。其注有：「諿，謀也。」是其證。集注本、陳本作「諝」，音須，聲同而通。才智之義。予，我，引申爲私曲。覆，敗壞。醜，惡。司馬光曰：「夫唱婦和，道之常也。今乃乖戾，棄同即異，女則覆夫之智，臣則敗君之功，大可醜也。」葉注：「七在乖戾不中陰夜之地，是女而不盡其爲女之道，其心外鶩，乃他所予，反其夫而謀也。不正之甚，豈不大可醜哉！」

〔七〕集注本從諸家「矢」作「午」，爲近。淮南子天文訓：「午者，忤也。」説文：「午，啎也，逆也。」史記律書：「午者，陰陽交。」俞樾諸子平議：「范本作『相矢』，然其注云：矢，乖也。則疑『矢』乃『失』字之誤……諸本作『相午』，違啎之與乖失，義亦不甚遠耳。」司馬光曰：

「天有殺生，國有德刑，其道相逆，不可偏任，必以中和調適其間，然後陰陽正而治道通也。」

〔八〕倉靈，指歲星，亦即木星。雌，指太白金星。晉灼曰：「歲，陽也。太白，陰也。」（史記索隱）倉靈之雌，是説歲星失次，入太白之舍。宿，日月五星之次舍，即二十八宿。此句意謂：五星在天，連綴相貫，倘或乖離失次，則年歲不豐。漢書天文志：「太白在南，歲在北，名曰牝牡，年穀大熟。太白在北，歲在南，年或有或亡。」葉注：「言歲星伏而不合於宿度，而附麗經緯失躔，則歲功乖也。以其居戾之上，故以天象之戾言之。」

☳ 上〔一〕。陽氣育物于下，咸射地而登乎上〔二〕。

初一，上其純心，挫厥鏩鏩〔三〕。測曰，上其純心，和以悦也。

次二，上無根，思登于天，（谷）〔谷〕在于淵〔四〕。測曰，上無根，不能自（治）〔活〕也〔五〕。

次三，出于幽谷，登于茂木，思其珍（穀）〔穀〕〔六〕。測曰，出谷登木，知向方也。

次四，即上不貞，無根繁榮，孚虛名。測曰，即上不貞，妄升也。

次五，鳴鶴升自深澤，階天不㤹〔七〕。測曰，鳴鶴不㤹，有諸中也。

次六，升于堂，顛衣到裳，廷人不慶〔八〕。測曰，升堂顛到，失大衆也。

次七，升于顛臺，或柱之材。測曰，升臺〔得〕柱，輔（弗）〔拂〕堅也〔九〕。

次八，升于高危，或斧之梯。測曰，升危斧梯，失士民也。

上九，棲于菑，初亡後得基〔一〇〕。測曰，棲菑得基，後得人也。

校釋

〔一〕相當於升卦。太玄錯云：「上，志高。」志高而必求升進。上之初一，日入虛宿八度。按，大寒之氣當起於此首之次七。

〔二〕言萬物受陽氣育養於地下，都努芽向上，欲射地而出。

〔三〕鏩鏩，鋭進貌。太玄錯：「鋭，鏩鏩。」范注：「家性爲上而本火世，火性炎上，故曰鏩鏩也。以水克火，故曰挫也。水性專一，故稱純心也。」葉注：「一在升時居下，不憂其不進矣，特恐其進之之意太鋭。況其在思之始，苟能純謹其心而自挫其鏩鏩之鋭，使渾然無圭角，則善矣。」

〔四〕俞樾諸子平議：「『谷』當作『㕁』，字之誤也。㕁者，卻之借字。古文以聲爲主，卻從㕁聲，故即以㕁爲之。廣雅釋言：『卻，退也。』卻入於淵，猶退入於淵也。」按，俞説近是。或涉下文「出於幽谷」之「谷」而誤。葉注：「逢夜居陰，不得陽氣，是無根也。谷既在下，淵尤下也。凡物必本立而後生，至其盛大，自然有聳壑昂霄之勢。今無其本而思欲上登於天，胡可得也？吾恐其欲上而愈下，欲高而反卑矣。故曰谷在于淵。」

〔五〕集注本從諸家「治」作「活」，近是。范注曰：「不進以道，亡之原也。」亡即不能活，而亡與治義不相屬。證范望所見亦爲「活」字，後人傳寫誤作「治」。

〔六〕集注本「穀」作「縠」，當從。語出詩小雅伐木：「出自幽谷，遷於喬木。」孟子滕文公上：「吾聞出於幽谷，遷於喬木者，未聞下喬木而入於幽谷者。」此句意謂：君子棄惡就善，進取向上，如鳥出幽谷而又登茂木一樣。

〔七〕您，同怍，慚愧。語出詩小雅鶴鳴：「鶴鳴於九皋，聲聞於天。」

〔八〕堂，指宗廟。到，同倒。慶，喜。太玄數：六「爲祠爲廟」。於宗廟之中，必威儀以禮。今升於廟堂，却顛倒衣裳，行無禮儀，故人不喜。

〔九〕集注本從宋、陸、王本作「升臺得柱，輔拂堅也」。拂，古弼字。集韻、韻會、正韻皆云：「與弼同，輔也。」范本「弗」或「拂」字之誤。作「弗」於義未通。葉注：「七爲敗隕而居上，是升於顛敗之臺也。宜其得危，以其逢陽而吉，故或人助其柱之材而防其危也。」

〔一〇〕菑，枯木。韻會：「側吏切，音厠。木立死曰菑。」解「菑」爲「災」，似不可通。此首爲上爲升，升於枯木則可通，升於災則義不暢。葉注：「菑，槁木也。故上之極如棲於菑木。既極必通，故初雖亡，而後得基也。」

𝌍 **干**〔一〕。陽氣扶物而鑽乎堅，鉿然有穿〔二〕。

初一，丸鑽鑽于内隟，厲。測曰，丸鑽于内，轉丸非也〔三〕。

次二，以微干正，維用軌命。測曰，以微干正，大諫微也〔四〕。

次三，（葙）〔箝〕鍵挈挈，匪貞。測曰，（葙）〔箝〕鍵挈挈，干祿回也〔五〕。

次四，干言入骨，時貞〔六〕。測曰，干骨之時，直其道也。

次五，蚩蚩干于丘飴，或錫之坏〔七〕。測曰，蚩蚩之干，錫不好也。

次六，幹干於天，貞馴。測曰，幹干之貞，順可保也。

次七，何戟解解，遘。測曰，何戟解解，不容道也〔八〕。

次八，赤舌燒城，吐水于缾。測曰，赤舌吐水，君子以解祟也〔九〕。

上九，干于浮雲，從墜于天。測曰，干于浮雲，乃從天墜也〔一〇〕。

校釋

〔一〕也相當於升卦。太玄錯云：「干在朝。」太玄衝：「干，狂也。」説文：「干，犯也。」有朝氣，圖進取，冒犯而不讓，故也相當於升卦。干之初一，日入危宿三度。

〔二〕集注本「而」作「如」。二字同義而互用。鈴，范本附釋文：「公合、谷合二切。」穿透堅物之聲。意謂：大寒之時，陽氣助萬物於下，而鑽上之堅凝之陰，鈴然而穿。葉注：「扶物，言陽氣助物之進也。鈴，陷聲也。蓋天包地外，氣行地中，雖翹肖喘耎之蟲，甲坼勾萌之類，雖甚柔弱，縱有至堅之地，亦必鑽穿而出。蓋陽氣爲之助也。以此見氣剛而形弱，氣實而形虛也。」

〔三〕隟，古隙字。司馬光曰：「丸者，流轉無所不入者也。佞邪之人研求人心，得其間隙，從而説之以納其非，則無所不入，此國家所以危也。」葉注：「丸，圓物。鑽宜用尖，乃以丸而鑽於内隙，有厲而已，何可穿也？轉其丸以求穿，胡可望其入也。」

〔四〕集注本從二宋、陸本「大諫微」上有一「維」字。似涉上文而衍。微，指卑微小臣。軌命，指法度、法則。此句意謂：卑微小臣欲大諫君事，使歸於正，必於事之幾微之時。

〔五〕「葙」疑「箝」字之誤。葙，同箝，鎖項。箝以緘束，鍵以固結。太玄數：「三爲户爲牖。閉户箝口，故稱箝鍵。挈挈，急切貌。干，求。回，邪。此句意爲：當諫上而急箝口，是求禄不以正道。葉注：「葙，結。鍵，閉也。挈挈，自容貌。三而失中，故其緘默自容，但知專位固寵而已，何正之有？」

〔六〕骨，喻深。意謂：犯上直諫，言之深切，必須抓住適當時機，方能取得功效。

〔七〕俞樾諸子平議：「『丘飴』疑『甌瓵』之借音。説文瓦部：『甌瓿謂之瓵。』是也。甌從區聲……古音丘與區同，故丘可讀爲甌。至飴之與瓵，并從台聲，義更可通矣。范曰，未成瓦曰坏。温公説同。所求者甌瓵，而或錫之以未成瓦之坏，故測曰：蚩蚩之干，錫不好也。坏之與甌瓵，實爲同類之物，但不好耳。若釋飴爲美食、爲餳，則與坏絶遠矣。豈揚子屬辭之旨乎？」按，俞説爲近。坏，音胚。葉注：「蚩蚩，無知貌。丘，冢也。飴，餳粥也。坏，土塊也。五雖得中，然在夜陰，不明于德，故蚩蚩然不知愧恥，而干求墦間之食，故人不之與而或錫之以土塊也。可恥甚矣。孟子論乞墦。晉文公出亡乞食于野人，野人與之塊。揚子取義于此。」

〔八〕解解，戟多貌。遘，遇，指戟枝相撞而紐結不離。此句意謂：諫上而不以正，如操戟之多，必遭紐結，行不得通。

〔九〕意謂：諫上而遭禍，君子自有解禍散憂之法。葉注：「赤舌，多言也。赤，火色。上言赤舌，故下順其義言燒城，即傾城也。八在禍中，故有佞人多言，是以傾城。幸當晝陽之吉，賴有吐水於瓶，少殺其焚城之勢也。」

〔一〇〕葉注：「九居干極，是干而上於浮雲，則已極矣。豈復更可上哉！則有上墜於天而已。此言人之求進不已，必有所失。蓋進極必退，盛極必衰，消息盈虛，自然之理。」

☳☷ 狩〔一〕。陽氣彊内而弱外，物咸扶狩而進乎大。

初一，自我匍匐，好是(宜)〔冥〕德。測曰，匍匐(宜)〔冥〕德，若無行也〔二〕。

次二，熒狩狧狧，不利有攸往〔三〕。測曰，熒狩狧狧，多欲往也。

次三，卉炎于狩，宜于丘陵。測曰，卉炎丘陵，短臨長也〔四〕。

次四，狩于酒食，肥無譽。測曰，狩于酒食，仕無方也。

次五，狩有足，託堅穀〔五〕。測曰，狩有足，位正當也。

次六，獨狩逝逝，利小不利大。測曰，獨狩逝逝，不可大也〔六〕。

次七，白日臨辰，可以卒其所聞。測曰，白日臨辰，老得勢也〔七〕。

次八，蚤虱之狩，厲。測曰，蚤虱之狩，不足(頼)〔賴〕也〔八〕。

上九，全狩，絫其首尾，臨于淵。測曰，全狩之絫，恐遇困也〔九〕。

校釋

〔一〕相當於臨卦。狩，音書。太玄錯云：「狩也進。」易序卦：「臨者，大也。」進則長大，故相當於臨卦。狩之初一，日入危宿七度。

〔二〕集注本從宋、陸、王本「宜」作「冥」，爲是。冥德，玄冥之德，即行德而不務人知。此句意謂：陽氣緩慢壯大，助物長進，不務其所知，自好此玄冥之德。老子云：「生而不有，爲而不恃，長而不宰，是謂玄德。」（十章、五十一章）葉注：「匍匐，孩提手足並行也。在九體，一爲手足，故曰匍匐。宜，美也。言自幼少之時，即好此懿美之德。蓋生知安行之資也。無行，無所矯怫，出自然也。」

〔三〕狻，光明小見。狧狧，音踏踏，犬食之貌。說文：「狧，犬食也。」可引申爲貪欲。又方言：「犬不吠而齧人曰冷狧。」此句意謂：光明微小，不宜有所往，貪欲而進，恐被犬咬而遭禍害。

〔四〕卉，百草之總名。炎，美盛貌。此句意謂：短草生於丘陵，茂盛而長，下臨衆木。荀子勸學篇：「西方有木焉，名曰射干，莖長四寸，生於高山之上，而臨百仞之淵。木莖非加長也，所立者然也。」

〔五〕集注本「轂」作「轂」。轂，同轂。堅轂，指良馬堅車。葉注：「足，行道之體也。堅轂，喻美禄。五以君而當陽，是其臨長四方，復有行道之資，宜其得託美禄也。」

〔六〕逝逝，獨往之義。說文：「逝，往也。」此句意謂：一人獨進，不求人助，小事尚可，事大則危。

〔七〕辰，時。據太玄數：七於辰爲巳午，事視，用明，撝哲。卒，盡也。勢，力。得勢，得力用功，發揮其聰明才智之義。此句意爲：人年長壽高，正如日進巳午一樣，過中則昃，走向没落，但老而得力用功，發揮其才智，則可以終盡其所學。

〔八〕集注本、葉本「賴」作「賴」。疑范本傳寫誤。方言：「賴，取也。」此句意謂：蚤虱之進，吸人膏血，爲人所惡，動則必危。進而如此，不足取也。葉注：「蚤虱，細小陰惡之物，但知咂人膏血以自養。此狀小人之殘民也。八以陰暗，是小人臨政專務殘民養己，宜其危也。」

〔九〕集注本從陸、王本「困」作「害」。豢，音券，束縛手脚的繩索。此句意謂：有極大之進取，必須處處小心謹慎，如臨深淵，以進極則退，易遇困惑之故。詩小雅小旻：「戰戰兢兢，如臨深淵，如履薄冰。」

（𝌒）〔𝌏〕 **羨**〔一〕。陽氣贊幽推包，羨爽未得正行〔二〕。

初一，羨於初，其次迂塗〔三〕。測曰，羨于初，後難正也。

次二，羨于微，克復，可以爲儀。測曰，羨微克復，不遠定也〔四〕。

次三，羨迂塗，不能直如。測曰，羨迂塗，不能直行也。

次四，羨權正，吉人不幸。測曰，羨權正，善反常也〔五〕。

次五，孔道夷如，蹊路微如，大輿之憂。測曰，孔道之夷，奚不遵也〔六〕。

次六，大虛既邪，或直之，或翼之，得矢夫〔七〕。測曰，虛邪矢夫，得賢臣也。

次七，曲其故，迂其塗，厲之馴〔八〕。測曰，曲其故，爲作意也。

次八，羨其足，濟于溝瀆，面貞〔九〕。測曰，羨其足，避凶事也。

上九，車軸折，其衡抈，四馬就括，高人吐血〔一〇〕。測曰，軸折吐血，終不可悔也。

校釋

〔一〕首象當爲𝌏。集注本、葉本皆爲𝌏，是其證。相當於小過卦。太玄衝云：「羨，私曲。」太玄錯云：「羨曲。」邪曲不正，故相當於小過。羨之初一，日入危宿十二度。

〔二〕贊，助。幽，指深藏微萌之物。包，裹。指此時陰氣尚盛，冰凍未開，裹蓋萬物，而不得出。爽，差錯。司馬光曰：「萬物在幽，陽氣贊之，爲陰所包，陽氣推之。邪曲差爽未得挺然正行而出也。」葉注：「幽，物尚微而未盛。未盛則陽氣贊助之。包，陰尚裹而未開。未開則陽氣推盪之。此則春初乍暖乍寒之候也。故陽氣爲陰所遏，邪羨差爽未得正行也。」

〔三〕集注本「迂」作「于」。葉注：「次，次第在後也。一爲思之始，當羨邪之初。既邪於初，則其後必至迂曲，其行不復得其正也。此人之作事所以貴於正始乎！」

〔四〕復，返，指悔過自新。儀，法。定，正也，止也。意謂：曲邪既微，又能不遠而止，悔過自新，則可以爲法。論語子張：「君子之過也，如日月之食焉：過也，人皆見之；更也，人皆仰之。」葉注：「二居下之中，在陽而明，能審其思者也。雖或微有差失，則便能復之，不至於貳過，故可以爲法也。此言與易『不遠復』之義同。」

〔五〕權，即權變，指對經而言的靈活變通，雖表面違反經，却合於道的臨時措施。此句意謂：聖賢屈身權變，以伸正道，雖不得已，但此善於反常道而爲之。法言五百：「或問：聖人有詘乎？曰：有。曰：焉詘乎？曰：仲尼於南子，所不欲見也；陽虎，所不欲敬也。見所不見，敬所不敬，不詘如何？曰：衛靈公問陳，則何以不詘？曰：詘身將以信道也。如詘道而信身，雖天下不可爲也。」

〔六〕孔道，大道。夷，平。如，語助詞。蹊，小徑。義本老子：「大道甚夷，而民好徑。」（五十三章）

〔七〕大虛，指心。直，扶而正之。翼，即輔助。矢夫，指正直賢良之臣。此句意謂：君心私曲偏邪，招至禍亂，却有賢臣輔而正之。

〔八〕集注本從宋、陸本「馴」作「訓」，古通用。馴，解、釋，順而釋之之義。厲，方言：「爲也。」爾雅：「作也。」此句意爲：改其成法，變其所行，順而爲之，這就是有所作爲。法言問道：「或問無爲。曰：奚爲哉？在昔虞、夏，襲堯之爵，行堯之道，法度彰，禮樂著，垂拱而視天下民之阜也，無爲矣。紹桀之後，纂紂之餘，法度廢，禮樂虧，安坐而視天下民之死，無爲乎？」

〔九〕面，向。此句意謂：曲邪而行，以避險難，雖曲足迂遠，所向則正。

〔一〇〕衡，車轅前端的橫木。抈，音月，説文：「折也。」括，方言：「閉也。」此句意謂：堅車折毀，良馬閉結，車中之人則被傷遇禍。喻過錯之大而致禍亂。

𝌐 差〔一〕。陽氣蠢闢於東，帝(由)〔出〕羣雍，物差其容〔二〕。

初一，微失自攻，端。測曰，微失自攻，人未知也。

次二，⿱穴帝其所好，將以致其所惡。測曰，⿱穴帝其所好，漸以差也〔三〕。

次三，其亡其亡，將至于暉光。測曰，其亡其亡，震自衞也〔四〕。

次四，過小善，不克。測曰，過小善，不能至大也〔五〕。

次五，過門折入，得此中行〔六〕。測曰，過門折入，近復還也。

次六，大跌，過其門，不入其室。測曰，大跌不入，誠可患也〔七〕。

次七，累卵業業，懼貞安。測曰，累卵業業，自危作安也〔八〕。

次八，足纍纍，其步蹉躟，輔銘滅麋〔九〕。測曰，足纍纍，履禍不還也。

上九，過其枯城，或蘖青青〔一〇〕。測曰，過其枯城，改過更生也。

校釋

〔一〕也相當於小過卦。太玄衝云：「差，過也。」差之初一，日入危宿十六度。立春氣應。

〔二〕陳本「由」作「出」，當從。帝，指萬物。易説卦：「帝出乎震。」「萬物出乎震，震，東方也。」此句意爲：立春之時，陽氣蠢動開闢，萬物雍和，次第而出，皆改其容貌。

〔三〕寖，同浸，漸也。所好，指利禄。所惡，指禍殃。太玄瑩云：「人道所喜曰福。其所賤惡皆曰禍。」司馬光曰：「惑於利欲，漸又以差失，將致禍殃也。」

〔四〕意謂：安不忘危，存不忘亡，常自戒懼，防微杜漸，進德修業，必將致於輝光。易繫辭下：「君子安而不忘危，存而不忘亡，治而不忘亂，是以身安而國家可保也。易曰：其亡其亡，繫於苞桑。」

〔五〕過，失。范注：「去也。」意爲：不爲小善，終不能致大善。易繫辭下：「善不積不足以成名。」「小人以小善爲無益而不爲也。」葉注：「夫小善者，全體之分；大德者，萬殊之本。是積小善始能成大德。今過差於小善，豈能成其大德乎？四在差世逢陰，是小人以小善爲無益而不爲也。書曰：『不矜細行，終累大德。』『過小善，不克』之謂也。」

〔六〕集注本從宋、陸本「此」作「彼」。門，指次四。以喻道義。太玄數以四爲門；法言修身：「仁宅義路。」故門喻道義。中行，指次五。太玄圖云：「中和莫盛乎五。」意爲中和之道。此句意謂：雖離却仁義，但能改過從義，乃得中和之道。葉注：「門，喻道義。猶孟子義路禮門之譬。五居中而當陽，然在差世，雖或過於道義，旋悟其非，乃能折旋而復入。以其遷善從義，得此中行之道也。」

〔七〕跌，過度之義。説文：「跌，越也。」大跌即大過。意爲：大過而不改，必成大患。論語衛靈公：「過而不改，是謂過矣。」法言問明：「孟子疾過我門而不入我室。或曰：亦有疾乎？曰：摭我華而不食我實。」

〔八〕意謂：臨禍自危，常戒懼謹慎，不失其正，則轉危爲安。葉注：「累卵業業，言其勢之危也。七在禍初，以其得陽，故能戒懼而得貞安也。生於憂患，死於安樂。」

〔九〕集注本從二宋、陸本「蹉纕」作「纕蹉」。纍纍，足被索纏繞貌。蹉纕，疾行而失誤貌。輔，面頰。銘，刻。輔銘，指黥面之刑。麋，同眉。此句意爲：蹈禍而不知自省，以致有黥面滅眉之凶。易大過：「過涉滅頂，凶。」

〔一〇〕蘖，砍木而復生之芽。九爲過極，故稱枯城，即廢墟之義。此句意謂：過極而反，改過自新，興衰起廢，猶如枯木逢春，又發新枝。易大過：「枯楊生稊。」「枯楊生華。」

童[一]。陽氣始窺，物僮然咸未有知[二]。

初一，顓童不寤，會我蒙昏。測曰，童不寤，恐終晦也[三]。

次二，錯于靈蓍，焯于龜資，出泥入脂。測曰，錯蓍焯龜，比光道也[四]。

次三，東辰以明，不能以行。測曰，東辰以明，奚不逝也？

次四，或後前夫，先錫之光[五]。測曰，或後前夫，先光大也。

次五，蒙柴求兕，其（德）〔得〕不美[六]。測曰，蒙柴求兕，得不慶也。

次六，大開帷幕，以引方客。測曰，大開帷幕，覽衆明也[七]。

次七，脩侏侏，比于朱儒。測曰，侏侏之脩，無可爲也[八]。

次八，或擊之，或（剌）〔刺〕之，修其玄鑒，渝[九]。測曰，擊之（剌）〔刺〕之，過以衰也。

上九，童麋觸犀，灰其首。測曰，童麋觸犀，還自纍也[一〇]。

校釋

〔一〕相當於蒙卦。太玄錯云：「童，無知。」童之初一，日入營室四度。

〔二〕范注：「立春之節，萬物孚甲始出，枝葉未舒，故謂之童。」

〔三〕集注本測曰「童」字上有「顓」字。顓，愚昧無知。寤，覺。我，指初一。一爲思之始，尚處蒙昧之中，故言會我蒙昏。此句意爲：無知小童，宜求師開其覺悟，然遇師蒙昏，恐使終身晦闇不明。法言學行：「師哉師哉，桐子之命也。務學不如務求師。師者，人之模範也。模不模，範不範，爲不少矣。」

〔四〕焯，同灼。泥，以喻卑污。脂，以喻尊美。此句意謂：錯綜蓍數而筮，灼取龜兆而卜，決其出卑污求尊美之疑。以喻童子求師就學，近光明之道。

〔五〕范注：「前夫謂三也。三見明師而未能就，四雖在後，徙義從善，親近於五，附著賢者，先見榮飾。故曰先錫之光也。」葉注：「夫，謂人也。四以陽明敏智之資，如蒙童或後於人而學，乃能前人而達，是先畀之以光大之道也。」

〔六〕集注本「德」作「得」，爲近。測有「得」字，范注有「其得不美也」句，并是其證。范注：「五處天位，昇在童蒙之世，若幼眇之君，禮儀未備，盤于遊田，蒙突林木，以求兕獸，雖實得之，君子不貴。故曰其得不美也。」

〔七〕集注本「客」誤作「容」。方客，四方賢良之士。此句意謂：童蒙幼稚之君，需廣開門路，延納天下賢良之士，作爲輔弼。葉注：「六居福隆之地，而值陽明，其力足以養士，其資足以進道，故能大開帷幕以招延四方賢俊。如曹參之開東閣者是也。其能資衆才以進己之德也必矣。」

〔八〕脩，長。侏侏，無所知貌。朱儒，未成人。此句意謂：人雖長大，不學無知，近於未成之人，不能有所作爲。葉注：「脩，長也。侏侏，短貌。侏儒，短人也。七居衰老之期，乃始欲補長其所短，是脩其侏侏也。然其過時不能以有進，惟有比於侏儒之短而已，言不能長也。此言人之年富力强，則當勉學，至於衰老，則無及矣。」

〔九〕「刺」疑「剌」字之誤。「剌」與「擊」對文，義暢。作「刺」似義未通。擊刺，即攻治。玄鑒，指心。渝，變。此句意謂：攻治其過，修除其心，使暗變明。老子十章：「滌除玄覽（帛書乙本作「脩除玄鑒」），能無疵乎。」

〔一〇〕集注本「纍」作「累」。童麋，無角幼麋。灰，喻麋碎。司馬光曰：「九居童之極，逢禍之窮，如童麋觸犀，麋碎其首。不量其力，愚之甚也。」葉注：「九居童蒙之極，不知自量其力，是猶小鹿而觸犀牛，必無幸矣。則有灰碎其首而已，復何益哉！」

(𝌕)〔𝌒〕增〔一〕。陽氣蓄息，物則(益增)〔增益〕，日宣而殖〔二〕。

初一，聞貞增默，外人不得。測曰，聞貞增默，識內也〔三〕。

次二，不增其方，而增其光，冥〔四〕。測曰，不增其方，徒飾外也。

次三，木以止，漸增。測曰，木止漸增，不可(益)〔蓋〕也〔五〕。

次四，要不克，或增之戴。測曰，要不克，可敗也〔六〕。

次五，澤庳其容，衆潤攸同。測曰，澤庳其容，謙虚大也〔七〕。

次六，朱車燭分，一日增我三千，君子慶，小人傷〔八〕。測曰，朱車之增，小人不當也。

次七，增其高，刃其(削)〔峭〕，丘貞。測曰，增高刃峭，與損皆行也〔九〕。

次八，兼貝以役，往益來䠶〔一〇〕。測曰，兼貝以役，前慶後亡也。

上九，崔嵬不崩，賴彼峽崥。測曰，崔嵬不崩，羣士(橿橿)〔擅擅〕也〔一一〕。

校　釋

〔一〕首象當爲𝌒，集注本爲𝌒，是其證。相當於益卦。太玄錯云：「增日益。」增之初一，日入營室八度。

〔二〕集注本從二宋本「益增」作「增益」，爲佳。「息」與「益」爲韻。宣，布散。意謂：陽氣盛長，萬物布散而生，日日增長。

〔三〕此句意爲：學以正道，默而記之，自增修其德，不炫耀於人。葉注：「一在增初，聞正道未以語人，益默以自守，外人不得而知也。若聞道而輒以語人，則道聽塗説，德之棄也。」

〔四〕方，道。易恒卦：「君子以立不易方。」孔疏：「方，猶道也。」禮樂記：「樂行而民鄉方。」注：「方，猶道也。」冥，晦暗。王涯曰：「不增益其道，而外自誇耀，欲增其光，反自冥也。」葉注：「方，德義也。光，聲華也。冥，暗也。二當增世逢夜，是不能正心克己以增其德義，顧乃以色取仁，而曲取聲華，市寵於世。然既無其本，徒有虚名，安能保其久而不敗哉！將見其光華，必復再昏矣。此深言不務德而務名之害也。」

〔五〕集注本從宋、陸本「益」作「蓋」，近是。如作「不可益」，則要增益，而又不可增益，義相抵違，似不可通。漸，進。蓋，掩蓋。司馬光曰：「君子之學，如木根止於所生之土，而枝葉漸長，君子止於所守之道，而德行日新。」按，法言學行：「或問進，曰水。……請問木漸。曰，止於下而漸於上者，其木也哉。亦猶水而已矣。」葉注：「增以漸，不可助長而加益之也。」

〔六〕要，同腰。戴，負荷。又説文：「分物得增益曰戴。」意謂：腰弱力不勝任，而又復增其重，必致敗毁。

〔七〕意出老子：「江海所以能爲百谷王者，以其善下之。」（六十六章）以喻謙虚作用之大。葉注：「五居中當陽，是容德之君能以謙庳之道致增益也。君下士而賢俊歸，君納諫而忠讜至。未有有其德而無其應者也。」

〔八〕朱車，指在高位者所乘坐的華麗車輛。分，明。燭分，猶言燈火輝煌。三千，喻多，非指實數。此句意爲：出行則朱車華蓋，居家則燈火輝煌，又一日增益三千俸禄。君子有功有德，受之則昌，故可慶；小人無功無德，受之不當，必致毁傷。葉注：「朱車，君子所乘行也。燭分，天子所光寵也。三千，言多也。六當福盛之極，在增之世，受朱車之光寵，一日至於三千之多，其增至矣。惟君子在福則沖，得位則昌，故有慶；小人在福則驕，得位則横，故有傷。此言小人不可以居尊位，苟居尊位必致敗也。易云：『負且乘，致寇至。』」

〔九〕集注本、葉本「削」作「峭」，爲近。范本傳寫誤。測有「增高刃峭」，是其證。此句意謂：君子愈處高位，越卑謙自恭，修習其德，如山之愈高，則削其峭，則無危殆。此其正道也。易繫辭下：「損，德之修也。」

〔一〇〕䞑，音剔，削除。貝，古代貨幣。司馬光曰：「貝，富資也。役，賤事也。以富資而爲賤事，貪求不已，雖往得益，來必被削。故曰前慶後亡。」

〔一二〕集注本「峽崥」作「峡崥」，謂：「宋、陸本作『峽崥』，今從范、王、小宋本。」據此，則以「峽崥」爲近。集注本「橿橿」作「彊彊」，近是。崔嵬，山高險貌。峽崥，山足。彊彊，音强强，扶助貌。此句意謂：君處高位而不危，以有賢臣輔助，正如高險之山不崩，以有峽崥爲足。葉注：「高必以在下爲基，然後不崩；國必以得賢爲本，然後能固。上處增高之極，如崔嵬之山，所以不崩者，賴彼之山足爲之基也。人君可不務得賢以爲太平之基乎？」

𝌓 **鋭**〔一〕。陽氣岑〔二〕以鋭，物之生也咸專一而不二。

初一，蟹之郭索，後蚓黄泉。測曰，蟹之郭索，心不一也〔三〕。

次二，鋭一，無不達。測曰，鋭一之達，執道必也〔四〕。

次三，狂鋭，盪盪。測曰，狂鋭之盪，不能處一也〔五〕。

次四，鋭于時，無不利。測曰，鋭于時，得其適也〔六〕。

次五，鋭其東，忘其西，見其背，不見其心。測曰，鋭東忘西，不能迴避也〔七〕。

次六，鋭于醜，含于五軌萬鍾，貞〔八〕。測曰，鋭于醜，福禄不量也。

次七，鋭于利，忝惡至。測曰，鋭于利，辱在一方也〔九〕。

次八，鋭其鋭，救其敗。測曰，鋭其鋭，恐轉作殃也〔一〇〕。

上九，陵崢岸峭，陁。測曰，陵崢岸峭，鋭極必崩也〔一一〕。

校釋

〔一〕相當於漸卦。太玄錯云：「鋭，鏩鏩（按，同漸）。」鋭之初一，日入營室十三度。雨水氣起於此首之次三。按，依漢書律曆志雨水當爲驚蟄。

〔二〕岑，高聳貌。説文：「山小而高。」

〔三〕郭索，范注：「多足。」一説躁動貌。此句意出荀子勸學：「蚓無爪牙之利、筋骨之强，上食埃土，下飲黄泉，用心一也；蟹八跪而二螯，非蛇蟺之穴無可寄托者，用心躁也。」葉注：「蟹之多足而躁擾，不能深藏，不如蚓之無足而專静，反能深入。一在鋭初，戒其鋭於進而不能專也。」

〔四〕意謂：專一必無所不達。荀子勸學：「行衢道者不至，事兩君者不容。目不能兩視而明，耳不能兩聽而聰。螣蛇無足而飛，鼫鼠五技而窮……故君子結於一也。」

〔五〕盪，動摇不定貌。狂，躁。此句意謂：鋭進而躁，動摇不定，由心不能專一所致。論語陽貨：「古之狂也肆，今之狂也蕩。」

〔六〕此句意謂：進而適得其時宜，無有不利。揚雄繼承并發揮了易傳注重「時」的思想，認爲事物的發展變化不能違反其「時」，即一種時間上的條件。太玄文云：「當時則貴。」「君子修德以俟時，不先時而起，不後時而縮。」法言問明：「潛升在己，用之以時，不亦亨乎？」「時來則來，時往則往。」

〔七〕背，喻外。心，喻內。迴，違。避同蔽。此句意謂：進東而忘西，見外而不見內，爲事物之片面所蔽，則不能求其正道。荀子解蔽：「凡人之患，蔽於一曲，而闇於大理……豈不蔽於一曲而失正求也哉！」葉注：「五居鋭之至中，宜當無偏無陂而存中道也。然其在夜之陰，性不能中，故鋭東忘西，見後忘前，徇於一偏之見，不能審遜以取中也。」

〔八〕醜，衆。詩小雅：「執訊獲醜。」鄭箋：「醜，衆也。」左傳定公四年：「將其醜類。」注：「醜，衆也。」司馬光曰：「君子之進取，務合衆心而已矣。故能含容五軌萬鍾，不失其正也。古者度途以軌，軌者，兩轍之間，其廣八尺。釜十曰鍾，鍾六斛四斗也。五軌喻廣，萬鍾喻多。」

〔九〕忝，説文：「辱也。」葉注：「七居禍逢昏，是鋭於利而致忝辱，言以賄敗也。一方，一偏也。務利己而不恤人，故一偏。」

〔一〇〕意謂：進其當進，以救其敗失，唯恐敗損轉爲禍殃。

〔一一〕陒，釋文：「詩是切。」方言：「壞也。」崢，謂崢嶸。峭，峻。崢嶸高峻，必致崩壞，故曰陒。

揚雄重視事物的轉化，吸收了老子、易傳「物極必反」的思想，認爲事物的轉化以「極」爲條件，對立的一方不發展到極端，就不能向其反面轉化。太玄攡云：「陽不極則陰不萌，陰不極則陽不牙。極寒生熱，極熱生寒。」

☷ 達〔一〕。陽氣枝（枝）〔枚〕條出，物莫不達〔二〕。

初一，中冥獨達，迵迵不屈。測曰，中冥獨達，内曉無方也〔三〕。

次二，迷腹達目。測曰，迷腹達目，以道不明也〔四〕。

次三，蒼木維流，厥美可以達于瓜苞。測曰，蒼木維流，内恕以量也〔五〕。

次四，小利小達，大迷扁扁，不（故）〔救〕。測曰，小達大迷，獨曉隅方也〔六〕。

次五，達于中衢，大小無迷。測曰，達于中衢，道四通也。

次六，大達無畛，不要止洫作，否。測曰，大達無畛，不可偏從也〔七〕。

次七，達于砭割，前亡後賴。測曰，達于砭割，終以不廢也〔八〕。

次八，迷目達腹。測曰，迷目達腹，外惑其内也〔九〕。

上九，達于砦，貞，終譽。測曰，達砦終譽，善以道退也〔一〇〕。

校釋

〔一〕相當於泰卦。太玄錯云:「達,思通。」易序卦:「泰者,通也。」達之初一,日入壁宿一度。

〔二〕集注本、葉本「枝枝」作「枝枚」,疑范本形近而誤。范注有「枝條枚末莫不達」句,其交首注有「物長順節,枝枚營營」句,是其證。宋衷曰:「自枝別者爲枚,自枚別者爲條。」陸績曰:「枝枚條出,言陽氣布施,無不浹也。」

〔三〕中,指心。迵迵,通達貌。屈,盡也。此句意爲:內心通達,則知無不盡。荀子解蔽:「心何以知?曰:虛一而靜。……虛一而靜,謂之大清明。萬物莫形而不見,莫見而不論,莫論而失位。」法言問神:「或問神,曰心。請問之。曰,潛天而天,潛地而地。天地,神明而不測者也。心之潛也,猶將測之,況於人乎?況於事倫乎?」葉注:「中心冥然獨達,無所不通,是以迵迵然不至於窮屈也。」

〔四〕此句意謂:內心不明,道理不通,雖耳聰目明,也視物不清。

〔五〕維流,范注:「枝枚垂貌也。」苞,同匏。匏瓜,俗稱葫蘆,瓜的一種,蔓生。恕,即論語所謂:「夫仁者,己欲立而立人,己欲達而達人,能近取譬,可謂仁之方也已。」(雍也)此句意謂:仁者能推己及人,不專其美,如木垂枝而及下,使瓜苞得累而蔓之。詩小雅:「南有樛木,甘瓠累之。」葉注:「言三居下之上,如蒼木之枝條下垂,引達在下之瓜苞。喻以貴下賤，以尊接卑，上下交而致天下之泰也。」

〔六〕集注本「不故」作「不救」，爲佳。「不故」於義未暢。扁扁，狹小貌。隅方，一偏。司馬光曰：「小人獨曉隅方，不達大道，所得狹小，不能救其所失也。」

〔七〕畛，界限。要，同腰，中也。洫，田間的小水溝，用以區分田界。作，治。偏，與徧通，周遍之義。此句意謂：認識事物而無確定的範圍，雖心思通達無限，也不可能有確切的認識。荀子解蔽：「以所以知人之性，求可以知物之理，而無所凝止之，則没世窮年不能徧也。」（據荀子新注校改）葉注：「言大達當無所不通，不可中道而止。苟或爲封洫所限，則有所不通而作否也。」

〔八〕砭，用石針刺穴治病。割，用刀挖瘡。此句意爲：通於砭割去病之法，能除舊生新，雖有所失，而後得利，故曰不廢。

〔九〕此句意謂：耳目之欲擾亂其思維，雖内心通達，也不能有正確的認識。荀子解蔽：「耳目之欲接，則敗其思；蚊虻之聲聞，則挫其精。是以闢耳目之欲，而遠蚊虻之聲，閑居静思則通。」

〔一〇〕退，謂從極端退下來，以免通極而反，走向阻塞。有退蔽預防之義。意謂：通達之極，必有過失，然善以正道預防，終而有譽。

𝌕 **交**〔一〕。陽交於陰，陰交於陽，物登明堂，矞矞皇皇〔二〕。

初一，冥交于神，齊不以其貞。測曰，冥交不以，懷非含慙也〔三〕。

次二，冥交有孚，明如〔四〕。測曰，冥交之孚，信接神明也。

次三，交于木石。測曰，交于木石，不能嚮人也〔五〕。

次四，往來熏熏，得亡之門。測曰，往來熏熏，與（神）〔福〕交行也〔六〕。

次五，交于鸎猩，不獲其榮。測曰，交于鸎猩，鳥獸同方也〔七〕。

次六，大圈閎閎，小圈交之，我有靈殽，與爾殽之〔八〕。測曰，大小之交，待賢煥光也。

次七，交于鳥鼠，費其資黍。測曰，交于鳥鼠，徒費也。

次八，戈矛往來，以其貞，不悔。測曰，戈矛往來，征不可廢也〔九〕。

上九，交于戰伐，不貞，覆于城，猛則噉〔一〇〕。測曰，交于戰伐，奚可遂也？

校釋

〔一〕也相當於泰卦。易象傳：「天地交，泰。」交之初一，日入壁宿六度。

〔二〕明堂，陸績曰：「地下稱黃宮，故地上稱明堂。」禮記有「明堂九室」之說，「明堂者，古有之也，凡九室……」（大戴禮記盛德）易緯發展爲「九宫説」，表示陰陽二氣的消長過程。揚氏循其義而用之。矞矞，物破土而出貌。説文：「矞，滿有所出也。」皇皇，美盛貌。此句意謂：陰陽交泰，萬物通達，登地而出，順長輝煌。

〔三〕葉本「齊」作「齋」。齊，讀作齋。貞，精誠。范注：「交於鬼神，雖在冥暗，不以精誠，神弗福也。」葉注：「齋，將祭而致其精誠也。今將冥漠以交于神明之初，而致其精誠，乃不以其正，則無以爲交神之本矣。雖祭復何益哉？」

〔四〕孚，信。如，語助詞。

〔五〕不能嚮人，意指不能學禮義。法言修身：「由於禮義，入自人門。」司馬光曰：「交于愚人，如交木石，不能相益也。」

〔六〕司馬光曰：「王本『神』作『福』。」近是。范注：「往來以道，行之福也。」證范望所見亦爲「福」字。往來熏熏，即往來頻繁之義，也即易泰卦所謂：「小往大來」，「無往不復」。得亡之門，指得福亡禍。太玄瑩：「往來熏熏，得亡之門。夫何得何亡？得福而亡禍也。」此句意爲：四爲福始，往來有道，通達康泰，得福亡禍。故曰與福交行。易泰卦：「小往大來，吉亨。」「無平不陂，無往不復。艱貞，無咎。勿恤其孚，于食有福。」

〔七〕鸎，音嬰，黄鶯，善鳴，聲音悦耳。此泛指禽鳥。方，猶道。意爲：交於頑人，不習禮義，無異於鳥獸。故不能獲榮禄。法言學行：「禮義之作，有以矣夫。人而不學，雖無憂，如禽何？」葉注：「五居交之中，而逢夜陰，是不明于交之道，而交于頑冥之鸚猩，果何以望其有益而獲其榮哉！戒交非其類也。」

〔八〕集注本「殽」作「肴」。二字相通。圈，國。管子幼官：「强國爲圈，弱國爲屬。」閎閎，范注：「敦美之意也。」靈殽，美食。此句意謂：小國交於大國，大國當以禮相待。易中孚卦：「鳴鶴在陰，其子和之。我有好爵，吾與爾靡之。」法言孝至：「或曰：訩訩北夷，被我純績，帶我金犀，珍膳寧餬，不亦享乎？曰：昔在高、文、武，實爲兵主，今稽首來臣，稱爲北藩，是爲宗廟之神，社稷之靈也。可不享乎？龍堆以西，大漠以北，鳥夷獸夷，郡勞王師，漢家不爲也。」

〔九〕集注本「征」誤作「往」。戈矛往來，指交兵征戰。意謂：交兵征戰，用以止亂禁暴，不可廢止。用之以正，則無悔吝。

〔一〇〕集注本「城」誤作「伐」。噉，同啖，吞并之義。范注：「古者治兵，以征不義。侵伐不止，爲衆所怨，必爲大國所吞滅也。故有覆城吞噉之憂。」葉注：「九居交之極，禍之中，故禍莫慘於以兵而毒天下也。況交于戰伐不得其正者哉？禍小則有覆城之憂，禍烈則有吞滅之慘。自古及今，未有黷武而不亡者也。可不監哉！古云：國雖大，好戰必亡；天下雖安，忘戰必危。此説正與此二贊之意同。」

𝌖（烎）〔耎〕〔一〕。陽氣能剛能柔，能作能休，見難而縮。

初一，赤卉方鋭，利進以退。測曰，赤卉方鋭，退以動也〔二〕。

次二，（烎）〔耎〕其心，作疾。測曰，（烎）〔耎〕其心，中無勇也。

次三，（烎）〔耎〕其郄，守其節，雖勿肆，終無拂〔三〕。測曰，（烎）〔耎〕其郄，體不可肆也。

次四，（烎）〔耎〕其哇，三歲不噣。測曰，（烎）〔耎〕哇不噣，時數失也〔四〕。

次五，黄菌不誕，俟于慶雲。測曰，黄菌不誕，俟逑耦也〔五〕。

次六，縮失時，或承之菑。測曰，縮失時，坐逋後也〔六〕。

次七，詘其節，執其術，共所殉〔七〕。測曰，詘節共殉，内有主也。

次八，窾枯木丁衝，振其枝，小人有（烎）〔耎〕，三郤鉤羅〔八〕。測曰，窾木之振，小人見侮也。

上九，悔縮，往去來復。測曰，悔縮之復，得在後也〔九〕。

校釋

〔一〕葉本「耎」作「耎」，爲佳。疑他本因形近傳寫誤。下同。耎，同愞，音軟，軟弱。相當於需卦。太玄衝云：「耎，有畏。」太玄錯云：「耎也退。」有畏而退，自縮以待，故相當於需卦。耎之初一，日入奎宿一度。驚蟄起於此首之次八。按，依漢書律曆志驚蟄當爲雨水。

〔二〕赤卉，草木萌芽。鋭，進。此句意謂：草木萌生出土，爲陰氣所難，不得暢舒，利於退縮而待進。喻時世艱險，不利於進，賢者知機，暫退以避，待時而進。

〔三〕郗，同膝。肆，自遂其志。拂，違逆。正韻：「拂，矯也，逆也。」集韻、韻會：「拂，違也，戾也。」此句意爲：曲軟其體，守其節操，雖不能自遂其意，然終不悖逆於正道。法言寡見：「如賢人謀之美也，詘人而從道。」

〔四〕哇，咽喉結貌。噣，音晝，説文：「喙也。」即鳥口，可引申爲言語。此句意爲：縮結喉舌，三年不言。當言而不言，故曰失時數。葉注：「耎其哇，遜其言也。不噣，不鳴也。四逢耎縮之時，不可以有爲，惟箝口結舌，遠害全身而已。」

〔五〕黄菌，靈芝草。慶雲，瑞雲。逑，匹偶。此句意謂：芝草不生，以待慶雲，同表嘉瑞；士有不進，以待明君，明君賢臣相匹偶。法言問明：「治則見，亂則隱。」葉注：「五居耎縮之時，得中逢陽，如黄菌之不遽産，所以待其類之慶雲也。蓋黄菌必待慶雲而後出，賢臣必俟聖君而後興，是以上下交而德業成也。」

〔六〕菑，同災。逋，亡。坐逋，即坐失。意謂：退縮不及，坐失良機，則災禍生。

〔七〕殁，音殁，説文：「終也。」范注：「屈節奉上，於道不違，故言執術。術，大道也。殁，盡也。節于道，執父之業，殁身而已也。」按，此即法言五百所謂：「詘身將以信道也。」葉注：「是能屈其節而守其道，以身殉道而共所没也。義與次三同。」

〔八〕集注本「郄」作「卻」，道藏本作「却」。三字同。却，退也。窾，空，樹枯而空之義。丁，當。衝，撞擊而動。廣雅：「衝，動也。」鉤羅，指羈絆，喻遭拘繫。此句意謂：枯木遭衝撞，力不能支；人身軟弱，屢遭拘繫，終不能退。

〔九〕此句意爲：遇悔而自縮，去而復返，雖無前進之利，後必有得。葉注：「縮極將伸，故悔其縮而往來自得也。欲往則去，欲來則復，豈不自得乎？」

☵ **傒**〔一〕。陽氣有傒，可以進而進，物咸得其願。

初一，冥賊，傒天凶。測曰，冥賊之傒，時無吉也〔二〕。

次二，冥德，傒天昌。測曰，冥德之傒，昌將日也〔三〕。

次三，傒後時。測曰，傒而後之，解也〔四〕。

次四，詘其角，直其足，維以傒（穀）〔彀〕。測曰，屈角直足，不伎刺也〔五〕。

次五，大爵集于宮庸，小人庳，傒空〔六〕。測曰，宮庸之爵，不可空得也。

次六，傒福貞貞，食于金〔七〕。測曰，傒福貞貞，正可服也。

次七，傒禍介介，凶人之郵〔八〕。測曰，傒禍介介，與禍期也。

次八，不禍禍，傒天活我。測曰，禍不禍，非厥訧也〔九〕。

上九，傒厄厄，天撲之顙〔一〇〕。測曰，傒厄之撲，終不可治也。

校釋

〔一〕傒，同徯，爾雅釋詁：「待也。」或形近而誤作「傒」。也相當於需卦。太玄錯云：「傒也弱。」太玄衝云：「傒也出。」柔弱而出，必有所待，故相當於需卦。傒之初一，日入奎宿六度。

〔二〕意謂：暗藏賊害之心，待時而動，必無吉而受殃。葉注：「一在陰家陰位，是人有陰賊之行，豈不待天之凶乎？蓋天道禍淫，作不善則降之百殃也。」

〔三〕此句意謂：暗暗積德以待時，昌美不日而至。葉注：「二當晝中，而在傒時，是人有陰德之功，豈不待天之昌乎？蓋天道福善，作善則降之百祥也。」

〔四〕解，同懈，怠也。詩大雅：「夙夜匪解。」揚雄元后誄：「弘漢祖考，夙夜匪懈。」此句意謂：

當進不進，待而失時，懈怠之過。

〔五〕集注本「穀」作「穀」，當從。穀，善。伎，舒貌。詩小雅：「鹿斯之奔，維足伎伎。」剌，乖違。説文：「剌，戾也。戾，曲也。」此句意謂：屈角而不觸人，直足而行正道，不乖不舒，唯善是務。　葉注：「穀，禄也。四當俟時，未遽得達，故雖屈其用而未能伸，但知直其足以行其道，謂夷明養晦，守道俟時。初無求進之心，惟務脩其在己，以俟夫天禄之自至耳。」

〔六〕大爵，隼也。庸，同墉，高牆。意謂：鷹隼集於高牆，無弓無矢，空待何所得之。喻小人庳下，無功無德，不能妄受榮禄。易解卦：「公用射隼於高墉之上，獲之，無不利。」

〔七〕金，喻重禄。此句意爲：待福以正，必享重禄。　葉注：「食金，言玉食也。六居福隆之地，又且當陽，是傒福能以正正之道，則其所食寧無珍貴乎？」

〔八〕介介，邪惡。後漢書馬援傳：「介介，獨惡是耳。」郵，驛舍。此句意爲：凶人邪惡，招禍應期而致，猶如傳遞文書，按期到驛。

〔九〕葉本「禍不禍」作「不禍禍」。天，指時節。訧，説文：「罪也。」三八爲木，三興於春，八衰於秋，秋氣降殺，時節宜此，故不以禍爲禍。來春陽生，必再蕃長，故言待天活我。喻人無罪過，則不以禍爲禍，待時而動，禍必自消。　葉注：「八以剛陽，初無致禍之道而得禍，是陷於非辜也。然罪非己致，冤久必明，惟待夫天之生我而已。蓋脩身俟死，無求苟免之心也。」

〔一〇〕尪尪，疾病之人仰面向天，求其哀己之貌。禮記檀弓注：「尪者，疾病之人，其面向天暴之，冀天哀其病而雨也。」撲，擊。顙，額。方言：「中夏謂之額，東齊謂之顙。」此句意謂：凶人罪惡滔天，而不知自改其過，冀天救我，却又被擊額。此乃陷禍之極，無可救藥。

從〔一〕。

陽躍于淵、于澤、于田、于嶽，物企其足〔二〕。

初一，日幽嬪之，月冥隨之，基〔三〕。測曰，日嬪月隨，臣應基也。

次二，方出旭旭，朋從爾醜。測曰，方出朋從，不知所之也〔四〕。

次三，人不攻之，自牽從之。測曰，人不攻之，自然證也〔五〕。

次四，鳴從不臧，有女承其血，匡亡〔六〕。測曰，鳴從之亡，奚足朋也。

次五，從水之科，滿。測曰，從水滿科，不自越也〔七〕。

次六，從其目，失其腹。測曰，從目失腹，欲丕從也〔八〕。

次七，拂其惡，從其淑，雄黃食肉〔九〕。測曰，拂惡從淑，救凶也。

次八，從不淑，禍飛不逐。測曰，從不淑，禍不可訟也〔一〇〕。

上九，從徽徽，後乃登于階，終〔二〕。測曰，從徽徽，後得功也。

校釋

〔一〕相當於隨卦。從之初一，日入奎宿十度。

〔二〕范注：「陽氣遍接此四處，萬物莫不企足欲長而從之。」葉注：「企足，言從之也。淵、澤、田、嶽，言在下而漸進於高也。」

〔三〕嬪，婦。指日月相合，以月爲嬪。司馬光曰：「基，始也。一爲思始，故曰幽冥。月始過朔，潛隨日行，若婦之從夫。人君有爲，始發慮於心，而同德之臣已從而應之，不謀而叶（協）也。」葉注：「一爲從初，故言從道之本。從隨之道，莫大乎月之隨日也。蓋月（當作日）之幽則配乎月，月之冥則隨乎日。日月之隨，亘萬古而不變，豈非隨之本乎？以人道言，臣之隨君，亦猶是也。」

〔四〕醜，類。意謂：日之始出，旭旭而上，羣類從之，然或淵或澤，或田或嶽，尚不知所往。

〔五〕司馬光曰：「『證』當作『正』。」意謂：君子之道，有過則改，不待攻治，自正而從善。

〔六〕臧，善。匡，同筐。此句意爲：自鳴而求人從己，不足稱善。雖有所從，名從實亡。易歸妹：「女承筐，無實；士刲羊，無血。無攸利。」葉注：「四爲夜陰，其質弱矣。是無德而求從於人，人莫之親，不勝其欲，乃鳴呼而冀人之與己，其不善可知矣。筐所以乘血，今女欲承其血，而亡其筐，是失其所以承之之道也。既失其所以承之道，其呼鳴以求從，豈復有善乎？」

〔七〕科，坎穴。此句意謂：水滿坎而後進，乃自然法則，不可跨越。法言學行：「滿而後漸者，其水乎。」孟子離婁：「盈科而後進。」葉注：「水必盈科而後進，君子必擇德而後從也。」

〔八〕目，指耳目之外欲。腹，指内心之正道。丕，大。此句意謂：從耳目之外欲，失心腹之正道。大從其欲，亡失之道也。

〔九〕拂，去。淑，善。雄黃，有毒礦物，入藥，可治瘡疽。雄黃食肉，指雄黃蝕惡瘡生新肉之功效。葉注：「七以剛陽明於所從，是能去其惡而從於善，猶藥用雄黃而消食其癰疽之惡肉。言除舊以生新，喻去惡而從善也。」

〔一〇〕訟，争辯。此句意爲：所從不善，禍來如飛，不可辯訟而驅除。

〔一一〕集注本「登」作「升」。徽徽，美盛貌。此句意爲：從善就美，進德修業，日以漸昇，必有善終。

𝌙 **進**〔一〕。陽引而進，物出溱溱，開明而前〔二〕。

初一，冥進否，作退母〔三〕。測曰，冥進否，邪作退也。

次二，進以中刑，大人獨見〔四〕。測曰，進以中刑，刑不可外也。
次三，狂章章，不得中行。測曰，狂章章，進不中也〔五〕。
次四，日飛懸陰，萬物融融。測曰，〔日〕飛懸陰，君道隆也〔六〕。
次五，進以欋疏，或杖之扶。測曰，進以欋疏，制于（尊）〔宗〕也〔七〕。
次六，進以高明，受祉無疆。測曰，進以高明，其道迂也〔八〕。
次七，進非其以，聽咎窒耳。測曰，進非其以，毁滋章也〔九〕。
次八，進于淵，君子用船。測曰，進淵且船，以道行也〔一〇〕。
上九，逆憑山川，三歲不還〔一一〕。測曰，逆憑山川，終不可長也。

校釋

〔一〕相當於晉卦。易序卦：「晉者，進也。」進之初一，日入奎宿十五度。
〔二〕溱，舒布。范注：「言陽氣引萬物而長，溱溱然日以舒布，開明而前。」
〔三〕此句意爲：冥暗之時，進不以正道，必遇險難而退。
〔四〕刑，法。此句意謂：進必以法，不違其則，乃大人獨見之明。
〔五〕狂，妄進。章章，司馬光曰：「失據貌。」此句意謂：妄進失據，行不以中道。意本於論語子路：「不得中行而與之，必也狂狷乎！狂者進取，狷者有所不爲也。」

〔六〕集注本、趙本、道藏本、陳本「測曰」下皆有「日」字，范本脱誤。懸，遠。范注：「懸，消也。」融融，和洽貌。此句意爲：日飛登天，陽氣盛長，遠離於陰，萬物莫不和洽。喻君德隆盛，明無不照，天下和平。

〔七〕集注本從二宋、陸本「尊」作「宗」，當從。范注：「五位至尊，衆所宗制也。」「宗制」正釋「制于宗」，證范望作注時「尊」尚作「宗」。「尊」字疑後人因注而傳寫誤。疏，同梳。櫂梳，理亂髮去污垢之工具。宗，主。此句意謂：進而有櫂梳去垢理亂，又得杖而輔助。喻明君能去奸治亂，賢臣俱來輔助之，乃臣受制於主也。

〔八〕祉，福。迂，遠。意爲：進而至於高明，受福無疆，遠及子孫。

〔九〕以，猶及。易小畜卦：「富以其鄰。」虞翻注：「以，及也。」剥卦：「剥牀以足。」「剥牀以膚。」言及足、及膚也。此句意謂：小人進而有過，非其所及，聞過塞耳，不加改悔，失之益甚。葉注：「以，用也。七爲失志，所行多謬。人或進其諫説，乃非其所用也。既聞其過，反塞其耳，而不聽之，拒諫忌醫，無足爲矣。其失愈甚。」

〔一〇〕集注本、葉本「舩」作「船」，二字同。此句意謂：進於深淵，濟水用船，行得其道。喻賢人進得其道，行合於德，雖遇險難，必化爲夷。

〔一一〕逆，方言：「逢也。」憑，依託。山川，喻險難。此句意爲：進而逢山託險，難不可拔，終年不得返。葉注：「九居進極，不能順由其道，乃逆憑山川以進，其爲險難可知矣。力多功少，是以至於三歲之久，猶不得歸復也。」

𝌜 釋〔一〕

陽氣和震圜煦，（釋）物咸稅其枯，而解其甲〔二〕。

初一，動而無名，酋〔三〕。測曰，動而無名，不可得名也。

次二，動于響景。測曰，動于響景，不足觀聽也〔四〕。

次三，風動雷興，從其高崇〔五〕。測曰，風動雷興，動有爲也。

次四，動之丘陵，失澤朋。測曰，動之丘陵，失下危也〔六〕。

次五，和釋之脂，四國之夷。測曰，和釋之脂，民説無疆也〔七〕。

次六，震于廷，喪其和貞〔八〕。測曰，震于廷，和正俱亡也。

次七，震震不侮，濯漱其詢〔九〕。測曰，震震不侮，解恥無方也。

次八，震于利，巔仆死〔一〇〕。測曰，震于利，與死偕行也。

上九，今獄後穀，終説桎梏〔一一〕。測曰，今獄後穀，于彼釋殃也。

校釋

〔一〕相當於解卦。説文：「解，釋也。」釋之初一，日入婁宿三度。春分氣起於此首之次三。

〔二〕疑「釋」字涉上文而衍。范注：「震，動也。圛，陽氣形勢也。煦，暖也。謂陽氣温暖，萬物咸税（按，税，脱。方言：「舍車也。」）枯解甲而生於太陽之中也。」

〔三〕酋，就，指功成。此句意謂陽氣和柔震動，化育萬物，人見其成功，而不知誰爲。

〔四〕響景，響應聲起，影隨形生，皆虛而無實。此句意爲：動而如響影，徒虛而無實，故不足觀聽。葉注：「響出乎聲，景出乎形，二者皆非物之質，而物之遺也；皆非物之實，而物之虛也。二居夜陰，是不務質實而動於虛浮，則亦何足以爲觀聽哉！此言人之舍本趨末、棄德務名之爲害也。」

〔五〕此句意爲：風動雷興，潤養萬物，功效日彰。易彖傳：「天地解而雷雨作，雷雨作而百果草木皆甲坼。解之時大矣哉！」

〔六〕之，往。丘陵喻高，澤喻下。此句意謂：動而就高，不顧其下，失下之基，不免孤危。

〔七〕脂，喻德澤。夷，平。此句意謂：君主能布施德澤，和諧四方之國，莫不平和安逸，萬民皆悦。

〔八〕集注本「廷」作「庭」。震，怒。此句意謂：震怒於廷，失其柔和平正，則四國不寧，萬民不悦。葉注：「六逢陰幽，是陰幽小人而居福隆之地，憑其隆盛，以貴驕人，乃震耀於廷，不勝其侈，然其所爲如此，能不失其中和之正道哉！齊桓公葵丘之盟，震而矜之，諸侯叛者九國，此其驗也。」

〔九〕震震，恐懼貌。易震卦：「震來虩虩（虩，音隙，説文：「恐懼。」）。」濯漱，洗刷污垢。詢，説文：「詢，詬。」即恥辱之義。此句意爲：遇禍初來，能恐懼修省，洗刷恥辱，則不侮於人。

〔一〇〕集注本、陳本「巔」作「顛」。俗作「顛」。顛仆，受挫倒地。此句意謂：遇禍而不知自省，却動而逐利，必受挫致死。葉注：「八居夜陰，剥落之際，宜當致戒。然小人暗於卑近，不勝其富，震動而矜其財利，不知衰敗已萌，豈能保其不巔仆而死乎？古者石崇之徒是也。」

〔一一〕説，同脱。此句意謂：九處禍極，故稱今獄。禍極福承，故言後禄。去禍得福，終脱桎梏而免禍殃。

𝌛 **格**〔一〕。陽氣内壯，能格乎羣陰，攘而郄之〔二〕。

初一，格内善，失貞類。測曰，格内善，〔中〕不省也〔三〕。

次二，格内惡，幽貞（類）。測曰，格内惡，幽貞妙也〔四〕。

次三，裳格鞶鉤，渝。測曰，裳格鞶鉤，無以制也〔五〕。

次四，畢格，禽鳥之貞。測曰，畢格禽，正法位也〔六〕。

次五，膠漆釋，弓不射，角木離。測曰，膠漆釋，信不結也〔七〕。

次六，息金消石，往小來（弈）〔奕〕〔八〕。測曰，息金消石，美日大也。

次七，格其珍類，龜緺厲。測曰，格其珍類，無以自匡也〔九〕。

次八，格彼鞶堅，君子得時，小人踢，憂否。測曰，格彼鞶堅，誼不得行也〔一〇〕。

上九，郭其目，鱎其角，不庳其體，撲。測曰，郭目（解）〔鱎〕角，還自傷也〔一一〕。

校釋

〔一〕相當於大壯卦。太玄錯云：「格不容。」陽氣强壯，則不容陰。易大壯，意指陽氣壯大，陽盛陰消。故格相當於大壯卦。格之初一，日入婁宿八度。

〔二〕集注本「郄」作「卻」，道藏本作「却」，三字同。格，拒。攘，方言：「止也。」

〔三〕集注本「不省也」作「中不肖也」，陳本作「中不省也」。疑范本脱「中」字。一爲思之始，「不省」即心不省，「中」以喻心，故以有「中」字爲長。類，爾雅釋詁：「善也。」此句意爲：內不容善，格而去之，拒善則納惡，故失却正直善良，乃心不省察之過。

〔四〕集注本、道藏本「幽貞」下無「類」字。疑范本涉上文「類」字而衍。幽，指內潛於心。

〔五〕鞶，大帶。鈎，綴帶之物。渝，變，此指失去常態。此句意爲：衣裳去其鈎帶，無以節制身體，則失常態。葉注：「鞶鈎，帶鈎也。渝，變也。凡衣裳必束之以帶，今拒鞶鈎而不束，豈非變其常體乎？三過中在陰，故變也。制，束也。檢身不以禮則失身，治國不以道則失國矣。」

〔六〕畢，網羅。禮記月令：「田獵罝罘羅罔畢。」此句意爲：網格拒而不張，禽鳥得生。喻刑設而不用，則萬民得安。故曰正法位。葉注：「人之設網，在於張捕禽鳥；君之設刑，在於禁制萬民。今網拒而不張，猶刑設而不用。刑而至於無刑，刑措極矣。可不謂貞乎？正法位，言以道化天下，不用刑也。」

〔七〕司馬光曰：「五性信，又爲膠爲漆，爲弓矢。格者，物相拒不合之象也。弓以膠漆附合角木，故可射；君以信固結臣民，故可使。小人而居盛位，不能以信結物，上下離心，故曰膠漆釋，弓不射，角木離。」

〔八〕集注本「弈」作「奕」。奕，大也。正與「小」對文，爲佳。或音同而通。金以喻美善，石以喻醜惡。此句意爲：金生石消，美善日長，醜惡日消，故言往小來大。

〔九〕龜，印。印以龜爲紐，故稱龜。緺，綬，承受印環的絲帶。龜緺，喻爵禄。厲，危。匡，輔助。此句意謂：在上者不能任賢使能，反拒其美善之人，不能自我輔助，必致爵禄危殆。

〔一〇〕 鶡，剔髮，引申爲傷害。此句意謂：君子在位，不畏强禦，能以剛直格拒奸邪。此君子行義達道之時，然遭小人傷剔，故閉塞不得行而憂。

〔一一〕 集注本「撲」作「擈」，二字通。擊也。測曰「解角」作「觽角」，葉本同。范本誤。郭，同廓，張大。觽，音矯，高昂。郭目觽角，喻高傲蠻横。庳其體，喻卑遜謙恭。此句意謂：高傲蠻横，處於禍極而不知謙恭自免，必致敗毁自傷。葉注：「郭，音廓，義同……大也。觽，剛健貌。擈，擊也。九居高極而當格之終，乃郭大其目，謂廣其視也。觽健其角，謂尚其剛也。廣其視尚其剛，曾不自庳其體，寧無擈擊之傷乎？戒其驕亢也。」

☷ 夷〔一〕。陽氣傷鶡，陰無救瘽，物則平易〔二〕。

初一，載幽貳，執夷内。測曰，載幽執夷，易其内也〔三〕。

次二，陰夷，冒于天罔。測曰，陰夷冒罔，疏不失也〔四〕。

次三，柔，嬰兒于號，三日不（嗄）〔嚘〕。測曰，嬰兒于號，中心和也〔五〕。

次四，夷其牙，或飫之徒〔六〕。測曰，夷其牙，食不足嘉也。

次五，中夷，無不利。測曰，中夷之利，其道多也〔七〕。

次六，夷于廬，其宅丘虚。測曰，夷于廬，厥德亡也〔八〕。

次七，榦柔榦弱，離木艾金，夷。　測曰，榦柔艾金，弱勝彊也〔九〕。

次八，夷其角，厲。　測曰，夷其角，以威傷也。

上九，夷于耇利，敬病年貞。　測曰，夷耇之貞，懸車鄉也〔一〇〕。

校　釋

〔一〕也相當於大壯卦。易虞翻注：「壯，傷也。」太玄錯云：「夷，平易。」夷又有傷義。陽氣壯而傷陰，物則平易。故相當於大壯卦。夷之初一，日入婁宿十二度。

〔二〕瘣，音會，説文：「病也。」陰被陽傷，故稱病。此句意爲：陽氣傷陰而去除之，陰氣不能自救，萬物得陽哺育而平易。葉注：「言陽氣盛甚，其剪剔於陰，傷於大甚，陰衰無以救其病，物則平夷也。」

〔三〕載，與哉通，始也。孟子滕文公：「湯始征，自葛載。」幽，指心思。易，治。此句意謂：思始而不一，當執而平之，使心專一。葉注：「載，承任也。幽，深也。貳，疑慮也。一在夷初，屬思之始，故能任其深遠之疑慮，知先守其治内之道也。蓋治莫先於治内，蓋身脩則家齊，家齊則國治，國治則天下平也。」

〔四〕此句意謂：心思不軌，陰謀隱匿，人雖莫知，然天網已犯，必致毀傷。如此時陽氣傷剔陰氣，天道自然也。老子：「天罔恢恢，疏而不失。」（七十三章）

〔五〕司馬光曰：「二宋、陸、王本『嗄』作『嚘』。」俞樾諸子平議：「實以作『嚘』爲長。蓋此贊三句，『柔』一字爲句，『嚘』與『柔』韻。若作『嗄』，則失其韻矣。玉篇口部：嚘，於求切，氣逆也。」按，俞説近是。老子五十五章：「含德之厚，比於赤子……終日號而不嗄，和之至也。」帛書甲本「嗄」作「𡵂」，當爲「憂」之省字，讀作「嚘」。乙本作「嚘」。揚氏此條蓋本於此。葉注：「三屬木，春時，當陽之盛，和之至也。如柔弱嬰兒之啼，至於三日而不失聲，由其和之至也。」

〔六〕飫，飽。徒，俞樾云：「蓋塗之假字。」即道途之義。此句意爲：夷傷其牙，又飽於道途，不足稱善。孟子告子：「一簞食，一豆羹，得之則生，弗得則死，嘑爾而與之，行道之人弗受。」

〔七〕五爲天子，中心平易和柔，澤被四海，遠近歸之，無有不利。故言多道。

〔八〕集注本、陳本「丘」作「邱」。此句意謂：傷其廬室，則宅爲廢墟。宅以喻仁，故言德亡。法言修身：「仁，宅也。」

〔九〕集注本測曰作「幹柔，柔勝彊也」。榦，幹之變字。幹，體也。離，通麗，附麗。艾，通乂，割斷之義。七爲火，故其體柔弱。附木則火旺，故能斷金而金傷。此即柔弱勝剛强。意本老子七十八章：「弱之勝强，柔之勝剛。」

〔一〇〕者，老壽。懸車，指仕退歸養而不再出。此句意謂：仕久年高，當辭位歸鄉，平易養老，此高年之正道也。

𝌝樂〔一〕。陽始出奧舒，疊得以和淖，物咸喜樂〔二〕。

初一，獨樂款款，及不遠。測曰，獨樂款款，淫其内也〔三〕。

次二，樂不知，辰于天。測曰，樂不（可）知，以時歲也〔四〕。

次三，不宴不雅，嘄呱啞咋，號咷倚户〔五〕。測曰，不宴不雅，禮樂廢也。

次四，拂其繫，絶其纗，佚厥心。測曰，拂（其）繫絶纗，心誠快也〔六〕。

次五，鍾鼓喈喈，管絃嚌嚌，或承之衰〔七〕。測曰，鍾鼓喈喈，樂後悲也。

次六，大樂無間，民、神、禽鳥之般〔八〕。測曰，大樂無間，無不懷也。

次七，人嘻鬼嘻，天要之期〔九〕。測曰，人嘻鬼嘻，稱樂畢也。

次八，嘻嘻自懼，亡彼愆虞〔一〇〕。測曰，嘻嘻自懼，終自保也。

上九，極樂之幾，不移日而悲，則哭泣之蹉資。測曰，極樂之幾，信可悔也〔一一〕。

校釋

〔一〕相當於豫卦。釋文：「悦，豫也。」易孔穎達疏：「豫者，取逸豫之義。」太玄錯云：「樂，佚遢。」樂、豫義近，故相當。樂之初一，日入胃宿五度。清明氣起於此首之次五。按，依漢書律曆志清明當爲穀雨。

〔二〕奥，室西南隅，古祭神之位。此喻尊。淖，和。此句意謂：陽氣出於地上，尊高舒展，疊積之物皆得以和淖，無不喜悦。葉注：「陽氣出幽奥而伸之，展積疊而暢之，物皆和淖而喜樂也。」

〔三〕款款，范注：「獨樂貌。」淫，惑亂。意謂：喜樂之事，不及於人，獨樂款款，惑亂其心。

〔四〕集注本「不知」作「不可知」，疑「可」字衍。范本測曰「可」字，疑誤增。陳本皆無「可」字。辰，時。辰于天，即適於天時。此句意爲：季春之月，當及時勞作，修堤通瀆，達路除道，耕種桑蠶。此樂歲事而不知其所以爲樂。

〔五〕集注本「嗥」作「嗚」。宴，説文：「安也。」雅，玉篇：「正也。」爾雅疏：「正也。」嗥，叫。呱，説文：「小兒嗁聲。」即哭嚎聲。啞，音戹，説文：「笑也。」咋，大呼聲。號咷，大哭。倚户，即倚門。史記貨殖傳：「刺繡文不如倚市門。」俗稱倚門賣笑本此。此句意爲：不安不雅，狂呼亂叫，啞然失笑，嚎啕大哭，倚門賣笑。以喻失禮儀節度之甚。

〔六〕集注本、陳本測曰皆無「其」字，范本誤增。繫，説文：「繘也。」玉篇：「約束。」纗，説文：「維綱中繩。」「户圭切。」此句意謂：能去其羈絆，無所拘束，得伸其志，則其心誠快樂。

葉注：「四在福初，能樂其樂，一切削去其拘絆，舒放自適，以樂其心也。」

〔七〕喈喈，范注：「和聲也。」嚌嚌，范注：「憂悲也。」司馬光曰：「小人而享盛福，恣其淫樂，樂極必悲，盛極必衰也。」葉注：「五爲君而居樂之中，是以極其所樂之盛也。然樂極悲來，能不承之以哀乎？」

〔八〕般，音盤，爾雅釋詁：「樂也。」無間，指與民同樂，無所疏漏。葉注：「無間，無阻隔也。六居福之隆，樂之盛，故能推其樂以與衆同之，暢於六合之表，無有間隔，下則及於民，上則通於神，遠則被於昆蟲鳥獸，無不有以與其樂也。此聖王至治之極功，所以躋斯世於泰和仁壽之域也。」

〔九〕嘻，禮記檀弓：「夫子曰，嘻其甚也。」注：「嘻，悲恨之聲。」又有怒義。史記藺相如傳：「相視而嘻。」要，音腰，約也。此句意爲：喜樂無度，天怒人怨，樂極生悲，爲期不遠。

〔一〇〕集注本、陳本「亡」作「忘」。似以「亡」字爲長。嘻嘻，和樂聲。愆，過失。虞，憂慮。此句意爲：樂而自戒，安不忘危，則無過失憂慮。

〔一一〕幾，終。淮南子繆稱訓：「君子幾。」高誘注：「幾，終也。」嗟，同嗟。資，同咨。嗟咨，哀嘆聲。此句意謂：極樂而終，悲傷即至，憂哀悲嘆，誠可悔恨。葉注：「樂爲悲之本，悲爲樂之原，反覆相倚，其幾微間不容髮。九居樂極，不能自反，故不移日而有哭泣嗟咨之悲也。」

𝌞 **争**〔一〕。陽氣(氾)〔汜〕施，不偏不頗，物與争訟，各遵其儀〔二〕。

初一，争不争，隱冥。測曰，争不争，道之素也〔三〕。

次二，赫河，臞。測曰，赫河之臞，何可悃也〔四〕。

次三，争射齦齦。測曰，争射誾誾，君子讓鄰也〔五〕。

次四，争小利，不酋貞〔六〕。測曰，小利不絶，正道乃昏也。

次五，争于逵，利以無方。測曰，争于逵，争處中也〔七〕。

次六，臂膊脛如，股脚膹如，維身之疾。測曰，臂脛如股，臣大隆也〔八〕。

次七，争干及矛釉，用亨于王前行。測曰，干矛之争，衞君躬也〔九〕。

次八，狼盈口，矢在其後〔一〇〕。測曰，狼盈口，不顧害也。

上九，兩虎相牙，知掣者全。測曰，兩虎相牙，知所(制)〔掣〕也〔一一〕。

校釋

〔一〕相當於訟卦。訟，争也。易序卦：「飲食必有訟，故受之以訟。」韓康伯注：「有資則争興也。」争之初一，日入胃宿九度。

〔二〕集注本「氾」作「氾」，於義爲長。疑范本形近而誤。氾，玉篇：「普博也。」儀，同宜。司馬光曰：「陽氣氾施平均，物皆争進，求遂其宜也。」

〔三〕素，樸。道之素，即道之真樸。一爲水，水性柔順，故稱不争。水又處卑下，故言隱冥。此句意謂：柔順不争之德乃道之真樸。老子：「上善若水。水善利萬物而不争，處衆人之所惡，故幾於道。」（八章）「聖人之道，爲而不争。」（八十一章）

〔四〕赫，説文：「火赤貌。」二爲火故稱赫。臞，范注：「耗也。」惆，同怙，説文：「恃也。」此句意爲：以火燒河，水火相害，兩者虚耗，有何可恃。葉注：「赫河，水鳥，近人則悲鳴不去，人謂之護澤。故取以爲好争之象。臞，瘦也。夫訟中吉終凶，二之好争如此，能無臞乎？」

〔五〕集注本、陳本「誾誾」作「齦齦」。司馬光曰：「齦與誾同。誾誾，恭敬貌。」意本論語八佾：「君子無所争。必也射乎！揖讓而升，下而飲。其争也君子。」

〔六〕酋，就。此句意爲：争於小利，不明正道，故曰不能就正。

〔七〕逵，爾雅釋宫：「九達謂之逵。」此句意謂：處於中衢九達之道，四通八達，無所不利。逵首：「次五，達于中衢，大小無迷。」測曰，達于中衢，道四通也。」葉注：「五以陽德之君，獨能競進於大道，而其所利豈不廣博而無方矣哉！」

〔八〕集注本從宋、陸、王本「臂脛如股」作「臂膊之脛」。䐜，音琛，説文：「起也。」廣韻：「肉脹起也。」此句意爲：臂膊大如脛，不可爲用，股脚腫脹，不得動行，故言身之疾病。以喻臣强君弱，以下凌上之勢。葉注：「脛，足也。䐜，腹脹也。臂膊之大如足，股脚之大如腹，此即尾大不掉之喻也。六以福禄隆盛之君，不能謹其政柄，使夫彊幹弱枝以得居重馭輕之勢，遂致君弱臣强，政權倒置，人君孤立而無助，大姦根據而莫除。至是雖欲救之，其將能乎？」

〔九〕司馬光曰：「宋、陸本『亨』作『享』。」陳本作「享」。干，盾。䩜，同胄，即甲。亨，同享，奉上謂享。行，列。躬，説文：「身也。」此句意謂：被甲荷戈，以御不善，故利用侍奉於王之前列，以保君王身安。詩衛風伯兮：「伯也執殳，爲王前驅。」

〔一〇〕意謂：貪狼爭食，只求滿口，不顧弓矢在後而遇害。葉注：「八以陰禍之資，猶狼之貪而食盈其口，但務充其眼前之欲，曾不悟其身後之災，宜其矢之及也。此豈不足爲知得而不知喪者之戒哉！」

〔一一〕集注本「制」作「掣」。葉曰：「『掣』宜從測作『制』。」似以「掣」字爲佳。或聲同而通。相牙，指相爭相咬。掣，不進。易睽卦：「見輿曳，其牛掣。」王注：「滯隔所在，不獲進也。」此句意爲：兩虎相爭，必有死傷，若知懼患，自掣而退，則可保全。

務〔一〕。陽氣勉務，物咸若其心而揔其事〔二〕。

初一，始務無方，小人亦用，罔〔三〕。測曰，始務無方，非小人所理也。

次二，新鮮自求珍，絜精其芳，君子攸行。測曰，新鮮自求，光于（已）〔己〕也〔四〕。

次三，不拘不掣，其心腐且敗〔五〕。測曰，不拘不掣，其體不全也。

次四，見矢自升，利羽之朋，蓋戴車載。測曰，矢及蓋，厥道然也〔六〕。

次五，蜘蛛之務，不如蠶之綸〔七〕。測曰，蜘蛛之務，無益人也。

次六，華實芳若，用則臧若。測曰，華芳用臧，利當年也〔八〕。

次七，喪其芳，無攸往〔九〕。測曰，喪其芳，德以衰也。

次八，黃中，免于禍，貞〔一〇〕。測曰，黃中免禍，和以正也。

上九，務成自敗，雨成自隊。測曰，務成自敗，非厥命也〔一一〕。

校釋

〔一〕相當於蠱卦。易序卦：「以喜隨人者必有事，故受之以蠱。蠱者，事也。」爾雅釋詁：「務，彊也。」廣韻：「事，務也，專力也。」即勉於從事之義。太玄錯云：「務，無二。」太玄衝云：

「務則憙。」專力從事，故無二；開物成務，故喜。所以務相當於蠱卦。務之初一，日入胃宿十四度。

〔二〕集注本「揔」作「摠」，道藏本、陳本作「總」。三字同，兼持、統領之義。若，順。書堯典：「欽若昊天。」詩小雅：「曾孫是若。」此句意爲：此時陽氣勤勉，專力長物，萬物皆順其心而長大，勉力不二而成之。

〔三〕罔，同惘，無知之義。范注：「無方，無常方也。水出於泉而流百川，故無常也。罔謂小人之知未知所向，猶泉初發蒙蒙然也。」葉注：「居務之始，當隨事無方而爲之。而小人乃用罔昧之道而忽之也，寧無敗事之及乎？」

〔四〕集注本「絜」作「潔」。二字同。「已」當作「己」，與「自」對文。作「已」義不通。二爲思中，有反覆思索之義，故言自求。此句意爲：君子精潔其心，去舊求新，進德修業，有所作爲。故言光於己。葉注：「二居思中，知反復而成乎務者也。新鮮則知所以去其舊而自求於珍美，絜精則知所以極其新而自致於芬芳，二者皆自新之事。其能進德如此，豈非君子之所行乎？」

〔五〕意爲：三爲思終，不加約束控制，縱心肆志，其心思必致虧損。葉注：「不拘不掣，不自檢束也。三以陰柔自佚，既不知檢束其外，則無以涵養其中，寧無腐敗之失乎？」

〔六〕集注本「矢及蓋」下有一「車」字。范注：「矢而自升，羽之力也。羽金朋合，乃後而飛，猶君臣同心，乃馳風化也……車之載物，猶君子之濟世也。」按，此喻同心協力，勤勉從事，乃興邦濟世之道。

〔七〕緰，音投，一音須，帛。此意指蠶絲。范注：「蜘蛛有絲，雖其勉務，非人所用，則不如蠶一緰之利也。」葉注：「五在君位，資性陰暗，而不知所以爲君之道，如蜘蛛之爲事，雖勤無補，不如蠶之一緰，雖微有益。由是觀之，人君雖勤，猶當務得其道。苟非其道……終不免于亂亡也。可不監哉！」

〔八〕若，猶然也。臧，爾雅釋詁：「善也。」此句意謂：華實盛美，用之則善。喻君子德才兼備，當及時修業，以成其事功。

〔九〕葉本脱「往」字。葉注：「疑缺一『利』字。」攸，所。六爲極大，七爲敗損，芳之過盛必致衰亡，故稱喪其芳。此句意謂：才德已衰，務事易敗，故無所往。

〔一〇〕中央之色爲黄，故稱中爲黄。司馬光曰：「君子以中正爲務，雖禍不害也。」

〔一一〕隊，同墜。命，指人力不能改變的必然趨勢。法言問明：「或問命。曰：命者，天之命也，非人爲也。人爲不爲命。請問人爲。曰：可以存亡，可以死生，非命也。命不可避也。」此句意爲：萬物之成，自然而然，急務求成，違其本性，雖成必敗。

𝌠 事〔一〕。 陽氣大(冒)〔勖〕昭職，物則信信，各致其力〔二〕。

初一，事無事，至無不事。 測曰，事無事，以道行也〔三〕。

次二，事在樞，不咨不誎，喪其哲符〔四〕。 測曰，不咨不誎，其知亡也。

次三，時往時來，間不容氂。 測曰，時往時來，不失趣也〔五〕。

次四，男女事，不代之字〔六〕。 測曰，男女事，非厥務也。

次五，事其事，王假之食〔七〕。 測曰，事其事，職所任也。

次六，任大自事，方來不救〔八〕。 測曰，任大自事，奚可堪也。

次七，丈人扶孤，豎子提壺。 測曰，丈人扶孤，小子知方也〔九〕。

次八，(男女事)〔女男事〕，十年不誨。 測曰，(男女事)〔女男事〕，終家不亨也〔一〇〕。

上九，到耳順止，事貞〔一一〕。 測曰，到耳順止，逆聞順行也。

校釋

〔一〕 也相當於蠱卦。易序卦：「蠱者，事也。」事之初一，日入昴宿四度。

〔二〕 集注本從二宋、陸、王本「冒」作「勖」，近是。或二字可通。勖，說文：「勉也。」務首云「陽氣勉務」，此首陽氣又有增進，故稱「大勯」。信，同伸。此句意爲：陽氣勤勉，顯明其職，萬物皆伸展舒暢，自竭其力，各從其事。

〔三〕此句意謂：勉力於無事，去掉主觀盲動，遵循事物的客觀規律，則能無所不爲。這是對老子消極無爲思想的改造，對淮南子「因勢循理」的無爲説的繼承。老子：「爲無爲，則無不治。」（三章）「我無爲而民自化……我無事而民自富。」（五十七章）淮南子修務訓：「若吾所謂無爲者，私志不得入公道，嗜欲不得枉正術，循理而舉事，因資而立功，推自然之勢，而曲故不得容也。」葉注：「一當事之初，能以無事爲事，則至於無所不事矣。言其因事之自然而理之，則事無不可爲矣。」

〔四〕樞，要。咨，説文：「謀事曰咨。」諏，音鄒，爾雅釋詁：「謀也。」咨諏，意指請教於人。哲，智。符，説文：「信也。漢制以竹，長六寸，分而相合。」以爲驗證。則「符」有配合、輔助之義。此句意爲：二爲思中，當反復考慮，此爲事之樞要。然不謀求咨詢，自竭其思，故言喪其智與助。

〔五〕趣，説文：「疾也。」廣韻：「向也。」易繫辭下：「變通者，趣時者也。」據此，「趣」則有急速而作，不失時機之義。司馬光曰：「三爲成意，思慮既成，當決志而行，一失其時，悔無所及。」按，太玄文云：「不先時而起，不後時而縮。動止微章，不失其法者，其唯君子乎？」

葉注：「言事機之時往時來，間不容於毫髮，惟知者不先時以强爲，不後時以失機，隨時應變，故動必有成也。」

〔六〕字，説文：「乳也。」即哺育子女之義。此句意謂：男爲女事，豈能代女育子。喻家事國職，各有其常，夫妻君臣，不可相代。嚴君平老子指歸：「人君有分，羣臣有職，審分明職，不可相代。」（卷十二）

〔七〕假，集韻、正韻：「與格同，至也。」王涯曰：「假，錫與也。」此句意爲：勉力其職，王賜與福禄。葉注：「五君位而當陽，是能自事其事，王宜格至於福禄之報也。言君而盡其君之道，受禄於天，不亦宜乎？」

〔八〕方來，猶方將，將要之義。意謂：任重力單，自竭其力，將不可救而至於敗。

〔九〕方，道。易恒卦：「君子以立不易方。」孔疏：「方，猶道也。」此句意謂：長者能扶持孤弱，幼子知奉養病老，皆通禮達道也。葉注：「丈人，長者。竪子，幼子也。七以陽而知職，故能大小各任其事也。在長者則扶孤兒，在幼子則提壺也。猶君則盡君之道，臣則盡臣之職也。」

〔一〇〕集注本、陳本從宋、陸本「男女事」作「女男事」。當從。本首次四已明「男女事」之非，此不宜重出。司馬光曰：「女任男事則家不亨，臣侵君權則國不昌。十年已往，力勢已成，不可復制，故女不承男之教，臣不受君之命也。」

〔一二〕到，同倒。止，同趾。司馬光曰：「能納忠補過，不失正順者也。忠言逆耳利於行，良藥苦口利於病。」葉注：「到，逆也。九居事之至極，然事之至極莫大於納諫，故逆耳之言而能順聽之，則事有不得其正者乎？蓋忠言逆耳利於行也。」

(𝌇)〔𝌡〕更〔一〕。陽氣既飛，變勢易形，物改其靈〔二〕。

初一，冥化否貞，若性。測曰，冥化否貞，少更方也〔三〕。

次二，時七時九，軫轉其道。測曰，時七時九，不失當也〔四〕。

次三，化白于泥，淄。測曰，化白于泥，變不明也〔五〕。

次四，更之小得，用無不利〔六〕。測曰，更之小得，民所望也。

次五，童牛角馬，不今不古。測曰，童牛角馬，變天常也〔七〕。

次六，入水載車，出水載杭，宜于王之更〔八〕。測曰，車杭出入，其道更也。

次七，更不更，以作病。測曰，更不更，〔不〕能自臧也〔九〕。

次八，駟馬跙跙，而更其御。測曰，駟馬跙跙，更御乃良也〔一〇〕。

上九，不終其德，〔二〕〔三〕歲見代。測曰，不終之代，不可長也〔二〕。

校釋

〔一〕集注本、葉本首象爲𝌡，當從。相當於革卦。太玄衝云：「更，變。」太玄錯云：「更，造新。」更之初一，日入昴宿九度。穀雨氣起於此首之上九。按，依漢書律曆志穀雨當爲清明。

〔二〕意爲：陽氣升於天中，萬物大舒，變形易體，皆改其蠢頑之性而至靈明。葉注：「飛，狀陽氣上騰也。至是形勢變易，皆得其美也。」

〔三〕若，順。詩小雅：「曾孫是若。」鄭箋：「若，順也。」書堯典：「欽若昊天。」傳：「敬順昊天。」方，猶道。此句意謂：幼小童稚，如改其頑暝不正，當順其性而爲之。此教化幼少之道也。賈誼引孔子曰：「少成若天性，習慣如自然。」（新書傳）葉注：「冥無所見，欲更其化於人，初不能得其正順之性，何能有成乎？言拂人之性不能爲化也。」

〔四〕七、九，奇數，爲陽。時七時九，取陽數之前進義，指隨陽之盛長，當七則七，當九則進九。易緯乾鑿度：「陽動而進，變七之九，象其氣之息也。」軫，方言：「戾也。」旋轉之義。此句意謂：變易進取，當隨時應變，以應無窮，相機而行，不失正道。法言問神：「道非天然，應時而造。」司馬光曰：「七者，陽之盛也。九者，陽之衰也。二爲思中而當晝，君子消息盈虚，隨時衰盛，如輪之轉，應變無窮，不失正當也。」葉注：「時七時九，言其應用無定數，時當七則七，當九則九也。二在思中，家性爲更，能隨時應變，初不執一，而圓轉其道，以取中也。」

〔五〕淄，黑也。此句意爲：白物浸入泥中，則白變爲黑，故言不明。俗曰：近墨者黑。

〔六〕司馬光曰：「王本『不利』字下更有『我否，非其有恥』。」陳本從王本。

〔七〕童，牛羊無角曰童。此句意爲：牛童馬角，違反自然本性。喻改更之事，上不循古，下不合今，又反本然之道，則不合時宜。葉注：「童，頭童之童，言無角也。牛本有角，而今忽童，是猶有位者而今忽喪。馬本無角，而今忽有，是猶無位者而今忽得之。此事皆反常，蓋天子失國，匹夫爲王之象也。然此等事乃一時之行權，非古今之經見，故曰不今不古。五居君位，當更革之世，逢陰而不君，故發此義。在古則桀紂之事當之。」

〔八〕杭，同航，即指舟船。此句意爲：車之行水，舟之行陸，皆悖自然之道，須當變革。以喻天下大亂，聖王當變革時勢，更改法度，以順乎自然之道，應乎萬民之心。葉注：「六居福隆，而在尊位，當更革之時，是古之聖賢能行權以濟天下。入水載車，出水載杭，反其所用，喻行權也。蓋其時之使然，不得不然，宜其利王者之更革也。此贊之義，湯武以之。」

〔九〕集注本、陳本從王本「能」上有「不」字。於義順暢，當從。意謂：七爲禍始，當自修省，棄惡從善，然當更不更，必釀成禍患。

〔一〇〕集注本「而」作「能」。「能」讀作「而」。跙跙，范注：「不調也。」此句意謂：馬之不調，更其御者，則乘良。喻國之不安，改任賢臣，則國治。

〔一一〕集注本、葉本、陳本「二」皆作「三」，當從。范注有「三者數終」句，若作「二」則「三者」無着落，證范望所見爲「三」。作「二」疑後人傳寫誤。集注本、陳本「不可長」作「不可久長」。

☳ 斷〔一〕。陽氣彊内而剛外，動而能有斷決〔二〕。

初一，斷心滅斧，冥其繩矩〔三〕。測曰，斷心滅斧，内自治也。

次二，冥斷否，在塞耳。測曰，冥斷否，中心疑也〔四〕。

次三，決其聾瞶，利以治穢。測曰，決其聾瞶，利有謀也〔五〕。

次四，斷我否，食非，其有恥〔六〕。測曰，斷我否，食可恥也。

次五，大腹決，其股脱，君子有斷，小人以活〔七〕。測曰，大腹決脱，斷得理也。

次六，決不決，爾仇不闊，乃後有鉞〔八〕。測曰，決不決，辜及身也。

次七，庚斷甲，我心孔碩，乃後有鑠。測曰，庚斷甲，義斷仁也〔九〕。

次八，勇侏之傠，盜蒙決夬。測曰，盜蒙之決，妄斷也〔一〇〕。

上九，斧刃蛾蛾，利匠人之貞。測曰，蛾蛾之斧，利征亂也〔一一〕。

校釋

〔一〕相當於夬卦。太玄錯云：「斷，多決。」易序卦：「夬者，決也。」斷之初一，日入畢宿三度。

〔二〕集注本「動而能有斷決」無「而」字。

〔三〕意謂：斧斤以去穢，繩矩以正曲，去其私欲，端正其心，則思慮清明，可以決疑。內自端正，不見形跡，故曰冥。

〔四〕耳目蔽塞，則思慮疑惑而不定，決斷之事，豈能得當？荀子解蔽：「凡觀物有疑，中心不定，則外物不清，吾慮不清，則未可定然否也。」葉注：「無所知而妄斷，則事之失也多矣，能無否乎？然其所以然者，在乎自掩其聰而不加察也。苟能達聰，又豈至於失哉！明不至則疑生。」

〔五〕鼿，音帝，集韻：「鼻疾。」此句意爲：耳聾不聞則抑揚無以辨，鼻疾不嗅則香臭無以别；除穢去疾，決而通之，則耳聰鼻清，蔽塞既通則思慮明，故曰利有謀。

〔六〕意謂：法治不明，斷而不當，臨事無績，無功受禄，實爲可恥。詩魏風伐檀：「彼君子兮，不素餐兮。」

〔七〕大腹，指大人之心胸。股，喻臣。脱，免除。股脱，意指免除不法佞臣。此句意爲：君子斷獄，除去姦佞，依法而治，小民冤伸而得活。葉注：「腹居中，喻君；股居下，喻臣。君子、小人，以位言。大腹決，是君能斷也。其股脱，是臣亦承君而能斷也。君臣上下既各能斷，則在下之人，烏有不保其生息者乎？五居中當陽，所以善也。」

〔八〕闊，爾雅釋詁：「遠也。」仇，怨敵。鉞，斧，喻傷害。此句意爲：當斷不斷，怨敵不遠，必將受其傷害。葉注：「六以陰柔，遲疑猶豫，當斷而不斷，則將反受其亂。故曰汝之仇讐日思報復，當不闊遠，後必爲其所誅戮也。如唐五王張柬之等置武三思而不誅，卒貽後日之禍是也。」

〔九〕集注本「義」作「誼」，二字同。庚，義。甲，仁。依太玄數，三八爲木，日甲乙，性仁；四九爲金，日庚辛，性誼。故言庚義甲仁。范注：「庚，義也。甲，仁也。孔，甚也。碩，大也。鑠，美也。七在斷世，失志之人猶能以義斷於仁，故甚大也。先失後得，故美在後也。」葉注：「鑠，光也。庚屬金爲義，甲屬木爲仁。今言庚斷甲，是以義斷仁，謂割恩正法也。當世之君，類多以恩掩義，今能如此，則其心之甚大可知也。非獨正法於當日，抑亦貽謀於將來，其後豈不有光哉！」

〔一〇〕集注本、葉本、陳本「佅」作「侏」。似以「佅」爲長。佅，與昧同。范注：「無道爲佅。」「勇佅」與「盜蒙」對文，義暢。勇佅，指勇悍魯莽而蒙昧。㑺，同罸。盜，穀梁傳哀公四年：「非所取而取之謂之盜。」此句意謂：悍莽蒙昧，罸不當罸；昏蒙之盜，取不當取，決斷之事，豈能不妄。

〔一一〕蛾蛾，猶赫赫，言斧刃盛多明亮貌。此句意謂：工匠執斧以伐木，君子率兵以征亂。止亂禁暴，故言正言利。

☷ 毅〔一〕。陽氣方良，毅然敢行，物信其志〔二〕。

初一，懷威滿虛。測曰，懷威滿虛，道德亡也〔三〕。

次二，毅于心腹，貞〔四〕。測曰，毅于心腹，内堅剛也。

次三，戴威滿頭，君子不足，小人有餘〔五〕。測曰，戴威滿頭，小人所長也。

次四，君子說器，其(人)〔言〕柔且毅〔六〕。測曰，君子說器，言有方也。

次五，不田而穀，毅于揀祿。測曰，不田而穀，食不當也〔七〕。

次六，毅于棟柱，利安大主。測曰，毅于棟柱，國任彊也〔八〕。

次七，觥羊之毅，鳴不類〔九〕。測曰，觥羊之毅，言不法也。

次八，毅于禍貞，君子攸名。測曰，毅于禍貞，不可幽蔀也〔一〇〕。

上九，豨毅其牙，發以張弧〔一一〕。測曰，豨毅其牙，吏所獵也。

校釋

〔一〕也相當於夬卦。毅，説文：「有決也。」毅之初一，日入畢宿七度。

〔二〕葉注：「毅然，陽氣盛而果於進之貌。信伸同。」

〔三〕威，威力，指暴力。虚，指心。此句意謂：滿心懷恃暴力，則道德之化亡失。韓非子五蠹：「上古競於道德，當今争於氣力。」葉注：「威，威刑也。滿虚，充塞宇宙也。蓋德陽而刑陰，初在陰家之陰，其治不任德，惟一任威刑，充塞宇宙之間，無所不至，如古之秦始皇是也。」

〔四〕心腹，指思慮。太玄錯云：「毅端。」思慮端直，故言貞。

〔五〕三爲成意，又居毅世，則剛毅外露，故言戴威滿頭。此句意謂：君子剛毅，威而不猛；小人剛毅，過威而暴。論語堯曰：君子「威而不猛。……正其衣冠，尊其瞻視，儼然人望而畏之，斯不亦威而不猛乎！」葉注：「戴威滿頭，言以任刑爲首也。導民當以德，而輔之以刑，則不失先後本末之序。今惟以刑爲首，則其爲治也，末矣，非不暫齊於一時，終將致敗於後日，由無化民之實也。蓋君子尚德，爲此而不足；小人尚刑，爲此而有餘。此古之刑名刻薄之學，果於誅斷而無恩，如中商之徒則優爲也。」

〔六〕集注本「其人」從宋、陸、王本作「其言」，於義更爲順暢。司馬光曰：「君子之言，皆有法度，適用如器，柔而不懦，毅而不愎者也。」

〔七〕此句意爲：不勞而穫，無功受禄，坐享素餐，食不當食。詩魏風伐檀：「不稼不穡，胡取禾三百廛兮。」葉注：「不田而穀，謂不勤其事而食其食者也。五以陰而居尊，猶人不德而處高位，無功而食厚禄，猶且靦然無恥，不知其己之不稱，但果於擇美禄而享之。」

〔八〕楝柱，喻指國家重臣。大主，指國君社稷。此句意謂：國之重臣，忠貞强毅，力勝其任，以安社稷。

〔九〕䍽羊，范注：「大羊也。」羊質剛鹵，以喻小人。類，方言：「法也。」司馬光曰：「小人剛很，言無所擇，不顧法度也。」

〔一〇〕蔀，音部，覆。易豐卦：「豐其蔀。」王注：「蔀，覆，曖障光明之物也。」司馬光曰：「君子守正遇禍，剛毅不撓，身雖可殺，而名不可掩也。」葉注：「八在禍而得中，禍雖不免，乃果於趨禍而不避之，此君子見危授命，殺身成仁之事，所以成其名也。言其潛德幽光不可蔽障，終將顯揚於萬世，其龍逢比干之徒與。」

〔一一〕豨，方言：「猪，南楚謂之豨。」發，矢。詩召南騶虞：「壹發五豝。」毛傳：「發，矢也。」説文：

「射，弓弩發於身而中於遠也。」故發有射箭之義。弧，弓也。此句意謂：野猪堅毅其爪牙而噬人，必有張弓射獵之斃。

𝌤 **裝**〔一〕。陽氣雖大用事，微陰據下，裝而欲去〔二〕。

初一，幽裝，莫見之行〔三〕。測曰，幽裝莫見，心已外也。

次二，鶤鵝慘于冰，翼彼南風，内懷其乘〔四〕。測曰，鶤鵝之慘，懷憂無快也。

次三，往其志，或承之喜〔五〕。測曰，往其志，遇所快也。

次四，鶤雞朝飛，踤于北，嚶嚶相和，不輟食。測曰，鶤雞朝飛，何足（頼）〔賴〕也〔六〕。

次五，鴻裝于淄，飲食頤頤〔七〕。測曰，鴻裝于淄，大將得志也。

次六，經〔六〕衢，周九路，不限其行賈〔八〕。測曰，經六衢，商旅事也。

次七，裝無僤，利征，咎。測曰，裝無僤，禍且至也〔九〕。

次八，季仲播軌，泣于（之）道，用送厥往〔一〇〕。測曰，季仲播軌，送其死也。

上九，裝于昏。測曰，裝于昏，尚可避也〔一一〕。

校釋

〔一〕相當於旅卦。太玄衝云：「裝，徙鄉。」裝之初一，日入鬼（按，依漢書律曆志推，當作畢）宿十一度。立夏起於此首之次二。

〔二〕言此時陽氣充盛長物，微陰始起於下，萬物皆裝束欲行而盛長。史記律書：「四月也，律中中吕。中吕者，言萬物盡旅而西行也。」漢書律曆志：「中吕，言微陰始起未成，著於其中旅助姑洗宣氣齊物也。位于巳，在四月。」白虎通：「中吕者，言陽氣將極中充大也。」

〔三〕葉注：「一在裝初，言幽隱裝束，人所不知，曾莫見其有行之跡，然其去意已次矣。身雖留而心已外矣。」

〔四〕鴚，同鳴，音哥，方言：「雁自關而東謂之鳴鵝。」乘，匹偶。方言：「飛鳥曰雙，雁曰乘。」此句意謂：微陰初起，禽鳥先知，鴻雁見此，哀寒將至，欲乘風南飛，避寒就暖，又心懷其偶。葉注：「鴚鵝，水鳥，陰類，取以喻陰氣也。慘於冰，極寒也。翼彼南風，起自南方也。陰氣始於午中，極於子中，故陰雖盛於北，而生之始則自南也。內懷其乘，志在乘陽也。然其尚微，已有乘陽之志矣。」

〔五〕意爲：往遂其志，則有喜相承。葉注：「三爲進人，家性爲裝，宜其往也。往得其時，寧不有進之之喜乎！」

〔六〕集注本「頼」作「賴」，當從。鶄雞，似鶴的一種水鳥。踤，同萃，聚也。輟，止也。此句意謂：水鳥朝飛，宜聚南而就陽，今反集於北，失其所向，雖嚶嚶相鳴和，惟求食不止也。喻逐利不已，失其所向，不足爲利。葉注：「鶄雞，三足雞，陽鳥，取以喻陽氣也。踤，集也。四已在陰，如鶄雞方當朝向陽而飛，不久而復集於北。此喻陰生而陽消，不久將再至於北而復生。故嚶然相和，自求其類，初不輟食，所以期於生息而復進也。」

〔七〕頤頤，如意自得貌。漢書賈誼傳：「頤指如意。」此句意爲：鴻遷於淄水，飲食如意。易漸卦：「鴻漸於磐，飲食衎衎，吉。」葉注：「鴻，雁之大者，向陽之鳥也，秋南春北。今當陽極陰生之時，裝於淄水之旁，飲食頤頤然俟時而去也。五以陽明，故能以時進退。」

〔八〕集注本、葉本、陳本「經衢」作「經六衢」。疑范本脱誤。測有「經六衢」句，是其證。行賈，即商賈。説文：「賈，市也。一曰坐賣，售也。」周禮天官大宰：「商賈阜通貨賄。」鄭玄注：「行曰商，處曰賈。」

〔九〕疑「利」字爲衍文，當作「征咎」。然無確證，姑依舊録之，不改。儷，俗儷字，偶也。且，將。此句意爲：行無伴偶，將遇禍患，故言行則咎。

〔一〇〕集注本、陳本皆無「之」字，於文義爲長。范注：「七以上稱季，八在其中，故言季仲。」播，放棄。書泰誓：「播棄黎老。」書多方：「爾乃屑播天命。」孔傳：「汝乃盡播棄天命。」此句意謂：行旅之車，棄軌於路，用以送往，憂泣道途。葉注：「季仲，幼少以次之人也。播軌，奔播車轍之跡而行。以幼少而播奔車後，泣於道而送往，送喪象也。八在禍中，陰極之地，去而莫返，故發此卦。」

〔一二〕司馬光曰：「君子遇禍之窮，裝而去之，雖於時已晚，猶愈於宴安不亡者也。」

𝌥 衆〔一〕。陽氣信高懷齊，萬物宣明嫭大衆多〔二〕。

初一，冥兵始，火入耳，農輟馬（穀）〔轂〕，尸將班于田〔三〕。測曰，冥兵之始，始則不臧也。

次二，兵無刃，師無陳，麟或賓之，温。測曰，兵無刃，德服無方也〔四〕。

次三，軍或纍車，丈人摧孥，内蹈之瑕。測曰，軍或纍車，廟戰内傷也〔五〕。

次四，虎虓振廞，豹勝其（祕）〔私〕，否。測曰，虎虓振廞，如鷹之揚也〔六〕。

次五，躆戰喈喈，若熊若螭。測曰，躆戰喈喈，恃力作王也〔七〕。

次六，大兵雷霆，震其耳，維用詘腹〔八〕。測曰，大兵雷霆，威震無疆也。

次七，旌旗絓羅，干戈蛾蛾，師孕（言）〔唁〕之，哭且瞶〔九〕。測曰，旌旗絓羅，大恨民也。

次八，兵衰衰，見其病，不見輿尸〔一〇〕。測曰，兵衰衰，不血刃也。

上九，斧刃缺，其柯折，可以止，不可以伐，往血〔一一〕。測曰，刃缺柯折，將不足往也。

校釋

〔一〕相當於師卦。易序卦：「師者，衆也。」衆之初一，日入畢宿十二（按，依漢書律曆志推算，當作十六）度。

〔二〕集注本、葉本、陳本「婷」作「嫭」，二字同。嫭，音護，美好貌。言此時陽氣伸高，遍及各處，齋潔萬物，萬物則宣明美大，族類衆多。易説卦：「萬物出乎震，震，東方也。齊乎巽，巽，東南也。齊也者，言萬物之絜齊也。離也者，明也，萬物皆相見，南方之卦也。」

〔三〕集注本、葉本「穀」作「縠」，當從。戰事初萌而未著，故言冥兵始。兵者不祥，如火之災，人聞之俱驚，故曰火入耳。班，布。此句意爲：戰事猝起，人聞俱驚；農止耕種，馬食嘉穀；屍骨將布散於田野。葉注：「冥兵，謂無名之兵也。火入耳，謂急於所聞也。一以陰躁而居師始，故興無名之師。急於所聞，易於發動。是以有妨於農，故農功輟；奪民之食，故馬食穀。其玩兵妨民也如是，則必致敗，尸骸將見其班布於田野之間也。」

〔四〕陳同陣。麟，玉篇：「仁獸也。」詩周南麟之趾序：「麟之趾，關雎之應也。關雎之化行，則天下無犯非禮。」孔疏：「古者太平，行關雎之化，至極之時，以麟爲瑞。」鄭箋：「麟角之末有肉，示有武而不用。」麟或賓之，意指太平盛世，麟自外來，以應其祥瑞。温，指温順仁慈。此句意謂：有兵不交刃，有師不布陣，太平盛世，麟鳳來賓。以喻君主温順仁慈，行德化之教，則八方之民無不賓服。論語爲政：「爲政以德，譬如北辰，居其所而衆星共之。」孟子公孫丑：「以德服人者，中心悦而誠服也，如七十子之服孔子也。詩云：『自西自東，自南自北，無思不服。』此之謂也。」

〔五〕丈人，喻主將。孥，妻子，以喻士卒。丈人摧孥，意指主將指揮失誤，致使士卒死傷被俘。廟戰，指出師之前謀略上的較量。古人出師，定謀於祖廟，稱做廟算。孫子計篇：「夫未戰而廟算勝者，得算多也。未戰而廟算不勝者，得算少也。」此句意謂：出師未戰，謀劃先失，致使士卒死傷，軍旅覆敗。

〔六〕集注本「祕」從王本作「私」，陳本作「謄其柲」。以集注本爲佳。法言問神：「或問武，曰克……勝己之私之謂克。」虓，虎鳴。廞，音欣，興。虎豹，皆武猛之象，以喻軍之將帥。此句意謂：統兵之帥，威如嘯虎，又能勝其私心，改其劣謀，戰則必勝。詩大雅：「闞如虓虎」（常武），「惟師尚父，時惟鷹揚」（大明）。

〔七〕躆，通豦，説文：「鬥相丮不解也。」躆戰，猶言爭戰不休。喈喈，激戰喧囂之聲。詩小雅鼓鐘：「鼓鐘喈喈。」螭，説文：「龍無角曰螭。」熊螭，喻勇猛。五爲盛位爲天子，故言王。此句意謂：天性勇猛，爭鬥不已，恃力取勝，以王天下。

〔八〕司馬光曰：「詘與屈同。屈腹，猶言服其心也。……王者之兵，非務殺傷，憚之而已。故如雷如霆，以威聲震之，使其心服也。」詩大雅常武：「震驚徐方，如雷如霆，徐方震驚。」葉注：「屈腹，即揚子言『漢屈羣策』之意也。蓋羣策所以屈羣力也。六以剛陽之才，故其用兵神速，人不及備，猶迅雷之不及掩耳也。其師之善如此者，由其屈於謀策故也。」

〔九〕集注本、陳本「言」作「唁」，當從。疑范本後人傳寫誤。范注有「弔生曰唁」句，是其證。矆，説文：「小視也。」「莫佳切。」旌旗絓羅，干戈蛾蛾，皆混戰廝殺貌。師，衆。此句意謂：廝殺混戰，軍卒死傷，夫死婦孕，衆民淒涼，存者相唁，憤怨哀傷。葉注：「絓羅，言其如織也。孕，出也。唁，吊亡國也。矆，哭而目盲也。七在陰禍，在師之世，言其黷武窮征，旌旗如織，干戈如雪之多也。夫兵，凶器，戰，危事。好用凶器樂危事，能無不戢自焚之災乎？故見其師之出而唁之，哭而至於失明也。此如秦蹇叔送師而哭，期其必敗之類是也。」

〔一〇〕衰衰，范注：「瘦瘠之貌。」輿尸，戰敗而以車載尸。易師卦：「師或輿尸，大無功也。」葉

注：「八以陽明，故能知其師之勞悴，必能改過自悔，所以不見其至於輿尸之敗也。悔而自止，故不至血刃。」

〔一一〕集注本、陳本「缺」作「鈌」。缶、鍾皆瓦器，以盛酒。故缶、垂似可通。此句意謂：斧刃缺毁，柄柯斷折，軍無利器，何以禦敵，則征伐之事宜止不宜行。往征則敗而見血。葉注：「九居師之極，是極於兵者也。至於刃缺柯折，兵之弊也可知矣。可以止而不止，吾知其有敗亡而已。往血謂敗。」

☵ 密〔一〕。陽氣親天，萬物丸蘭，咸密無間〔二〕。

初一，窺之無間，大幽之門。測曰，窺之無間，密無方也〔三〕。

次二，不密不比，我心即次。測曰，不密不比，違厥鄉也〔四〕。

次三，密于親，利以作人。測曰，密于親，爲利臧也〔五〕。

次四，密于腥臊，三日不覺（敎）〔殽〕。測曰，密于腥臊，小惡通也〔六〕。

次五，密密不鐸，嬪于天〔七〕。測曰，密密不鐸，並天功也。

次六，大惡之比，或益之恤。測曰，大惡之比，匹異同也〔八〕。

次七，密有口小鰓，大君在無後。測曰，密口小鰓，賴君（逢）〔達〕也〔九〕。

次八，豕齒依齦，三歲無君〔一〇〕。測曰，豕齒依齦，君自拔也。

上九，密禍之比，先下後得其死〔一一〕。測曰，密禍之比，終不可奪也。

校釋

〔一〕相當於比卦。説文：「比，密也。」密之初一，日入參宿三（按，依漢書律曆志推算，當作二）度。

〔二〕丸，疑爲「芃」之省字，或傳寫誤。芃，音蓬，説文：「草盛也。」詩鄘風載馳：「芃芃其麥。」毛傳：「麥芃芃然方盛長。」蘭，疑「瀾」之假字。芃瀾，意指萬物蓬生盛長，茂密無間貌。

〔三〕意謂：一爲思始，密而無間，窺之不見，幽深莫測，故言無方。葉注：「一當密之初，是密之至泯然而無跡也。故窺之曾無間隙之可言。周密渾全，豈不爲大妙之門乎？密無方，言不可測。」

〔四〕即，就。次，旅舍。此句意爲：不親不密，則思遷離鄉，就他人之舍。

〔五〕司馬光曰：「君子愛其親，則知愛人之親，推其心以及他人，故曰利以作人。」

〔六〕集注本、葉本、陳本「⿰肴攵」作「殽」，疑范本因「攴」與「殳」形近而誤。殽，同淆，混也。司馬光曰：「與不善人相親，久則化之矣……小惡通者，始於小惡，不去，久則與之通而爲一也。」孔子家語：「與不善人居，如入鮑魚之肆，久而不聞其臭。」

〔七〕集注本、陳本「鋝」作「鋢」，二字同。鋢，説文：「裂也。」即縫隙。嬪，妃。説文：「妃，匹也。」嬪於天，猶配於天。此句意謂：五爲盛位爲天子。言君臣百姓親密無間，則能功配於天。葉注：「五君位當陽，故其道渾渾然純一不雜，曾無鋢隙之可議，則其德可以配天矣。」

〔八〕恤，説文：「憂也。」比，近也。此句意爲：近於大惡，雖異類相配，終必同污，故增其憂。易象傳：「比之匪人，不亦傷乎。」

〔九〕集注本從宋、陸、王本「逢」作「達」，爲佳。鰓，畏懼。漢書刑法志：「鰓鰓常恐。」蘇林注：「鰓，音葸，懼貌也。」此句意爲：臣欲諫君，先自畏懼；然有明君在廷，能納言受諫，不分遠近親疏。

〔一〇〕豚齒依齯，喻去其重臣良將，而用其陋將卑臣。葉注：「八在禍中而遇陰，是以親非其道，猶豚喪其已長之齒，而依其初出之齯。謂其耆德之遠而頑童之比乎。豈不馴致亂階，終至於無君也。自古近小人之君，未有不反爲小人所圖者。」

〔一一〕范注：「君先下民，民忘其死，故後得其死力也。」按，老子六十八章：「善用人者爲之下……是謂用人之力。」法言寡見：「惠以厚下，民忘其死；忠以衛上，君念其賞。自後者人先之，自下者人高之。誠哉是言也。」葉注：「上居密之極，禍之終，是禍之比也。始則下情以諫君，終則因諫而獲死。然忠臣所以諫止其君，果何罪哉？是亦親愛其君而已矣。君而殺之，果何道哉？」

親〔一〕。陽方仁愛，全真敦篤，物咸親睦〔二〕。

初一，親非其膚，其志齟齬。測曰，親非其膚，中心閑也〔三〕。

次二，孚其肉，其志資戚。測曰，孚其肉，人莫（聞）〔間〕也〔四〕。

次三，螟蛉不屬，蜾蠃取之，不迓侮。測曰，螟蛉不屬，失其體也〔五〕。

次四，賓親于禮，飲食几几。測曰，賓親于禮，賓主偕也〔六〕。

次五，厚不厚，比人將走。測曰，厚不厚，失類無方也〔七〕。

次六，厚厚，君子秉斗。測曰，厚厚君子，得人無（彊）〔疆〕也〔八〕。

次七，高亢其位，庳於（同）〔用〕事〔九〕。測曰，位高事卑，德不能也。

次八，肺附乾餱，其幹已良，君子攸行。測曰，肺附之行，不我材也〔一〇〕。

上九，童親不貞。測曰，童親不貞，還自荄也〔一一〕。

校釋

〔一〕也相當於比卦。比，親也。周禮夏官形方氏：「使小國事大國，大國比小國。」鄭注：「比，猶親也。」親之初一，日入參宿七度。小滿氣起於此首之次七。

〔二〕敦，方言：「大也。」易臨卦：「敦臨，吉。」孔疏：「敦，厚也。」篤，廣韻：「厚也。」此句意謂：陽氣全貞精粹，敦厚博大，普施遍及，仁人愛物，萬物皆親近和睦。

〔三〕齟齬，指意見不合。此句意爲：非其肌膚之親而親之，外雖親而其意不相合，是心懷隔礙而有防閑。葉注：「齟齬，齒不相入貌。膚，喻切近。一在親初逢陰，是親非其所當親，其心豈復有相入之道哉！」

〔四〕集注本從宋、陸本「肉」作「内」，「聞」作「間」。陳本作「間」。以作「肉」爲長。前言「其膚」，今言「其肉」，兩相連屬，其義自順。又以「間」爲佳。前言「齟齬」，今曰「無間」，意義相對，並列成文。孚，説文：「信也。」資，釋文：「取也。」或同咨，説文：「謀事曰咨。」二爲思中，反復思索，故相謀也。此句意謂：信其骨肉至親，其志謀取於親附之人。意志相合，誰能離間？

〔五〕螟蛉，蛾之幼蟲。蜾蠃，又名蒲盧，即細腰蜂，俗稱土蜂。詩小雅小宛：「螟蛉有子，蜾蠃負之，教誨爾子，式穀似之。」蜾蠃寄生，捕捉螟蛉等小蟲以飼其子。古人錯認爲養以爲子，故有此説。迓，逆。方言：「逆，迎也。」書盤庚：「予迓續乃命於天。」孔傳：「迓，迎也。」侮，輕慢。此句意謂：螟蛉本非親屬，蜾蠃取而育之，教之以善，使不逆不慢。非其子而子之，則失其親疏之體。

〔六〕几几，禮數周備貌。此句意爲：以禮敬賓，享之以宴，禮數周備，賓主同歡。

〔七〕意爲：當厚不厚，比近之人棄之而走。衆叛親離，孤危無方。無方即無左右輔弼。儀禮大射禮：「左右曰方。」葉注：「厚不厚，當厚而薄也。五以陰暗，不明於親親之道，當厚而反薄，則無所不薄矣。以此而比人，人孰比之？莫不趨而避之矣。」

〔八〕集注本、葉本「彊」作「疆」。疑范本因形近而誤。秉，執持。秉斗即拱斗。司馬光曰：「六爲盛多而當晝，能親其所親，厚其所厚者也。夫君子厚近而遠者至，親親而疏者附，如斗居中央而衆星共之也。故曰君子秉斗。」

〔九〕集注本「同」作「從」。疑「同」即「用」字之誤。司馬光曰：「宋、陸本『從』作『周』。」似宋、陸誤「用」作「周」，范又誤「周」作「同」。用，説文：「可施行也。」作「用」於義爲長。此句意爲：位高無德，所行庳瑣，失民亡親，賢臣不輔。易文言：「貴而無位，高而無民，賢人在下位而無輔，是以動而有悔也。」

〔一〇〕陳本「附」作「腑」，妄改。肺附，指削木之廢札。漢書楚元王傳：「臣幸得托肺附。」顏注：

「一説肺附謂斫木之肺札也。」史記惠景間侯者年表：「諸侯子弟若肺附。」注：「喻人主疎末之親如木札出於木，樹皮附於樹也。」餱，説文：「乾食也。」乾餱，語出詩小雅伐木：「伐木於阪，釃酒有衍。籩豆有踐，兄弟無遠。民之失德，乾餱以愆。」此句意謂：良幹之材，視如木屑。乾糧之食，疏而不予。遠之如此，賢能必去。

〔二〕荄，方言：「根也。」還自荄，意指返於初，即所謂「親非其膚」。此句意爲：童蒙之人，親非其當親，故言不正。葉注：「九居禍終，昧於從耆德而反童稚是親，則可以知其不得其正矣。」

𝌨 斂〔一〕。陽氣大滿於外，微陰小斂於内〔二〕。

初一，小斂不（貸）〔貣〕，利用安人正國〔三〕。測曰，小斂不（貸）〔貣〕，其道當也。

次二，墨斂（𢧐𢧐）〔鐡鐡〕，寫我匪貞〔四〕。測曰，墨斂（𢧐𢧐）〔鐡鐡〕，非所以光也。

次三，見小勿用，以我扶䟽〔疏〕〔五〕。測曰，見小勿用，俟我大也。

次四，斂利小刑，小進大退。測曰，斂利小刑，其正退也〔六〕。

次五，畜槃而衍，繭純于田〔七〕。測曰，畜槃繭純，不奪時也。

次六，閔而緜而，作大元而，小人不戒〔八〕。測曰，閔緜之戒，不識微也。

次七，夫牽于車，妻爲剥荼，利于王姑，不利公家，病。測曰，牽牛剥荼，斂之資也〔九〕。

次八，大斂大巔。測曰，大斂之巔，所斂非也〔一〇〕。

上九，斂于時，利圉極菑。測曰，斂于時，奚可幾也〔一一〕。

校釋

〔一〕相當於小畜卦。爾雅釋詁：「斂，聚也。」小畜，有所積聚。斂之初一，日入井宿三（按，依漢書律曆志推算，當作二）度。

〔二〕言此時陽氣盛滿於上，陰氣微弱，聚藏於下。

〔三〕司馬光曰：「一曰『貸』當作『貣』。」陳本作「貣」，爲佳。五經文字：「貸或相承借爲貣字。」貣，音特，説文：「從人求物也。」此句意謂：賦斂輕薄，不貪民財，則利于安民治國。葉注：「斂首皆取賦斂爲義。一在初，是小斂也。所斂既小，是不出十一之法，宜其不貸也。安人正國，豈不利用乎？蓋十一，天下之公正，古今之通法也。」

〔四〕集注本「𢧵」作「韱」，并云：「小宋本韱作𢧵……今從宋、陸、范本。」墨，司馬光曰：「貪也。」韱，纖之省字。韱韱，細小。㓪，古浸字，漸也。此句意謂：貪於聚斂，喜見小利，雖非窮徵，漸入不正，故不足爲榮。

〔五〕集注本、葉本「䟽」作「疏」，爲佳。扶疏，繁茂盛大貌。此句意爲：物方微小，不宜取用，待其盛大，而後取之。意本禮記月令：孟春「禁止伐木，毋覆巢，毋殺孩蟲，胎夭飛鳥，毋麛毋卵」。（又見呂氏春秋十二紀、淮南子時則訓）葉注：「扶疏，盛大貌。言凡見物之尚小，則養而勿用，俟物之既大，則用而有餘。此喻人君足國之道在乎養民，民富而後取之，則民無刻急之憂，國無不足之患也。三以陽明，故其得聚斂之宜也如此。」

〔六〕集注本從宋、陸本「正」作「政」。小刑，指五月之時。淮南子天文訓：「陰生於午，故五月爲小刑。」此句意謂：古之納斂，當始於秋，今方仲夏，即行斂徵，利雖有進，然斂而非時，則其政有失，故言退。

〔七〕槃，同般。爾雅釋詁：「般，樂也。」衍，蕃衍。純，美。司馬光曰：「賦斂不妄，生之有時，用之有節，故六畜蕃衍，蠶桑饒美也。」按，禮記月令：「是月也，天子始絺，命野虞出行田原，爲天子勞農勸民，毋或失時……驅獸毋害五穀，毋大田獵……蠶事畢，后妃獻繭。」

〔八〕閔，傷怨。緜，同綿，微小貌。説文：「緜，聯微也。」廣雅：「連也，小也。」元，始。而，猶然。

此句意謂：貪斂之事，小而至大，民之哀怨，微而漸長，小人不知戒懼，必至禍端。葉注：「閔，言民之微而可憐也。緜，言民之弱而易虐也。大元，言民爲元氣之大本也。夫民爲邦之大本，小人不知其戒暴征橫斂，不復知憐而虐之，則民傷而國命傾，本拔而枝幹瘁矣。爲國不以義而以利者，可不戒哉！六以陰柔，故設此戒。」

〔九〕集注本「荼」作「茶」。茶，爾雅釋草：「苦菜。」牽車剥茶，事賤卑而利微小，指平民之家資財微寡。王姑，爾雅釋親：「王父之姊妹爲王姑。」此句意爲：民財微寡，不足奉國，然處斂之世，徵入私室，故利王姑。私門積聚，國庫空乏，公家之患。

〔一〇〕集注本「巔」作「顛」。巔，顛之借字，倒落墜殞之義。此句意爲：賦斂過甚，民貧財困，國失民基，必致顛毁。太玄經窮首：「次六，山無角，水無鱗，困犯身。」也即此義。揚雄主張「裕民」，反對「奪民」（見漢書本傳），認爲賦斂不得過什一，「什一天下之正也，多則桀，寡則貉」（法言先知）。

〔一一〕圉，同禦。菑，災。司馬光曰：「君子當豐穰之時，重斂而民無以爲暴，所以豫備凶歲禦此極災也。幾當作譏，言斂得其時，雖重無譏也。」

彊〔一〕。陽氣（統）〔純〕剛乾乾，萬物莫不彊梁〔二〕。

初一，彊中否貞，無攸用。測曰，彊中否貞，不可與謀也〔三〕。

次二，鳳鳥于飛，脩其羽，君子于辰，終莫之圉〔四〕。測曰，鳳鳥于飛，君子得時也。

次三，柱不中，梁不隆，大厦微〔五〕。測曰，柱不中，不能正基也。

次四，爰聰爰明，左右橿橿。測曰，爰聰爰明，庶士方來也〔六〕。

次五，君子彊梁以德，小人彊梁以力。測曰，小人彊梁，得位益尤也〔七〕。

次六，克我彊梁，于天無疆。測曰，克我彊梁，大美無基也〔八〕。

次七，金剛肉柔，血流于田〔九〕。測曰，金剛肉柔，法太傷也。

次八，彊其衰，勉其弱。測曰，彊其衰，勉自彊也〔一〇〕。

上九，太山拔，梁柱折，其人顛且蹶。測曰，山拔梁折，終以猛也〔一一〕。

校　釋

〔一〕相當於乾卦。易象傳釋乾卦：「天行健，君子以自彊不息。」彊之初一，日入井宿七度。

〔二〕集注本從宋、陸本「統」作「純」，爲長。彊，剛健壯盛。此句意謂：此時陽氣剛健，陰氣潛藏，純陽用事，長養萬物，則萬物無不强盛。

〔三〕此句意爲：内心剛猛不正，則無所用於世事。論語衛靈公：「道不同，不相爲謀。」

〔四〕囷，范注：「止也。」辰，時。意謂：君子得時，進德修業，自强不息，如鳳鳥之飛，修長其羽，無有止息。

〔五〕中，正。此句意爲：柱以承梁，柱而不正，則梁不隆盛，大厦必傾。以喻根基不强，則事業危殆。

〔六〕集注本、陳本「橿」作「擅」。司馬光曰：「宋、陸、王本『擅』作『橿』，今從范本。」不知何據。范以四九爲金，而本首屬金，故注云「行數相扶」，非以「擅」爲扶。而下又注「橿橿，盛也」，乃「橿」字之證。疑集注本依范注而誤改。爰，爾雅釋詁：「於也。」庶，衆。此句意謂：君子有德，能開聰達明，則衆士皆來，輔助者盛强。葉注：「橿橿，盛多貌。古者聰明之君，由其不恃一己之聰明，能廣任天下之賢才在左右，而橿橿然盛多，廣視兼聽，各盡其長，是用天下之聰明爲聰明也。庶事寧有壅蔽之患哉！此强明自任者所以失君道也。」

〔七〕尤，同訧，廣雅：「惡也。」

〔八〕基，與期通，限也。此句意謂：能自勝其過，强梁以德，則功可配天，澤及無疆。

〔九〕此喻法太甚則國亂民喪。法言先知：「法無限則庶人田侯田，處侯宅，食侯食，服侯服。人也多不足矣。」葉注：「金喻刑，肉喻人也。七過剛而不中，是猶刑過民傷，其血流於田也。如商君臨渭論刑，渭水盡赤是也。」

〔一〇〕意爲：處於衰弱之時，當日日奮勉，自强不息。葉注：「八居衰落之地，是既衰且弱矣。以其逢陽，乃能力加勉彊，脩道以補之，在己則有從善補過之功，在國庶有興衰撥亂之效。故曾子曰：勉彊學問則聞見博而知益明，勉彊行道則德日起而大有功。此之謂也。」

〔一一〕蹶，説文：「僵也。」即顛仆，喻挫折、覆敗。此句意謂：九爲彊之極，彊猛過甚，山拔梁折，輔弼折損，必自取敗亡。葉注：「剛極必折，天之道也。」

☵ 睟〔一〕。陽氣袀睟清明，物咸重光，保厥昭陽〔二〕。

初一，睟于内，清無穢。測曰，睟于内，清無穢也。

次二，冥駁冒睟，晒于中。測曰，冥駁冒睟，中自慝也〔三〕。

次三，目上于天，耳下于淵，恭。測曰，目上耳下，聰察極也〔四〕。

次四，小人慕睟，失禄貞。測曰，小人慕睟，道不得也〔五〕。

次五，睟于幽黄，元貞無方。測曰，睟于幽黄，正地則也〔六〕。

次六，大睟承愆，易〔七〕。測曰，大睟承愆，小人不克也。

次七，睟辰愆，君子補愆〔八〕。測曰，睟辰愆，善補過也。

次八，睟惡無善。測曰，睟惡無善，終不可佐也。

上九，睟終永初，貞〔九〕。測曰，睟終之貞，誠可嘉也。

校釋

〔一〕也相當於乾卦。易文言：「大哉乾乎！剛健中正，純粹精也。」睟之初一，日入井宿十一度。

〔二〕袀，音均，陸績曰：「猶純粹也。」重光，爾雅釋天：「大歲……在辛曰重光。」昭陽，爾雅釋天：「大歲……在癸曰昭陽。」此皆借指陽之重明之德。此句意謂：此時陽氣純粹清明，萬物昭著，皆安其陽氣重明之德。

〔三〕葉本「駮」作「駁」，二字同，雜而不純。眲，同忸，説文：「慙也。」「女六切。」方言：「山之東西自愧曰忸。」慼，或瘱之借字。慼，與「懨」字音近而通。廣韻：「懨，愧也。」此句意爲：暗藏駁雜而假冒純粹之名，心則不免慚愧。葉注：「眲，慙也。二以陰邪而居睟世，是小人非不知不善之不當爲，特不勝其物欲之私，幽則駁雜其德，顯作冒美之名。是陰爲不善，而陽欲掩之，外欲欺人而不知内實有愧於心也。此正揚子所謂羊質虎皮，鳳鳴鷙翰者也。慼，一計切，隱也，慝也。蓋惡之匿於心也。」

〔四〕恭，敬順事上。説文：「恭，肅也。」又禮記曲禮鄭注：「貌多心少爲恭。」此句意謂：目上於天，耳下於淵，遍接事物，而心無所慮，虚静順事，則視無不明，聽無不聰。葉注：「目上於天，視之高也。耳下於淵，聽之深也。三以陽明，故能極其聰明，由於篤恭之效也。」

〔五〕意爲：小人欽慕純粹之德，而不改其邪操惡行，以致失却福禄貞正。故曰不得純粹之道。

〔六〕黄，中色。五居中位爲土，故言黄。喻有中和之德。元貞，易文言：「元者，善之長也。……貞者，事之幹也。」司馬光曰：「君子雖在幽隱，不失中和之道，所以爲粹也。守其元正以應萬務，無施不適，如地之德亦以幽黄元貞成萬物也。」

〔七〕愆，説文：「過也。」增韻：「差爽也，又失也。」此句意謂：太純太睟則易污穢，小人不能保其純粹之德，必承之以過失。

〔八〕意謂：當睟而及時，有過而善補，惟君子能之。

〔九〕意爲：能慎終如始，則可全其純正。　葉注：「九居睟之終，終則反始，故云睟終宜永於初之貞，以保其睟内無穢之德也。」

☷ 盛〔一〕。陽氣隆盛充塞，物寊然盡滿厥意。

初一，盛不墨，失冥德。測曰，盛不墨，中不自克也〔二〕。

次二，作不恃，克大有。測曰，作不恃，稱玄德也〔三〕。

次三，懷利滿匈，不利于公。測曰，懷利滿匈，營私門也〔四〕。

次四，小盛臣臣，大人之門。測曰，小盛臣臣，事仁賢也〔五〕。

次五，何福滿肩，提禍揮揮〔六〕。測曰，何福提禍，小人之道也。

次六，天錫之光，大開之疆，于謙有慶〔七〕。測曰，天錫之光，謙大有也。

次七，乘火寒泉至〔八〕。測曰，乘火泉至，禍不遠也。

次八，挹于滿熒，幾後之傾。測曰，挹于滿，幾危也〔九〕。

上九，極盛不救，禍降自天。測曰，極盛不救，天道反也〔一〇〕。

校釋

〔一〕相當於大有卦。易繫辭上：「富有之謂大業，日新之謂盛德。」盛之初一，日入井宿十六度。芒種節起於此首之次二。

〔二〕墨，范注：「謙也。」此句意謂：處盛之世，心無謙恭，不自克損，炫耀於人，則失其玄冥之德。

〔三〕克，能。此句意爲：有所作爲而不恃其功，則能無所不有。此可稱之爲玄冥之德。語本老子十章：「生而不有，爲而不恃，長而不宰，是謂玄德。」（又見五十一章）

〔四〕匈，同胸。

〔五〕司馬光曰：「四爲福始，故曰小盛也。臣臣，自卑賤之意也。君子當小盛之初，能自卑賤，承事仁賢，以至大盛。凡爲大人者，未有不由此道而出也，故曰大人之門。」葉注：「四居福禄之地而當盛世，可謂盛矣。雖盛而不自以爲盛，乃謙小而自將，復且臣臣而順奉於人，泯然無復見其滿盈之跡，此君子之善處盛者也。豈不爲大人之道乎？」

〔六〕何，擔負。撣撣，音蟬蟬，集韻：「相纏不去也。」司馬光曰：「小人而享盛福，禍必隨之。」葉注：「五以陰邪而居福禄之地，是不勝其富貴而負其驕盈之色，是何福滿肩也。然貴驕則亡，富滿則溢，其取禍未有不撣撣然以相隨也。」

〔七〕集注本「錫」作「賜」，古同。爾雅釋詁：「錫，賜也。」此句意謂：人有謙虚之德，則衆庶歸之，疆域大開，功成名遂，與日月齊光。易彖傳：「謙，尊而光，卑而不可踰，君子之終也。」

〔八〕集注本測「乘火泉至」從宋、陸、王本作「乘火寒泉」。范注：「火至熱也，泉至寒也。以火居火，故曰乘火也。陽極則陰生，火死則水生，水火相克，故寒泉至也。」葉注：「七居出福入禍過盛將衰之地，是方乘其火之至陽，赫赫然而充實，曾不知其寒泉之至陰已肅肅然而至矣。盈虚消息，與時偕行，天道常然之運也。」

〔九〕集注本「幾危也」作「幾不免也」。挹，同抑。熒，明，引申爲顯赫。幾，近。傾，危。此句意謂：八處禍中，能自損抑其盛滿顯赫，則近危而不傾。

〔一〇〕意謂：盛極則衰，物極必反，陽極陰生，天道復反，陰來物殺，禍降天然。老子四十章：「反者，道之動。」易象傳：「反復其道，七日來復，天行也。」

𝌬 居〔一〕。陽方躆膚赫赫，爲物城郭，物咸得度〔二〕。

初一，匪譽匪咎，克守厥家。測曰，匪譽匪咎，其道常也〔三〕。

次二，家無壺，婦承之姑，或洗之塗〔四〕。測曰，家無壺，無以相承也。

次三，長幼序序，子克父〔五〕。測曰，子克父，乃能有興也。

次四，見豕在堂，狗繫之迒。測曰，見豕在堂，其體不慶也〔六〕。

次五，舳艫調安，利富貞。測曰，舳艫安和，順其疆也〔七〕。

次六，外其井竈，三歲見背〔八〕。測曰，外其井竈，三歲不享也。

次七，老夫擐車，少女提壺，利考家。測曰，老父擐車，其體乃莊也〔九〕。

次八，反其几，雙其（牝）〔杝〕，（几）〔其〕家不旨〔一〇〕。測曰，反几雙（牝）〔杝〕，家用不臧也。

上九，株生蘖，其種不絶。測曰，株生蘖，其類乃長也。

校釋

〔一〕相當於家人卦。太玄衝云：「居，得乎位。」易象傳：「家人，女正位乎内，男正位乎外。」居之初一，日入井宿二十一（按，依漢書律曆志推算，當作二十）度。

〔二〕集注本「物咸得度」作「萬物咸度」。司馬光曰：「『膚』亦當作『𧾷豦』，𧾷豦𧾷豦，動作强梁貌。爲物城郭者，言養衛萬物，使陰氣不得傷也。『度』當作『宅』，『度』古『宅』字。宅，居也。」范注：「言是時陽氣𧾷豦萬物之肌膚，赫然盛大，包團關郭，若城郭也。故萬物之生皆得其數度而安其居。」葉注：「𧾷豦，踞也。膚，皮膚，言在外也。陽氣方充盛於外，赫赫然明盛，爲物衛護而得度也。」

〔三〕咎，過也，災也。此句意爲：在居之世，無大作爲，無咎無譽，能保其家，乃得居家之常道。

〔四〕壺，盛酒器，喻用以奉養翁姑。塗，同途，道途。此句意爲：新婦嫁入，欲繼其姑，然奉上無漿壺，洗滌在道途，家道如此，何以相傳。

〔五〕集注本、陳本少一「序」字。意謂：居室有倫，幼能事長，子能繼父，事業有承，家道興盛。

〔六〕繫，釋文：「本系也，又續也。」远，音航，説文：「獸迹也。」爾雅釋獸：「兔……其跡远。」狗繫之远，意指狗追隨豖之踪跡而與之交配。此句意謂：犬循豖跡，交歡於堂。以喻家道不嚴，致有悖亂。漢書五行志：「景帝三年二月，邯鄲狗與彘交。悖亂之氣，近犬豕之禍也……京房易傳曰：『夫婦不嚴，厥妖狗與豕交。茲謂反德，國有兵革。』」葉注：「四陰而不正，是不能正家之人也。非其人而主家，猶豕畜在堂也。然豕在堂則狗繼其跡，邪當國則下附其奸。方以類聚，物以羣分，自然之應也。」

〔七〕舳，方言：「船後曰舳，舳制水也。」即今所謂舵。艫，說文：「一曰舟尾。」順，謚法：「慈惠徧服曰順。」此句意爲：舳艫諧調，前後相承，上下和洽，國盛財豐，惠及境内，萬民以寧。　葉注：「五居中得道，是猶舟行於水平流順之中，既調且安，無後傾危之慮，體胖心廣，宜其利於富貞也。」

〔八〕竈，說文：「炊，竈也。」井竈，飲食必備，家道不可缺之物。此句意謂：家室空乏，人無所養，不出數年，衆親皆叛。

〔九〕擐，說文：「貫也。」考，爾雅釋名：「成也。」此句意爲：老父引車以載其家，少女提漿而奉於上，家道莊嚴無失，則利於成家。　葉注：「七以陽德，故能治家以禮，大小各當其任。……長任長事，幼行幼職，所以利於成家也。」

〔一〇〕集注本、陳本「牝」作「朼」，「几家」作「其家」。司馬光曰：「古『其』字作『丌』，因致此誤耳。」又曰：「今從范本」作「朼」。當從。朼，同匕，祭以載牲體之具。朼當用一，今却雙之，則其杫有敗損。此句意謂：案几翻壞，人無所凴，杫盤損毁，祭無所承，器用不善，家道何美。

法〔一〕。陽高縣厥法，物仰其墨，莫不被則〔二〕。

初一，造法不法。測曰，造法不法，不足用也〔三〕。

次二，摹法以中，克。測曰，摹法以中，衆之所共也〔四〕。

次三，準繩不甫，亡其規矩。測曰，準繩不甫，其用爽也〔五〕。

次四，準繩規矩，莫違我施。測曰，準繩規矩，由身行也〔六〕。

次五，繘陸陸，鉼實腹，井潢洋，終不得食。測曰，鉼實腹，非學方也〔七〕。

次六，于紀于綱，示以貞光。測曰，于紀于綱，大統明也〔八〕。

次七，密網離于淵，不利于鱗。測曰，密網離淵，苛法張也〔九〕。

次八，正彼有辜，格我無邪。測曰，正彼有辜，毆而至也〔一〇〕。

上九，井無幹，水直衍，匪谿匪谷，終于愆〔一一〕。測曰，井無幹，法妄恣也。

校釋

〔一〕相當於井卦。周易集解引干寶曰：「自震化行，至於五世，改殷紂比屋之亂俗，不易成湯昭假之法度也。故曰改邑不改井。」王弼易注：「井以不變之爲德也。」皆以井喻法度。法之初一，日入井宿三十五度（按，疑「三」乃「二」字傳寫之誤。依漢書律曆志推算，當爲二十五度）。

〔二〕縣，讀作懸。言陽氣上在九天，高懸其長養之德，萬物被其潤澤，無不依而盛長。

〔三〕意謂：造法而不以爲法，則法不成其爲法，何以用而治國。法言學行：「模不模，範不範，爲不少也。」葉注：「一當法初，是始造法也。然以陰邪不正之資，造法而非其法，若之何而用乎？用則爲民之害也必矣。」

〔四〕摹，猶制。意爲：制法適中，衆人共奉而行之，則法成其爲法。葉注：「二居中得陽，是以制法得中而無過不及之差，故能勝其任也。」

〔五〕集注本「其用爽也」無「其」字。甫，俞樾諸子平議：「『甫』當讀爲『尃』。說文寸部：『尃，布也。』昭三年左傳：『寡君使虎布之。』杜注曰：『布，陳也。』然則準繩不尃，猶言準繩不陳。禮記經解篇：『繩墨誠陳』，是其義矣。」爽，方言：「過也。」爾雅釋言：「差也。」此句意謂：準繩不陳，規矩不施，無法可依，行則過差。

〔六〕此句意爲：君子先修其身，身正則守道，守道則不違於法度，故曰由身行也。

〔七〕繘，方言：「關東謂之綆，關西謂之繘。」即汲水索。陸陸，猶碌碌。窴，同填，塞滿。潢洋，水渾多貌。此句意謂：汲水於井，瓶虛始得，今已塞滿，取食非法，潢洋之水，何從得之。喻人自盛滿，非學問之道也。葉注：「五以陰弱之才，何能及事，猶繘陸陸，綆短而不可汲深；缾窴腹，腹塞而不可受水。井雖潢洋，無術可以致，所以終不得食也。此言非其器不可以成其事，無其道不可以冀其功，是故有是君有是臣，則有是政矣。」

〔八〕統，説文：「紀也。」此句意謂：法度既施，綱紀已張，以此治國，示人以貞正明光。葉注：「六以陽剛，得法之善者也。故能以紀綱自治，而示人以正大光明之道也。」

〔九〕離，方言：「羅謂之離。」即布列之義。范注：「綱離於淵，鱗物所害，猶苛法於世，百姓之疾也。」按，揚雄主張以法治國，以德教民，反對對人民施行苛刻的法律，認爲「申韓之術，不仁之至矣」，是以人爲牛羊而宰割，其法不足爲法。「法者，謂唐虞成周之法也。如申韓，如申韓？」（法言問道）若法苛吏酷，必國傾身亡。法言寡見：「秦之有司負秦之法度，秦之法度負聖人之法度。秦弘違天地之道，而天地違秦亦弘矣。」

〔一〇〕集注本、葉本「敺」誤作「歐」。陳本「無邪」作「元邪」。格，正。敺，同驅。此句意爲：以適中之法正其有罪，則可驅民以至于善。葉注：「八以陽明，善能處法。言正彼有罪，而正之以我無邪之道。蓋正己以正人之不正也。」

〔一一〕斡，集韻：「井垣也。」衍，集韻：「水溢也。」愆，說文：「過也。」此句意爲：法妄恣縱，變亂無常，法有而實無，則民心迷惑，不知所措，易犯而終亂。如井無垣欄，水溢漫延。

𝌮 應〔一〕。陽氣極于上，陰信萌乎下，上下相應〔二〕。

初一，六幹羅如，五枝離如。測曰，〔六〕幹羅如，附離君也〔三〕。

次二，上歷施之，下律和之，非則否。測曰，上施下和，匪其（肯）〔真〕也〔四〕。

次三，一從一横，天網罠罠。測曰，一從一横，經緯陳也〔五〕。

次四，援我罘罟，絓羅于野至〔六〕。測曰，援我罘罟，不能以仁也。

次五，龍翰于天，貞栗其鱗。測曰，龍翰之栗，極懼墜也〔七〕。

次六，熾承于天，冰萌于地。測曰，承天萌地，陽始退也〔八〕。

次七，日彊其衰，應蕃貞。測曰，日彊其衰，惡敗類也〔九〕。

次八，極陽徵陰，不移日而應。測曰，極陽徵陰，應其發也〔一〇〕。

上九，元離之極，君子應以大稷。測曰，元離之極，不可遏止也〔一一〕。

校釋

〔一〕相當於咸卦。易彖傳：「咸，感也。柔上而剛下，二氣感應以相與……」太玄以應首之時，陽極陰生，陽上陰下，二氣感應。故相當于咸卦。范注以應首準離卦，似有只明其表之嫌。揚雄模仿周易作太玄，其首次以孟喜、京房及易緯稽覽圖卦氣值日次序爲本，而孟、京和易緯以坎、離、震、兑爲四正卦，其二十四爻分主二十四節氣，不再參與其餘六十卦分主六日七分（計三百六十五日又四分日之一）之「用事」。范注不明於此，僅以應首贊辭有與離卦相交通處而附會，當不足取。應之初一，日入井宿二十九度。夏至起於此首之次五。

〔二〕言此時陽極陰生，陽氣將衰，陰氣始動，陽氣下降，陰氣上騰，一上一下，相互感應。

〔三〕集注本、陳本測「幹」字上有二「六」字。疑范本脱誤。羅，列也，布也。離，即陳列。漢書律曆志：「傳曰『天六地五』，數之常也。天有六氣，降生五味。夫五六者，天地之中合，而民所受以生也。」故天六以喻君，地五以喻臣。此句意謂：幹既布施，枝亦陳列，枝幹相應，相輔而行。喻臣之奉君，上呼則下應。

〔四〕集注本從宋、陸、王本「肯」作「真」，爲佳。范注：「歷以紀歲，律以和聲，施於百姓，奉以成務。其非法者則不通也。」葉注：「歷陰而律陽，上以陰施，下以陽和，上下相交，則得其道。苟或不然，則失之矣。蓋陰陽和則歲功成，君臣和則國事治，此自然之應也。」

〔五〕罠罠，音浪浪，廣大貌。意謂：天地廣大，上呼下應，縱橫交錯，經緯分明，各有所施，以成歲功。太玄瑩云：「立天之經曰陰與陽，形地之緯曰從與横……陰陽曰合其判，從横曰緯其經。」「東西爲緯，南北爲經。」經緯交錯，邪正以分，吉凶以形。」

〔六〕罘罟，即網。絓羅，即網罟。此句意謂：避其網罟，絓羅又至。喻民不能逃離嚴刑苛法之害。

〔七〕翰，高飛。周易集解引虞翻注：「翰，高也。」栗，恐懼謹戒貌。龍以喻陽。陽氣極於上，故曰高飛於天。極上則墜，故懼。此句意爲：陽極上則反下，喻人居尊位盛大，不可不正而戒懼，以保其位。葉注：「龍，至陽之精。四十一首之陽終於此贊，故曰龍之翰飛已上極於天，無復再有可往之理，惟有自上復墜而已。能無貞栗其鱗之可懼乎？」

〔八〕熾，陽之盛。冰，陰之極。此句意謂：陽極於上，陰生於下，陰當上升，陽氣始降。葉注：「玄以此贊當夏至午之半，故言陽極陰生之義。謂赫赫之陽方熾然上進於天，而肅肅之陰已下萌於地矣。」

〔九〕應，當。蕃，盛。類，爾雅釋詁：「善也。」此句意謂：陰氣初萌，陽氣日衰，惡陰敗善，當蕃盛其正。

〔一〇〕徵，召。此句意爲：極陽則陰，極陰則陽，陰陽往來，不召而至，應時自發。

〔一二〕集注本無「止」字。元離，即大明，指日。易象傳：「大明終始。」集解引鄭玄注：「大明，日也。」易説卦：「離爲日。」稷，與昃通。此句意謂：日明之極，極則必昃，勢不可止，君子應時，與之消息，故曰應以大昃。易象傳：「日昃之離，何可久也。」

☷ 迎〔一〕。陰氣成形乎下，物咸遡而迎之〔二〕。

初一，迎他匪〔應〕，無貞有邪。測曰，迎他匪應，非所與并也〔三〕。

次二，蛟潛於淵，陵卵化之；人或陰言，百姓和之。測曰，蛟潛之化，中精誠也〔四〕。

次三，精微往來，妖先靈覺。測曰，精微往來，妖咎徵也〔五〕。

次四，裳有衣襦，男子目珠，婦人啑鈎，貞〔六〕。測曰，裳有衣襦，陰感陽也。

次五，黄乘否貞〔七〕。測曰，黄乘否貞，不可與朋也。

次六，玄黄相迎，其意感感。測曰，玄黄相迎，以類應也〔八〕。

次七，遠之眂，近之棓，迎父迦逅。測曰，遠眂近棓，失父類也〔九〕。

次八，見血入門，掮迎中廷。測曰，見血入門，以賢自衛也〔一〇〕。

上九，濕迎牀足，(罣)〔累〕于牆屋。測曰，濕迎牀足，(願)〔顛〕在内也〔一一〕。

校釋

〔一〕也相當於咸卦。方言：「自關而東曰逆，自關而西曰迎。」太玄衝云：「迎，逆乎刑。」陽氣下降，陰氣上騰，逆而相迎，交而相通。然陰陽尚相距甚遠而未逢，則遥相感應，故相當於咸卦。迎之初一，日入鬼宿一度。

〔二〕咸，説文：「皆也，悉也。」遡，集韻：「向也。」

〔三〕集注本、陳本「匪」字下皆有「應」字，范本脱誤。此句意爲：人有邪惡不正，不當與之並，今往而迎之，近則失正。

〔四〕范注：「蛟潛於水，産卵高陵，下復於淵。家性爲迎，氣應相感，然後剖化。猶君臣父子以道相感，精迎誠致，不言而動也……中誠所感，化大行也。」按，淮南子泰族訓：「夫蛟龍伏寢（一作潛）於淵，而卵割（王念孫云，割當爲剖字之誤）於陵。螣蛇雄鳴於上風，雌鳴於下風，而化成形，精之至也。故聖人養心莫善於誠，至誠而能動化矣。」易中孚卦：「鳴鶴在陰，其子和之。」象傳：「其子和之，中心願也。」

〔五〕妖咎，指怪異現象。徵，召，意指不召而至。此句意謂：精誠微感，怪異即生，不召而自至。

〔六〕葉本無「貞」字。並曰：「『嚏鉤』一作『連閭』……連閭即連嘍，言語煩絮貌。蓋呢呢恩情之辭也。」嚏，多言。襦，短衣。此句意爲：裳襦相配，服飾有制而衣成；夫婦相應，內外有度而家昌。配應得當，故曰貞。

〔七〕五居中爲土，故以黄言。黄乘，指居尊位。意謂：居於尊位而不正。

〔八〕范注：「天玄地黄。天地相迎則風雨時調，君臣相迎則政教以度。」司馬光曰：「六爲極大，感之盛也。自天地至於萬物，君臣上下，夫婦朋友，無不以類相應也。」葉注：「玄天色，黄地色。四言男女之相感，此言天地之相感。易謂：『天地絪緼，萬物化醇。男女構精，萬物化生。』相感之道，不過二端而已矣。」

〔九〕集注本「棓」作「掊」。以「棓」爲佳。方言：「自關而西謂之棓，或謂之柫。」即擊禾的連枷。連枷以打穀，故棓有擊打之義。⿰目后，音后，怒目而視。迦逅即邂逅，愛悦之義。詩唐風綢繆：「見此邂逅。」鄭箋：「邂逅，解説之貌。」類，方言：「法也。」此句意謂：父子相逢，兩相愛悦，今則不然，遠之怒視，近則棓擊。故言失父子之法。

〔一〇〕集注本、陳本「廷」作「庭」。⿰扌斿，集韻：「捍也。」血以喻憂傷。中廷，指內心。賢，善。禮記內則鄭注：「賢，猶善也。」意謂：憂傷將至，見而應之，心懷善德，以自捍衛。

〔一一〕集注本「罦」從宋、陸本作「累」，「願」作「顛」。爲佳。司馬光曰：「小人女子所以能傾國家者，非一朝一夕之故，其所由來者漸矣。如濕氣之迎牀足，浸潤而上，將累及牆屋而不可如何，究其顛沛之原，自内興也。」

𝌰 **遇**〔一〕。陰氣始來，陽氣始往，往來相逢。

初一，幽遇神及師，夢貞。測曰，幽遇神，思得理也〔二〕。

次二，衝衝兒遇，不受定之諭〔三〕。測曰，衝衝兒遇，不肖子也。

次三，不往來，不求得，士女之貞〔四〕。測曰，不往不求，士女則也。

次四，儷儷兑人，遇雨厲。測曰，兑人遇雨，還自賊也〔五〕。

次五，田遇禽，人莫之禁〔六〕。測曰，田遇禽，誠可勉也。

次六，俾蛛罔罔，遇（螽）〔蠭〕，利雖大不得從。測曰，〔俾〕蛛之罔，害不遠也〔七〕。

次七，振其角，君父遇辱，匪正命〔八〕。測曰，振其角，直道行也。

次八，兩兕（鬪）〔鬭〕，一角亡，不勝喪〔九〕。測曰，兩兕（鬪）〔鬭〕，亡角喪也。

上九，觝其角，遇下毁足。測曰，觝其角，何可當也〔一〇〕。

校釋

〔一〕相當於姤卦。易彖傳：「姤，遇也。柔遇剛也。」遇之初一，日入柳宿一度。

〔二〕一爲思始，故稱幽，指思慮幽深精妙。夢，借爲蒙，冥昧之義。此句意爲：思之精妙，如神通師導。雖發自冥昧，而不失其正，以其思得理也。葉注：「幽，精微也。師，告教也。一居思之始，言極其精微之思，入遇於神，至於得其告教于恍惚夢寐之間，而獲正道也。管子曰：『思之思之，又重思之，鬼神將告之。非鬼神告之也，乃精氣之極也。』與此贊意同。」

〔三〕集注本無「受」字。諭，告。衝衝，廣雅：「行也。」意指橫衝直撞，行無正道。此句意爲：無知之子，行無正道，人或導之，不受教戒。

〔四〕集注本從宋、陸本作「不往不來，得士女之貞」。集注本、葉本測「求」字作「來」。不往來，意指事一而不遷。不求得，意指爲而不恃，功成而不居，無所欲求。

〔五〕儽，疑爲圂之假字，囚困之義。儽儽，困悴貌。兑人，指處澤之人。易説卦：「兑爲澤。」虞翻注：「兑爲雨。」澤雨相遇，故曰自賊。此句意爲：處澤之人，已自困悴，又遇大雨，必受傷害，故厲。葉注：「儽儽，舞久困悴貌。兑人，巫人也。易兑爲巫爲口舌。四屬金，故取以爲象。古者旱而用巫舞於雩壇以禱雨也。四逢陰慝，遇非其道，如舞巫困悴於禱雨，然雨豈區區之巫所能致哉！縱雖遇雨，是也適然，豈其所致！彼乃貪天功以爲己力，曾不自量也。率此道以往，寧不危哉！此蓋爲無其德而偶有其功者之深戒。」

〔六〕意謂：獵而遇禽，必有所獲。喻勞而有功，事而有效，則勉力而爲，無需止禁。

〔七〕集注本、陳本「螽」作「蝨」，當從。説文：「蝨，飛蟲螫人者。」「螽，蝗也。」而范注：「螽，螫蟲也。」證「螽」乃「蝨」字之誤。又測「蛛」字上皆有「俾」字，疑范本脱誤。俾，爾雅釋言：「職也。」罔，同網。意謂：蜘蛛設網而獲蜂，雖有大利，終必遭螫，不得從而取之。故曰害不遠。葉注：「此言小人不可大受，而濫據尊位。德薄智小，誠非小人之所宜堪，鮮不及矣。」

〔八〕司馬光曰：「君父不幸遇辱，則君子振角，直道而行，死之可也。雖非正命而死，義不得不爾。」葉注：「振，進也。角喻剛直。七遇剛陽，是能進其剛直之道於君父，君父不能容受，反待遇以陵辱而困屈其身。不以賞而以刑，不以用而以斥，豈人君之正命乎？」

〔九〕集注本、葉本「鬬」作「鬭」，爲是。説文：「鬭，遇也。」玉篇：「爭也。」范注：「八爲龍，九爲虎。龍虎者，獸之貴者也。在遇之世，當養其牙角而已。今而合鬭，故稱兕也。金克於木，故龍亡角。終見克害，故不勝而喪也。」

〔一〇〕集注本「觝」作「或氐」，「下」作「不」。觝，觸。此句意謂：觸而角折，遇下毁足，損傷如此，何能抵當。

☷ 竈〔一〕。陰雖沃而灑之，陽猶（執）〔熱〕而酥之〔二〕。

初一，竈無實，乞于鄰。測曰，竈無〔實〕，有虛名也〔三〕。

次二，黄鼎介，其中裔，不飲不食，孚無害。測曰，黄鼎介，中廉貞也〔四〕。

次三，竈無薪，黄金瀕。測曰，竈無薪，有不用也〔五〕。

次四，萬實之食，得其勞力。測曰，萬實之食，時我奉也〔六〕。

次五，鼎（犬）〔大〕可（觴）〔鬺〕，不齊不莊。測曰，鼎大可（觴）〔鬺〕，饗無意也〔七〕。

次六，五味酥，調如美如，大人之饗。測曰，味酥之饗，宰輔事也〔八〕。

次七，脂牛正肪，不濯釜而烹，則歐歍之疾至〔九〕。測曰，脂牛歐歍，不絜志也。

次八，食其委，雖噉不毁。測曰，食其委，掌厥德也〔一〇〕。

上九，竈滅其火，唯家之禍。測曰，竈滅其火，國之賊也〔一一〕。

校釋

〔一〕相當於鼎卦。易象傳：「鼎，象也。以木巽火，亨飪也。」竈，炊也。皆以烹飪食物爲用，故相當。竈之初一，日入柳宿六度。小暑節起於此首之次八。

〔二〕集注本「執」作「熱」，陳本作「爇」。疑范本誤。熱，説文：「温也。」釋名：「爇也，如火所燒爇。」沃，説文：「灌溉也。」沃之與熱相對成文，故以作「熱」爲長。龢，古和字，説文：「調也。」此句意謂：此時陰氣灌灑，陽氣和調，相濟成物，以養萬民。

〔三〕集注本、陳本測「無」字下有「實」字。疑范本脱誤。此句意爲：灶以烹飪，今有水無米，是空有灶之名，而無灶之實。無實物以養人，則乞鄰人之食而充飢渴。

〔四〕介，方言：「特也。」獨立貌。裔，末也，胄也，引申爲餘。范注：「裔，餘也。」孚，信。此句意爲：金鼎特立，中有餘餚，不貪享樂，終無所害。喻人能有廉正之德，内養其志，不慕外欲，則無害。葉注：「介，大也。裔，餘也。二以剛中，故云黄鼎。器既大而食有餘，必無不足之患。喻人之質美而德全備，才大而用有餘，猶且節其食而不享，嗇其用而不施，其厚於内而無待於外也，至矣。則信乎其無害也。」

〔五〕瀕，説文：「水厓。」范注：「三爲薪，言無者，有材不用也。竈不用薪，猶國不用禄以養賢也。薪而不用，金鬲虚廢，故生土穢在瀕渚也。」

〔六〕蒚，鬲之異字。方言：「鍑，吴揚之間謂之鬲。」爾雅釋器：「鼎款足謂之鬲。」司馬光曰：「君子以禄養賢，雖少亦得其勞力也。時我奉者，賢者得時則仕也。」

〔七〕集注本、葉本、陳本「犬」皆作「大」，范本誤書。鬺，司馬光曰：「當作鬺，音商，煮也。」漢書郊祀志顏注：「鬺，烹煮而祀也。」齊，讀作「齋」，肅敬之義。饗，宴賓以酒食。此句意爲：鼎大可烹飪，然不恭敬莊重，無有宴享之意。喻不能以禮待賢而養之，則人不歸附。

〔八〕司馬光曰：「六爲上禄而當晝，君子輔佐國家，獻可替否，進賢退不肖，燮和其政，調美如羹，獻之於君，而君饗之，則天下大治矣。」

〔九〕濯，洗滌。歐歂，説文：「歐，吐也。」「歂，心有所惡若吐也。」此句喻雖以美禄養賢，但無誠意用之，則人惡之。

〔一〇〕委，集韻：「委積，牢米薪芻之總名。少曰委，多曰積。委積以待施惠。」意指俸禄。嗷，號呼之聲。范注：「食人之禄，必憂人之難，道合則輔之，不合則去，不宜見其不正而不争也。争以正君，故蒙其福也。」

〔一一〕司馬光曰：「竈滅火，以喻不養賢也。不養賢者，自賊其國者也。」

𝌲 **大**〔一〕。陰虚其内，陽（逢）〔蓬〕其外，物與盤蓋〔二〕。

初一，淵潢洋，包無方，冥。測曰，淵潢洋，資裹無方也〔三〕。

次二，大其慮，躬自鑢。測曰，大其慮，爲思所傷也〔四〕。

次三，大不大，利以成大。測曰，大不大，以小作基也〔五〕。

次四，大其門郊，不得其刀，鳴虛〔六〕。測曰，大其門郊，實去名來也。

次五，包荒以中，克。測曰，包荒以中，督九夷也〔七〕。

次六，大失小，多失少。測曰，大失小，禍由微也〔八〕。

次七，大奢迂，自削以觚，或益之餔〔九〕。測曰，奢迂自削，能自非也。

次八，豐牆峭阯，三歲不築，崩〔一〇〕。測曰，豐牆之峭，崩不遲也。

上九，大終以蔑，否出天外。測曰，大終以蔑，小爲大（質）〔資〕也〔一一〕。

校釋

〔一〕相當於豐卦。易彖傳：「豐，大也。」大之初一，日入柳宿十度。

〔二〕集注本「虛其内」作「虛在内」。集注本、陳本「逢」作「蓬」，以「蓬」爲佳。與，廣雅：「如也。」

〔三〕范注：「深大之淵，衆物所歸，包裹而藏之，無有方外，故冥也。」葉注：「一在大世，居初，是猶淵之廣大，無所不包，而復泯然不見其跡也。」

〔四〕鑢，音慮，説文：「錯銅鐵也。」錯磨之義。此句意爲：二爲反復，反復思索，故曰大其慮。然思之太過，則自傷損其身。

〔五〕意本老子六十三章：「圖難於其易，爲大於其細。天下難事必作於易，天下大事必作於細，是以聖人終不爲大，故能成其大。」

〔六〕刀，古代鑄幣形似刀，故稱錢爲刀。史記索隱平準書：「刀者，錢也。」此以喻利。此句意謂：誇耀於外，不能自謙，故不得其利而徒有虚名。

〔七〕荒，邊裔。克，能。夷，海外。此句意爲：聖人執大中之道而治天下，故能包有八荒之内，懷服四海之外。

〔八〕集注本「由」作「猶」，道藏本作「由」。范注：「六水也。水之所失，在於隙穴，事從細生，禍由微起者也。」

〔九〕奢，侈，大。迂，遠。觚，范注：「法也。」餔，食，喻禄。此句意爲：大而過甚，至於廣遠，有禍來至，以法自責，則能增益福禄。

〔一〇〕范注：「豐，大也。峭，峻也。阯，足也，謂基也。三，終也。牆大基峻，若不終歲加之版築，故有崩墜之憂。猶君子之道不隆其本，末必危也。」葉注：「上以下爲基，國以民爲本。基厚則上固，本固則邦寧。此必然之理也。八位禍中，處豐大之極，不能節用愛民，乃剥下以奉上，朘民以充君，曾無改悔之心，寧保其不危哉！是猶豐大其牆而削峭其基，復且三歲之久不加脩治，其荒怠如此，能無崩亡之及乎？」

〔一二〕集注本、陳本「質」作「資」。於文義爲長。蔑，小。參見校釋〔五〕。

𝌳 廓〔一〕。陰氣（廅）〔瘱〕而念之，陽猶恢而（廊）〔廓〕之〔二〕。

初一，廓之恢之，不正其基。測曰，廓之恢之，始基傾也。

次二，金榦玉楨，廓于城。測曰，金榦玉楨，蕃輔正也〔三〕。

次三，廓無子，室石婦〔四〕。測曰，廓無子，焉得後生也。

次四，恢其門户，以御寇虜〔五〕。測曰，恢其門户，大經營也。

次五，天門大開，恢堂之階，或生之差〔六〕。測曰，天門大開，德不能滿堂也。

次六，維豐維崇，百辟馮馮，伊德攸興〔七〕。測曰，維豐維崇，茲太平也。

次七，外大（扢）〔圪〕，其中失，君子至野，小人入室。測曰，外大（扢）〔圪〕，中無人也〔八〕。

次八，廓其外，虛其內，利鼓鉦。測曰，廓外虛內，乃能有聞也〔九〕。

上九，極廓于高庸，三歲無童〔一〇〕。測曰，極廓高庸，終無所臣也。

校釋

〔一〕也相當於豐卦。方言：「張小使大謂之廓。」爾雅釋詁：「廓，大也。」廓之初一，日入柳宿十五度。

〔二〕集注本、葉本、陳本「廓」作「廓」，范本誤。集注本「瘛」作「瘱」，當從。字書無「瘛」字，疑范本誤書。瘱，同翳。方言：「翳，掩也。」僉，同翕。爾雅釋詁：「翕，合也。」恢，大。言此時陰氣掩匿而聚合於下，陽氣猶盛壯而張大於上。太玄圖云：「虛中弘外存乎廓。」

〔三〕榦楨，築牆所立之木。當牆兩端者爲楨，在牆兩邊者爲榦。二爲思中，金榦玉楨，喻有賢哲自助。蕃，同藩，蘺。此句意謂：君子以賢哲爲務，恢廓其德，以自輔助，猶堅固城牆，以自守衛。

〔四〕石婦，即俗所謂石女，不能孕育。

〔五〕集注本、陳本「以御」作「用圉」，可通。

〔六〕此句意謂：尊高之位，通達有路，小人無德，登高行失，何能至之。

〔七〕辟，爾雅釋訓：「君也。天子諸侯通稱辟。」此指諸侯邦國。馮，古憑字。馮馮，依託之貌。伊，維也，是也。此句意爲：能恢廓其德，以至豐大崇高，則四海賓服，萬邦皆歸。

〔八〕集注本「扢」作「杚」。陳本「至」作「在」。司馬光曰：「杚當作圪，魚乙切，高壯貌。七在廓家而居上體，故曰外大圪。言廓大而高壯也。然當日之夜，小人處大而驕，遠賢能近不肖，亂自内興者也。故曰其中失，君子至野，小人入室也。」

〔九〕鉦，説文：「鐃類，似鈴。」用以節鼓。司馬光曰：「君子廓外以昭德，虛内以納物，故能令名遠聞，譬鼓鉦亦外廓内虛而能有聲也。」

〔一〇〕庸，同墉，牆也。童，僕役。意出易文言：「貴而無位，高而無民，賢人在下位而無輔，是以動而有悔也。」

𝌴 文〔一〕。陰斂其質，陽散其文，文質班班，萬物粲然。

初一，（祫襩）〔袷襩〕何縵，玉貞。測曰，（祫襩）〔袷襩〕何縵，文在内也〔二〕。

次二，文蔚質否。測曰，文蔚質否，不能俱晬也〔三〕。

次三，大文彌樸，孚似不足。測曰，大文彌樸，質有餘也〔四〕。

次四，（裴）〔斐〕如邠如，虎豹文如，匪天之享，否〔五〕。測曰，斐邠之否，奚足譽也。

次五，炳如彪如，尚文昭如，車服庸如〔六〕。測曰，彪如在上，天文炳也。

次六，鴻文無范，恣于川。測曰，鴻文無范，恣意往也〔七〕。

次七，雉之不禄，而雞藎（穀）〔縠〕。測曰，雉之不禄，難幽養也〔八〕。

次八，彫截，（穀）〔縠〕布亡于時，文則亂。測曰，彫截之文，徒費日也〔九〕。

上九，極文密密，易以黼黻。測曰，極文易，當以質也〔一〇〕。

校釋

〔一〕相當於涣卦。揚雄以涣爲焕。論語泰伯：「焕乎其有文章。」故以文相當。文之初一，日入星宿四度。

〔二〕集注本、陳本「袷禮」作「袷襛」，當從。袷，衣服曲領。襛，同繪，説文：「五彩繡也。」何，同荷，披也。縵，説文：「繒無文也。」即布帛素無文彩。此句意謂：内穿彩繡而外披素縵，故曰文在内。喻君子内文外質，自守如玉之正，故曰玉貞。論語雍也：「文質彬彬，然後君子。」

〔三〕蔚，茂密貌。睟，純，喻美。此句意爲：文華雖茂，而質不副，故曰不能俱美。

〔四〕孚，信。語本老子：「大白若辱，廣德若不足。」（四十一章）「大直若屈，大巧若拙，大辯若訥。」（四十五章）

〔五〕集注本、葉本、陳本「裴」作「斐」，當從。下文有「斐邠之否」句，是其證。斐，説文：「分別文也。」邠，同彬，文盛貌。意謂：虎豹之皮，文彩斑斑，享祭不用，徒有其表，何可稱譽，故曰否。語本易象傳「大人虎變，其文炳也。君子豹變，其文斐也。」（今本「斐」作「蔚」，説文引作「斐」。）

〔六〕炳，明。彪，説文：「虎文也。」廣雅：「文也。」昭，光明。庸，用。此句意爲：典制禮法，炳明離彰，聖王以之課考羣臣，賢者賜車服以表顯其功用。書舜典：「羣后四朝，敷奏以言，明試以功，車服以庸。」

〔七〕范，同範，法則。恣，説文：「縱也。」司馬光曰：「鴻鴈之飛，偶有文字之象而無法也，遇川則自恣而已。六過中而當夜，小人之文無法而妄爲者也。」

〔八〕「穀」當從集注本作「榖」。藎，音進，方言：「餘也。」此句意謂：雉無祿而雞有餘穀。喻賢者有文而耿介避世，不仕而隱。

〔九〕「穀」當從集注本作「榖」。彫，説文：「琢文。」即刻鏤。截，借爲纖，細也。榖布，指農桑之事。此句意爲：雕琢纖巧，以求悦世，耕桑失時而傷粟帛，則府庫空乏，民少衣食，其國必亂。故尚文飾必至於亂。

〔一〇〕集注本、陳本測作「極文之易」，多一「之」字。黼黻，周禮考工記畫繢：「白與黑謂之黼，黑與青謂之黻。」此句意謂：文飾太過，必傷農害政，當易之以質樸。

禮〔一〕。陰在下而陽在上，上下正體，物與有禮。

初一，履于跂，後其祖禰。測曰，履于跂，退其親也〔二〕。

次二，目穆穆，足肅肅，乃貫以(梀)〔梀〕〔三〕。測曰，穆穆肅肅，敬出心也。

次三，畫象成形，孚無成。測曰，畫象成形，非其真也〔四〕。

次四，孔鴈之儀，利用登于階〔五〕。測曰，孔鴈之儀，可法則也。

次五，懷其違，折其匕，過喪錫九矢。測曰，懷違折匕，貶天禄也〔六〕。

次六，魚鱗差之，乃矢施之，帝用登于天〔七〕。測曰，魚鱗差之，貴賤位也。

次七，出禮不畏，入畏〔八〕。測曰，出禮不畏，人所棄也。

次八，冠戚杻，履全履。測曰，〔冠〕戚杻，(明)不可〔不〕上也〔九〕。

上九，戴無首，焉用此九〔一〇〕。測曰，無首之戴，焉所往也。

校釋

〔一〕相當於履卦。易序卦：「履者，禮也。」禮之初一，日入張宿二度。大暑氣起於此首之次三。

〔二〕跂，類篇：「舉踵也。」禰，説文：「親廟也。」指父。此句意謂：履居下至卑，欲舉踵强高，僭上失禮。喻小人悖禮，退其父祖，使居己後。

〔三〕集注本「棘」作「𣗥」。范本形近而誤。𣗥即指棗木，紫皮赤心，以喻心誠。此句意爲：恭敬禮讓，必貫之以誠心。葉注：「穆穆，深遠貌。肅肅，嚴敬貌。𣗥，木名，赤心。二在禮之中，故外有以極其嚴敬之體，而內有以貫其中赤之心。蓋誠於中而形於外，自然之符也。」

〔四〕意謂：畫象使成人形，的確不能真正成爲人的形體。如武帝使方士畫李夫人象事。

〔五〕司馬光曰：「孔雀有文章，鴈有行序，皆威儀之象。階諭進而登位也。」范注：「孔鳥之知禮也，正取二鳥爲諭者，言其行則有儀，飛則有次，動不失法，故利登於階也。」

〔六〕集注本從宋、陸本「天禄」作「其禄」。違，邪惡。匕，匙。用作祭祀之器。錫九矢，指天子優禮大臣而賜予器物之權力。此句意謂：心懷不正，行而失禮，其過如此，必喪君位。意出易彖傳：「不喪匕鬯，出可以守宗廟社稷，以爲祭主也。」

〔七〕集注本「矢」作「大」。范注：「矢，陳也。六爲宗廟。宗廟之事，動有禮儀，差次如鱗也。不相陵越，陳施以度，不違於道。故帝用登於天，施禄及下也。」

〔八〕此句意爲：踰越禮法，無所畏懼，出禮入刑，刑以正邪，故入畏。周書周官：「居寵思危，罔不惟畏。弗畏入畏。」

〔九〕集注本測作「冠戚履賤，不可不上也」。司馬光曰：「二宋、陸、王本『全』作『金』。今從范本。宋、陸本測曰『冠戚履賤，不可不正也』，范本『冠戚屈，明不可上也』……今從小宋本。」按，依范注，測似當作「冠戚𦙶，不可不上也」。范注：「戚𦙶以諭敗也。冠雖敗宜加之首，履雖全宜踐之足。」冠「雖微而尊，不可陵也」。此句意喻：上下尊卑，各有其儀，不可陵越。

〔一〇〕戴，爾雅釋訓曰：「蓁蓁，戴也。」説文：「蓁，草盛貌。」詩周南毛傳：「蓁蓁，至盛貌。」此句意謂：九在最上，故稱爲首。極上則顛，至盛則衰，衰而失位，無所往進，故曰無首。盛位既失，何用此九。葉注：「九居至極，更無以加，是尊戴而無復有上也。九爲數之窮，人無能逃焉，故反而恨之曰：焉用此窮數爲也。」

☷ **逃**〔一〕。陰氣章彊，陽氣潛退，萬物將亡〔二〕。

初一，逃水之夷，滅其創迹〔三〕。測曰，逃水之夷，跡不創也。

次二，心惕惕，足金舄，不志溝壑。測曰，心惕惕，義不將也〔四〕。

次三，競其股，鞭其馬，寇逗其户，逃利〔五〕。測曰，競股鞭馬，近有見也。

次四，喬木維摐，飛鳥過之，或降。測曰，喬木之鳥，欲止則降也〔六〕。

次五，見（鸗）〔鷕〕踤于林，獺入于淵，征。測曰，見（鸗）〔鷕〕及獺，深居逃凶也〔七〕。

次六，多田不婁，費我膎功。測曰，多田不婁，費力（忘）〔亡〕功也〔八〕。

次七，見于纍，後乃克飛〔九〕。測曰，見于纍，幾不足高也。

次八，頸加于矰，維綃其繩。測曰，頸加維綃，（無）〔毋〕自勞也〔一〇〕。

上九，利逃跰跰，盜德嬰城〔一一〕。測曰，盜德嬰城，何至逃也。

校釋

〔一〕相當於遯卦。太玄錯云：「逃，有避。」易序卦：「遯者，退也。」退而隱居爲遯，也即退隱避世。周易集解引鄭玄注：「遯者，逃去之名也。」故相當。逃之初一，日入張宿六度。

〔二〕言此時陽氣日衰而退，陰氣日盛，彰明强大，萬物恐被陰傷，皆欲避而逃亡。

〔三〕夷，平。創，傷。逃之於水，水平跡滅。喻君子逃禍於未萌，則不見其踪跡。

〔四〕集注本「惕」從二宋、陸本作「傷」。司馬光曰：「古惕字。」舄，履。詩小雅：「赤芾金舄。」毛傳：「舄，達履也。」溝壑，指山林村野。義，同誼。將，去。此句意爲：心懷惕懼，足登金履，無意隱逸。故曰誼不去。

〔五〕集注本「朢」作「望」。朢，古望字。司馬光曰：「三爲思終而當晝，逃得其宜者也。競其股，懼也。鞭其馬，欲速去也。寇望其户，患將至也。當是時，利於逃也。」葉注：「三在逃世，雖不如初之見幾而作，然亦見時將亂，能兢動其股，鞭策其馬，縱然雖寇已近，無能追之，宜逃之利也。」

〔六〕集注本、陳本「摐」作「樅」，「或降」作「或止降」。摐，樹木上挺而茂盛貌。此句意謂：飛逃之鳥，見茂木則降。喻人之逃亡，見利即止，則不免於禍患。

〔七〕集注本從二宋、陸本「鷕」作「鶽」。司馬光曰：「古隼字。」宋衷云：「鶽害鳥，獺害魚。」踤，集聚。征，行。司馬光曰：「五爲中禄而當晝，君子雖居顯位食厚禄，見小人用事於朝，知其必爲禍亂，則行而去之矣。」

〔八〕集注本「忘」作「亡」。陳本「膎」作「蹊」，「費力忘功」作「費日亡功」。葉本「力」作「日」。以「亡」字爲佳。婁，繫牛曰婁。春秋公羊傳昭公二十五年：「牛馬維婁。」何休注：「繫馬曰維，繫牛曰婁。」膎，音協，説文：「脯也。」即肉乾，或引申爲熟食。此句意謂：田獵而獲，不加拘繫，鳥獸奔亡，徒費食功。

〔九〕纍，繩索。喻見禍之來，自引遠去，以免於患。

〔一〇〕集注本、陳本「無」作「毋」，於文義較爲洽切。矰，説文：「弋射矢也。」即俗所謂有繩繳的箭。維，繫。翎，同翼。此句意爲：頸加於弋，翼繫其繩，奮翼掣曳，欲逃何能。

〔一一〕跰跰，足皮堅貌。德，同得。嬰，纏繞。據守之義。此句意謂：雖足堅利行，然盜已據城，無路可走，欲逃何能。葉注：「跰跰，足拘攣而不行之貌。盜德嬰城，謂姦雄據國。九居逃之極，大奸根據，勢不可摇，雖利於逃，然天下莫非其所有，雖欲行何之乎？」

唐〔一〕。陰氣茲來，陽氣茲往，物且盪盪〔二〕。

初一，唐于內，勿作，厲。測曰，唐于內，無執守也〔三〕。

次二，唐處冥，利用東征。測曰，唐冥之利，利明道也〔四〕。

次三，唐素不貞，亡彼瓏玲。測曰，亡彼瓏玲，非爾所也〔五〕。

次四，唐無適，道義之辟。測曰，唐無適，惟義予也〔六〕。

次五，奔鹿懷鬣，得不訾。測曰，奔鹿懷鬣，奚足功也〔七〕。

次六，唐不獨足，代天班禄。測曰，唐不獨足，無私容也〔八〕。

次七，弋彼三飛，明明于征，終日不歸，亡〔九〕。測曰，弋彼三飛，適無所從也。

次八，唐收禄，社鬼輟哭，或得其沐。測曰，唐收禄，復亡也〔一〇〕。

上九，明珠彈于飛肉，其得不復〔一一〕。測曰，明珠彈肉，費不當也。

校釋

〔一〕也相當於遯卦。太玄錯云：「唐蕩蕩。」無所拘束，無所滯留，故含遯義。唐之初一，日入張宿十一度。

〔二〕茲，説文：「草木多益也。」引申爲益。且，將。盪盪，空盡貌。

〔三〕意爲：一爲思始，空蕩無守，思慮不熟，動則有危。

〔四〕冥，暗昧。東征，指向明而行。此句意謂：心思冥昧，尚能自進，以求明道，則利。

〔五〕范注：「瓏玲，金玉之聲。三爲木，木者樸素，故亡聲也……瓏玲之聲，非木所也。」葉注：「瓏玲，通明貌。三以陰暗不中之才，素懷不正而自蔽自陷，喪其通明之道也。」

〔六〕唐，太玄衝云：「唐，公而無欲。」適，同嫡，親近，厚待。辟，説文：「法也。」此句意謂：君子秉公，無所私欲，不分遠近親疏，皆以道義爲法，有道義者則親近。故曰惟義予也。論語里仁：「君子之於天下也，無適也，無莫也，義之與比。」

〔七〕葉本、陳本「呰」作「資」。集注本從宋、陸本「奚」作「不」。懷，來。鼷，説文：「小鼠也。」呰，同貲，説文：「小罰，以財自贖也。」引申爲補償。此句意爲：鹿以喻賢，鼷喻不肖。賢者奔亡，不肖者來，得不償失，何以爲功。葉注：「五陰暗不君，棄賢而任不肖，是猶鹿之是逐，而反鼷鼠之懷，所得不償其所失也，悖道甚矣。」

〔八〕意謂：不獨享福禄，普施於民，與天下共之，故曰無私容。

〔九〕意謂：一弋而射三鳥，無所適從，晨曉出行，至暮忘返。昏昧至此，有何益焉。故曰亡。喻人行事而不明於道，自取危亡。

〔一〇〕社鬼，指社稷之神靈。輟，止。復亡，復興其衰亡。此句意謂：興衰起廢，復得榮禄，民之枯悴，復得潤沐，國治民安，神靈止哭。

〔一一〕范注：「飛肉，禽鳥也。珠至重，鳥至輕，以重求輕，故不復也。」

𝌽 常〔一〕。陰以知臣，陽以知辟，君臣之道，萬世不易〔二〕。

初一，戴神墨，履靈式，以一耦萬，終不稷。測曰，戴神墨，體一形也〔三〕。

次二，內常微，女貞厲。測曰，內常微，女不正也〔四〕。

次三，日常其德，三歲不食。測曰，日常其德，君道明也〔五〕。

次四，月不常，或失之行。測曰，月不常，臣失行也〔六〕。

次五，其從其橫，天地之常。測曰，其從其橫，君臣常也〔七〕。

次六，得七而九，懦撓其剛，不克常。測曰，得七而九，弃盛乘衰也〔八〕。

次七，滔滔往來，有常衰如，克承貞〔九〕。測曰，滔滔往來，以正承非也。

次八，常疾不疾，咎成不詰〔一〇〕。測曰，常疾不疾，不能自治也。

上九，疾其疾，巫毉不失〔二〕。測曰，疾其疾，能自毉也。

校釋

〔一〕相當於恒卦。説文：「恒，常也。」常之初一，日入張宿十五度。立秋節起於此首之次六。

〔二〕知，主。易繫辭上：「乾知大始。」朱熹周易本義：「知，主也。」左傳襄公二十六年：「子産其將知政矣。」辟，君。

〔三〕葉本「體一形也」作「體形一也」。陳本作「禮刑一也」，以爲「字體相似而訛」。此無佐證，而失之臆斷，不當妄改。體一形，即以常法爲其形體，於文義正洽。墨、式，皆指法則。稷，同昃，傾昃。一爲思之始，人莫知覺，故言神靈。此句意謂：君子執一以爲常法，而應萬物之變，終無傾昃。老子二十二章：「聖人抱一以爲天下式。」易繫辭下：「天下之動，貞夫一者也。」

〔四〕微，無。禮記檀弓：「曾子曰，微與。」鄭注：「微，猶無也。」貞，正。厲，危。此句意爲：婦處内而無常德，自正之則危，以其不正故也。

〔五〕日常其德，指日日行一度之法則。不食，即不薄蝕。意謂：日常其德則三歲免蝕；君常其德，則清明如日。

〔六〕月不常，指月有虧盈遲速。行，猶道。易彖傳：「終則又始，天行也。」意謂：月無常德，則失其行，臣無常德，則失其道。

〔七〕從，同縱。意爲：天縱地横，是天地之常道；君臨下而臣奉上，是君臣之常法。葉注：「日月星辰，錯綜運行，天之從横也。土地山川，流峙相因，地之從横也。從横所以爲天地之常也。人道亦然。」

〔八〕集注本「不克常」作「不克其常」。懦，説文：「弱者也。」撓，敗亂。此句意謂：七爲敗損，九爲滅絶。六過中而當夜，向七而九，極盛轉衰之勢。柔弱之陰，敗損陽剛，得七而又之九，不能守其常道。

〔九〕七爲敗損，故稱衰如。滔滔往來，指不常其德。此句意爲：朝三暮四，不常其德，則敗損衰落，或受侵侮，然能以正承之，雖危無害。

〔一〇〕八爲木，下有烈火，上有利金，處剥落之時，居金火之間，故常有隱憂之疾。知其有疾，當及時圖治；然不以爲成疾，至疾成禍，害及身體，則不可再問也。喻禍之初至，不知自免，以至禍極害身，無可救藥。葉注：「八爲瘀疾，復逢陰禍，故雖常有疾，而不自以爲疾，不復加將養之力，馴而至於災成而不救也。此占爲忽事者之戒。」

〔一一〕葉本「毉」作「醫」，二字同。此句意謂：有疾而疾之，求醫及時，治則無失。喻遇禍自警，求賢輔弼，其禍可免。

度〔一〕。陰氣日躁，陽氣日舍，躁躁舍舍，各得其度〔二〕。

初一，中度獨失。測曰，〔中〕度獨失，不能有成也〔三〕。

次二，澤不舍，冥中度。測曰，澤不舍，乃能有正也〔四〕。

次三，小度差差，大（櫬）〔攋〕之階。測曰，小度之差，大度傾也〔五〕。

次四，榦楨，利（干）〔于〕城。測曰，榦楨之利，利經營也〔六〕。

次五，榦不榦，（櫬）〔攋〕于營〔七〕。測曰，幹不幹，不能有寧也。

次六，大度檢檢，于天示象，垂其范。測曰，大度檢檢，垂象貞也〔八〕。

次七，不度規之，鬼即訾之。測曰，不度規之，明察笑也〔九〕。

次八，石赤不奪，節士之必。測曰，石赤不奪，可與有要也〔一〇〕。

上九，積（善）〔差〕之（貸）〔貣〕，十年不復。測曰，積（善）〔差〕之（貸）〔貣〕，不得造也〔一一〕。

校釋

〔一〕相當於節卦。易象傳：「節以制度。」孔疏：「節者，制度之名，節止之義。」此首當在永首之後。疑范望所據本有錯簡而誤。今仍范望舊本不改。度之初一，日入翼宿二度（按，依正簡當爲六度〕。

〔二〕躁，釋名：「燥也，物燥乃動而飛揚也。」舍，止息。釋名：「息也。」言此時陰氣益盛而上揚，陽氣益退而息降，飛揚息降，各有度數。

〔三〕集注本測「度」字上有「中」字。疑范本脱誤。一爲思始，故稱中。中，心。此句意爲：心無法度，則事無所成。

〔四〕澤，指水。中，合乎。此句意謂：水流不息，冥合度數，是其本性。喻人不斷進取，合於法度，是其正道。法言學行：「或問進，曰水。或曰，爲其不捨晝夜歟？曰，有是哉！滿而後漸者，其水乎。」

〔五〕集注本、葉本「櫴」作「攋」。疑范本形近而誤。攋，音賴，方言：「壞也。」此句意爲：小度有失，由小及大，必至傾壞。葉注：「此言忽小而害大，欲人謹於微也。」

〔六〕集注本從宋、陸本「干」作「于」，葉、陳本亦作「于」。范本傳寫誤。榦楨，即楨榦，築牆所立之木，立於兩端者爲楨，當兩旁者爲榦。此句意爲：有榦楨利於城藩，有法度則利於治國。葉注：「四以剛正，而處大臣之位，宜其有輔於君也。蓋有其具則易其備，有其人則易其治，此楨榦所以利於城蕃，輔所以利於國也。」

〔七〕意謂：幹而不當其任，則毁其經營，不得安寧。喻制法而不以爲法，則亂其治理，國無寧曰。

〔八〕檢，式，儀表模範。淮南子主術訓：「人主立法先自爲檢式儀表，故令行天下。」此句意謂：制法立度，先自爲儀表模式，垂象示範於天下，以爲之正。易繫辭上：「天垂象，見吉凶，聖人則之。」

〔九〕鬼，指次六。太玄數：六爲鬼爲祠爲廟。牴，相抵毁。此句意謂：不以法度規範天下，必與所立之法相抵毁，爲明察之人所笑。

〔一〇〕陳本「必」誤改作「心」。范注：「石不可奪堅，猶丹不可奪赤也。守志如是，若節士之必專也。執志堅固，故可與有要也。」司馬光曰：「要，約也。八爲禍中而當晝，君子雖遇禍亂，不改其度，秉志堅明，不可移奪，故可以與之有約。謂寄百里之命，託六尺之孤也。」

〔一一〕集注本從宋、陸、王本「善」作「差」，陳本同，並改「貸」爲「貣」。當從。司馬光曰：「貸當作貣，與忒同，差之甚者也。」造，作爲。易象傳：「大人造也。」孔疏：「造，爲也。」朱熹曰：「造，猶作也。」此句意謂：積其差失，以致乖遠，終年不復其度，則不能有所作爲。

（𝌺）〔𝌹〕 永〔一〕。陰以武取，陽以文與，道可長久〔二〕。

初一，不替不爽，長子之常。測曰，不替不爽，永宗道也〔三〕。

次二，内懷替爽，永失貞祥。測曰，内懷替爽，安可久也〔四〕。

次三，永其道，未得無咎。測曰，永其道，誠可保也〔五〕。

次四，子序不序，先賓永失主。測曰，子序不序，非永（木）〔方〕也〔六〕。

次五，三綱得于中極，天永厥福〔七〕。測曰，三綱之永，其道長也。

次六，大永于福，反虚庭，入（萛）〔酋〕冥。測曰，大永于福，福反亡也〔八〕。

次七，老木生莳，永以纏其所無。測曰，老木生莳，永厥體也〔九〕。

次八，永不軌，凶亡流于後。測曰，永不軌，其命劑也〔一〇〕。

上九，永終馴首。測曰，永終馴首，長愷悌也〔一一〕。

校釋

〔一〕首象當爲𝌹。作𝌺與度首之象重，誤。也相當於恒卦。太玄衝云：「永，極長。」易序卦：「恒者，久也。」此首當在常首之後，度首之前。永之初一，日入翼宿六度（按，依正簡當爲二度）。

〔二〕宋衷曰：「陰者刑氣，故以武言；陽者德氣，故以文言。武以濟文，文以濟武，陰陽取與之道也，故其道可久長。」

〔三〕替，爾雅釋言：「廢也。」爽，猶敗。宗道，宗廟之道，指繼嗣之道。司馬光曰：「先王之制，立嫡以長，所以安宗廟重社稷，不替不爽，萬世之常法也。永久之道，莫大於此。」

〔四〕意謂：昏惑之君，欲廢嫡長，以立偏愛，則失正善之道，不可久長。

〔五〕保，安。此句意爲：君子進德修業，久而不倦，雖未得禄位，然無災而安。

〔六〕集注本「木」作「方」，當從。范注有「方猶常也」句，是其證。方，猶道。易象傳：「君子以立不易方。」孔疏：「方，猶道也。」此句意爲：爲子不居子之次，爲客反在主之先，則違其常道。故曰非永方也。　葉注：「父先子後，主先賓後，乃其序也。四以陰僭，不能無差，故子當序而不序，賓反先而失主。反常悖道，寧可久哉！」

〔七〕極，中也，正也。此句意謂：三綱得其中正，人道大倫平和通順，則能永保其福禄。

〔八〕葉本「奠」作「酋」，疑范本因「冥」字而傳寫誤。集注本、陳本作「入于酋冥」。酋冥，指衰落幽暗的境地。太玄文云：「酋，西方也，秋也，物皆成象而就也。有形則復于無形，故曰冥。」反，借爲返。此句意爲：小人恃福之久，驕淫矜誇，福終則禍至，返於虚庭，無所蔽護，以致入於衰落幽暗之境。

〔九〕蒔，方言：「更也。」即更生，意指另生新枝。纏，纏綿相續。此句意謂：枯木再生，又添新枝，無而復有，永以相續，故常有其體。　葉注：「蒔，更生也。七在衰謝而逢陽，如老木更生，生意相續，永以纏綿，其所無而復有也。」

〔一〇〕軌，法，則。漢書賈山傳：「軌，事之大者也。」顏注：「軌謂法度也。」故凡不循法度者謂之不軌。劑，説文：「齊也。」「剪，齊斷也。」則劑有斷義。此句意謂：小人常爲不法，身既凶亡，而餘殃流於後世。故曰其命斷絶。

〔一一〕馴，順。首，始。愷悌，逸樂和易。左傳僖公十二年：「愷悌君子。」杜注：「愷，樂也。悌，易也。」此句意爲：君子之道，慎終如始，通順若一，故能長樂久易。

☷ 昆〔一〕。

陰將離之，陽尚昆之，昆道尚同〔二〕。

初一，昆于黑，不知白。測曰，昆于黑，不可謂人也〔三〕。

次二，白黑菲菲，三禽一角同尾〔四〕。測曰，三禽一角，無害心也。

次三，昆于白，失不黑無除，一尾三角〔五〕。測曰，昆白不黑，不相親也。

次四，鳥託巢于叢，人寄命于公。測曰，鳥託巢，公無貧也〔六〕。

次五，穀不穀，失疏數，衆麾毁玉。測曰，穀失疏數，奚足旬也〔七〕。

次六，昆于井市，文車同軌。測曰，昆于井市，同一倫也。

次七，蓋（偏）〔偏〕不覆，晏雨不救。測曰，蓋（偏）〔偏〕不覆，德不均也〔八〕。

次八，昆于危難，乃覆之安。測曰，危難之安，素施仁也〔九〕。

上九，昆于死，弃寇遺〔一〇〕。測曰，昆于死，弃厥身也。

校釋

〔一〕相當於同人卦。太玄衝云：「昆，大同。」易序卦釋同人卦：「與人同者，物必歸焉。」昆之初一，日入翼宿十一度。

〔二〕范注：「言是時陰氣已盛，將散萬物之枝葉，陽氣未去，與物同昆，無益無損，故謂之昆。」

〔三〕司馬光曰：「黑以諭垢濁，白以諭廉潔。一爲思始而當夜，小人自同於垢濁，而不知廉潔之爲美者也。」昆同污垢，清濁不辨，禮義不分，何以謂人。法言修身：「由於禮義，入自人門。」

〔四〕菲，同斐。菲菲，黑白錯雜貌。司馬光曰：「君子與人交，廉而不劌，濁而不汙，菲菲然羣居而不亂。一角者，共禦侮也。同尾者，全其終也。」葉注：「菲菲，相和采粲貌。二得中逢陽，故以能同爲義。言於白於黑，莫不菲菲然相和，無有不均。蓋禽雖三而角尾則一，喻形雖異而心意則同也。此同之善者也。」

〔五〕集注本從宋、陸本「無除」作「無際」。似不可通。一尾三角，喻末同而本異。此句意爲：昆同於白，而失之於不黑，却不能化黑爲白，不免同其末而異其本。故不能相親。葉注：

「三以陰暗，亦滯於一偏。故同於白而不同於黑，曾不知其非；同於後而不同於前，不能除其病。此所以於公溥之道有所不足乎。」

〔六〕集注本從宋、陸、王本「叢」作「菆」，並曰：「古叢字。」公，無私而均平。爾雅釋言：「無私也。」說文：「平分也。」此句意謂：能行昆同仁愛之道，公以待人，均平無私，則人皆歸而寄之，如鳥歸巢於林。天下均平，故曰無貧。論語季氏：「不患寡而患不均，不患貧而患不安。蓋均無貧，和無寡，安無傾。」

〔七〕集注本「穀不穀，失疏數」從宋、陸本作「穀失疏數」。並曰王本作「轂不轂，失疏數」。又引王涯注曰：「轂爲衆輻所湊。五既失道，不能包容，故曰轂不轂。」穀，通作轂，輪之正中，空而貫軸者。旬，均。易豐卦：「雖旬無咎。」王弼注：「旬，均也。」疏，分布。此句意謂：轂之受輻，疏數必均，乃能同心，運轉而行。今布輻失均，則轂不爲轂；失之雖微，必有傾車敗轅之患，故曰衆毳毀玉。喻君而不均，必致國傾身危。

〔八〕集注本、葉本、陳本「偏」作「偏」。作「偏」於文義不通，疑范本形近而誤。晏，晚，遲。論語子路：「何晏也。」邢昺疏：「晏，晚也。」此句意謂：蓋偏則物有不覆，雨遲則禾有不救。喻君德澤不能普施於民。

〔九〕意爲：君子素以昆同之道泛愛容衆，一視同仁，故危難之際受人之庇覆，而免禍就安。

葉注：「八居禍中，是同於危難也。其患則彼此之心如一，所謂同舟共濟，胡越一心，乃覆之安，由均及也。」

〔一〇〕遺，餽贈。弃寇遺，意指捨生忘死。此句意謂：九爲禍極，君子於危難之際，捨生忘死，以全其仁愛昆同之道。論語衛靈公：「志士仁人，無求生以害仁，有殺身以成仁。」

☷ 減〔一〕。陰氣息陽氣消，陰盛陽衰，萬物以微。

初一，善減不減，冥。測曰，善減不減，常自沖也〔二〕。

次二，心減自中，以形于身。測曰，心減形身，困諸中也〔三〕。

次三，減其儀，利用光于階。測曰，減其儀，欲自禁也〔四〕。

次四，減於乂，貶其位。測曰，減於乂，無以莅衆也〔五〕。

次五，減（其）黄貞，下承于上，寧。測曰，減黄貞，臣道丁也〔六〕。

次六，幽闌積，不減不施，石。測曰，幽闌不施，澤不平也〔七〕。

次七，減其疾，損其衈，厲不至〔八〕。測曰，減其疾，不至危也。

次八，瀏漣漣，減于生根〔九〕。測曰，瀏漣之減，生根毁也。

上九，減終，利用登于西山，臨于大川。測曰，減終之登，誠可爲也〔一〇〕。

校釋

〔一〕相當於損卦。太玄錯云：「減，日損。」減之初一，日入翼宿十五度。處暑氣起於此首之初一。

〔二〕善減，指能謙虛自損。一爲思始，故稱冥。沖，虛。老子四十五章：「大盈若沖。」此句意謂：常謙虛自損，則人益之，若水居江海而處下，則百川流之。自損而終益，故曰不減。

〔三〕形，現。司馬光曰：「人之進德修業，必自彊於心，然後顯著於外。二爲思中而當夜，志先減矣，德業何從而益乎？是其中先自困也。」大學：「此謂誠於中形於外。」

〔四〕儀，容，即外表。此指驕奢的儀貌。三爲思終，則形於外，故稱儀。階，指進升之路。此句意謂：自損節己，約身禁非，則利於進德修業，登進於光輝。

〔五〕集注本從諸家「乂」作「艾」。二字音同而通，治也。貶，説文：「損也。」莅，臨。意爲：不勤於治，則無以臨衆理民，何能保其禄位？故言貶損其位。

〔六〕集注本從諸家無「其」字，當從。黄，中色。五爲土爲中位，故稱黄。丁，爾雅釋詁：「當也。」臣能自損，居於中正，以此奉上事君，乃得安寧。此爲臣之正道，故曰臣道當。葉注：「五居尊高之位，乃復退然損抑，而以中正之道自處。此乃下承於上，臣尊於君之道。

君臣理得，所以安寧也。」

〔七〕闡，明。此句意謂：君子之道，當損有餘而益不足，今暗積明斂，斂不減損，積不施與，固若頑石，故曰恩澤不能均平。老子七十七章：「天之道，損有餘而補不足。人之道則不然，損不足以奉有餘。孰能有餘以奉天下？唯有道者。」葉注：「六處上祿，陰邪好利，唯深知發揚於委積之貨財，既不能減其所斂，復不能施其所積，徒頑然如石，没身於利而不覺也。」

〔八〕卹，同恤，説文：「憂也。」范注：「家性爲減，每則損之，疾除憂解，所惡者消，危懼之難故不至也。」語本易損卦：「損其疾，使遄有喜。無咎。」葉注：「七過中而入禍，已不能無疾與憂，幸值陽明，故能補弊扶傾，而減其疾損其憂，尚得遠其危而不至也。」

〔九〕瀏，流也。指滋液。漣漣，滋液下垂貌。意謂：八爲敗木。木所以生根，所以榮華者，由於滋液。今滋液下流，生根毁損，則不能復榮。葉注：「瀏，小水。漣漣，流貌。物之消滅非一朝一夕之故，其所由來者漸，如瀏之漣漣，涓然不絶，是積減而至於極小也。於生根，本之至微，是積減而至于極微也。漢策曰『寖微寖滅』是也。八爲減時之極，故其取象如此。」

〔一〇〕九爲西方、爲山，故曰西山。九金生水，故曰大川。此句意謂：物極則反，減終必增，增則日升，登於高山；居高臨下，危險之至，能謙自損，憂厲不來。故言利。履險以濟難，自損以救民，故曰誠可爲。」葉注：「九居減之終，損極必益，退極必進，所以利于登西山臨大川也。」

☵ 唫〔一〕。陰不之化，陽不之施，萬物各唫〔二〕。

初一，唫不予，丈夫婦處。測曰，唫不予，人所違也〔三〕。

次二，唫于血，資乾骨。測曰，唫于血，（矍）〔臞〕自肥也〔四〕。

次三，貌不交，〔口〕哄嗺，唫無辭。測曰，貌不交，人道微也〔五〕。

次四，唫其（㲉）〔縠〕，不振（不）俗，纍老及族。測曰，唫其（㲉）〔縠〕，不得相希也〔六〕。

次五，不中不督，腐蠹之嗇。測曰，不中不督，其唫非也〔七〕。

次六，泉源洋洋，唫于丘園〔八〕。測曰，泉源之唫，不可譏也。

次七，唫于體，黄肉毁〔九〕。測曰，唫于體，骨肉傷也。

次八，唫遇禍，禱以牛，解。測曰，唫遇禍，大費當也〔一〇〕。

上九，唫不雨，孚乾脯。測曰，唫不雨，何可望也〔一一〕。

校釋

〔一〕相當於否卦。太玄衡云：「唫，不通也。」易序卦：「泰者，通也。物不可以終通，故受之以否。」又易雜卦：「否泰，反其類。」然則否即閉塞不通之義。故唫與否相當。唫之初一，日入軫宿三度。（按，依漢書律曆志推，「三度」當作「二度」。疑「三」爲「二」字之誤。）

〔二〕司馬光曰：「凡陽施其精，陰化其形，萬物乃生。處暑之氣，陰不化，陽不施，萬物各閉塞之時也。」淮南子天文訓：「吐氣者施，含氣者化，是故陽施陰化。」

〔三〕此句意謂：君子修道將以及人，今却閉塞而不施與，若丈夫效婦人之處於室，不交於人，則人皆違而去之。

〔四〕集注本從諸家「矍」作「臞」，於文義爲長。臞，瘦，也即贊所謂「乾骨」。資，蓄養。此句意爲：蓄積其血以養其體，瘦而變胖，弱而爲壯，故曰臞自肥。喻君子能蓄積其德，以美其身。大學：「富潤屋，德潤身。」

〔五〕集注本、陳本從二宋、陸本「哄」字上有「口」字，近是。哄嗾，范注：「有聲而無辭。」即口吃。嗾，集韻音擬。釋文：「魚忌切，又牛力切。」此句意謂：容貌不能傳情，口舌不能達志，閉塞如此，何與人交？然則人情之道幾乎絶矣。葉注：「三居否閉之時，情隔不通，然貌既不交，無以察其色，復哄嗾無辭，無以達其忱。上下不接如此，寧無唫乎？」

〔六〕「穀」當從集注本作「穀」。疑下「不」字因上文而衍。穀，禄。振，通作賑，分財以救困之義。此句意謂：閉守其禄，既不肯賑賜俗人，又不肯救濟父老，則人不得希望於此。

〔七〕督，爾雅釋詁：「正也。」意爲：君子積而能散，可唫則唫，可施則施。今乃不中不正，稼穡腐蠹而不施，故曰其唫非。

〔八〕集注本「源」作「原」。范注：「六水也，故爲泉源。洋洋，大水之貌也。丘園，以諭高也。水性就下，故唫於高也。」司馬光曰：「六爲盛多，爲極大。蓄水於高，待時而施，則所及者遠。今日之唫，乃所以爲異日之澤，故不可譏也。」

〔九〕司馬光曰：「黄，中也。骨肉在中，故曰黄肉。夫氣血所以養體也，唫而不及於四體，骨肉毁傷也。恩澤所以綴親也，唫而不及於九族，則内外乖離矣。」

〔一〇〕禱，説文：「告事求福也。」大費，指「禱以牛」。易既濟注：「牛，祭之盛者。」故祭祀用牛稱「大費」。此句意謂：閉塞招禍，祭禱以牛，其禍則解。不吝所費，其道得當。葉注：「八居禍中，故遇禍。逢晝之陽，故禱以大牲則解。言厚費以當災，厚禮以祈祐也。」

〔一一〕陰陽閉塞，故曰不雨。雨以喻潤澤。脯，説文：「肉乾。」司馬光曰：「潤澤既竭而無望，信乎肉乾而爲脯矣。言王澤竭而民物悴也。」葉注：「陰陽和而爲雨，九居否閉之極，陰陽不和，是以不雨。乃欲以乾枯之脯求其感孚，是求非其道。且乾脯不能以自潤，又惡可望其潤澤之及哉！」

守[一]

守[一]。陰守户，陽守門，物莫相干[二]。

初一，閉朋牖，守元有[三]。測曰，閉朋牖，善持有也。

次二，迷自守，不如一之有。測曰，迷自守，中無所以也[四]。

次三，無喪無得，往來默默。測曰，無喪無得，守厥故也[五]。

次四，象艮有守。測曰，象艮之守，廉無悃也[六]。

次五，守中以和，要侯貞。測曰，守中以和，侯之素也[七]。

次六，車案軔，圭璧塵。測曰，車案軔，不接鄰也[八]。

次七，羣陽不守，男子之貞[九]。測曰，羣陽之守，守貞信也。

次八，臼無杵，其碓舉，天陰不雨，白日毀暑。測曰，臼無杵，其守貧也[一〇]。

上九，與荼有守，辭于盧首，不殆。測曰，與荼有守，故愈新也[一一]。

校釋

[一] 也相當於否卦。太玄錯云：「守也固。」太玄衝云：「守，不可攻。」固而不可攻，則阻塞相

隔，故相當於否卦。守之初一，日入軫宿六度。

〔二〕范注：「言二氣相對，上下否隔，各守其位。」

〔三〕司馬光曰：「王、小宋本作『閉明牖守元有』，今從宋、陸、范本。范曰：『朋，黨類也。』……牖者，所以窺外也。元，始也。樂記曰：『人生而靜，天之性也；感於物而動，性之欲也。』一爲思始而當晝，能閉外類之誘，守其始有之性者也。」

〔四〕以，用。此句意爲：二爲思中，而自守以迷惑，心迷則行邪，故曰無所用。迷惑無用，故不如初一之守身修善，以持正業。

〔五〕語本易井卦：「改邑不改井，無喪無得，往來井井。」井以不變爲德，故言默默而守其故。

〔六〕艮，狗。易說卦：「艮爲狗。」悃，同怙，說文：「恃也。」廉，側隅。說文：「廉，仄也。」此句意爲：狗守家，禁禦人入，今乃似狗非真，守門護家，已是不固，而況堂廉側隅而無所恃乎？

〔七〕素，猶向。漢書鄒陽傳：「見情素。」注：「素，謂心所向也。」此句意爲：五居中而當盛位，天子守中和之道，以正要約諸侯，則諸侯皆歸向之。

〔八〕軔，止車輪轉動之木。說文：「軔，礙車也。」圭璧，執以爲信之物。此句意謂：車輪案軔則不行，圭璧不用則生塵。言自守太過，不與人交，不相往來，以致車軔圭塵。老子八十一章：「雖有舟輿，無所用之；雖有甲兵，無所陳之……鄰國相望，雞犬之聲相聞，民至老死不相往來。」

〔九〕陳本「不守」作「不字」。司馬光曰：「王本作『不字』，諸家作『不守』。」陽主動，故曰不守。此句意謂：羣陽不固守，動而施化；男子不固守，往來交人。交友有信，是男子之正道。論語學而：「與朋友交而不信乎？」「與朋友交，言而有信。」葉注：「陽動陰靜，陽行陰止。七在陽家之陽，是羣陽行動而不居，得陽之道，所以爲男子之正也。」

〔一〇〕此句意謂：碓舉無杵，無米可舂；天陰不雨，無澤可望。家無炊米，外無救濟，飢餓酷暑，以致身毁。故言其守貧。葉注：「碓舉而無杵，天陰而不雨，白日而毁暑，凡此三象，皆言有其用而無其器，有其道而無其應。蓋八居否塞之將窮，無能有以致其通也。」

〔一一〕荼，茅秀，其色白。盧，黑。殆，危。愈，猶勝。此句意謂：九色白，與荼同類。同類相守，志同道合，去其所異，雖皆白首，然能同心協力，則無危殆。老而同心，必勝老幼異志，故曰故愈新。葉注：「九居守之終，終能有守者也。如貞正之婦甘與白首之夫相守，初無務於黑首少年之心，蓋從一而終，得於婦道之正，故不至於危也。甘與同守，雖則故舊，愈勝於新也。」

☳ 翕〔一〕。陰來逆變，陽往順化，物退降集〔二〕。

初一，狂衝于冥，翕其志。雖欲逍遥，天不之兹〔三〕。測曰，狂衝于冥，天未與也。

次二，翕冥中，射貞。測曰，翕冥中，正予也〔四〕。

次三，翕食嘬嘬。測曰，翕食嘬嘬，利如舞也〔五〕。

次四，翕其羽，利用舉。測曰，翕其羽，朋友助也〔六〕。

次五，翕其腹，辟金穀。測曰，翕其腹，非所以（舉）〔犨〕也〔七〕。

次六，黄心鴻翼，翕于天〔八〕。測曰，黄心鴻翼，利得輔也。

次七，翕繳惻惻。測曰，翕繳惻惻，被離害也〔九〕。

次八，揮其罦，絶其羂，殆。測曰，揮罦絶羂，危得遂也〔一〇〕。

上九，擢其角，維用抵族。測曰，擢其角，殄厥類也〔一一〕。

校釋

〔一〕相當於巽卦。太玄衝云：「翕也入。」易説卦：「巽，入也。」翕之初一，日入軫宿十一度。白露節起於此首之次三。

〔二〕陰升而害物，故曰逆變；陽降而育物，故曰順化。言此時陰氣盛長，萬物衰殺，退而自斂。

〔三〕集注本「逍遥」作「梢遥」。陳本改「衝」爲「衡」。狂衝於冥，一爲思始，故曰冥。意指狂蕩衝激之欲望。翕，爾雅釋詁：「合也。」兹，漢書律曆志顏注：「益也。」猶助也。論語集解引孔曰：「助猶益也。」與，助。孟子梁惠王：「孰能與之。」天不之兹，即天未與，天不助之之義。此句意謂：小人心思不善，狂蕩衝激，欲逍遥縱志，然天不助之。

〔四〕司馬光曰：「二爲思中而當晝，君子有善心亦翕斂於冥昧之中。如射之有志，正己而發，發無不中，故曰射貞。正予，猶言唯正是予也。」

〔五〕嘬嘬，食疾貌。喻貪之甚。此句意爲：小人貪欲，見利務入，如舞之赴音節。

〔六〕意爲：鳥翕其羽，利於飛舉；人得友助，利於昇進。

〔七〕集注本從宋、陸本無「金」字，「舉」從陸、王本作「譽」。疑范本涉上文「舉」字而誤，或本爲「轝」字，形近而傳寫誤。司馬光曰：「范、小宋本『譽』作『轝』。」二字音同而通。辟，或同璧，藏之義。此句意謂：璧藏金穀，斂以自與，而不惠衆，福禄雖厚，何足稱譽。葉注：「辟，絶也。金穀，美食也。五以陰暗，其養不充，閉腹絶食，徒存高世之想也。翕羽則可舉，翕腹則不可。」按，揚雄反對辟穀飛昇、得道成仙之説，葉解亦佳。

〔八〕鴻，大。鴻翼，喻輔弼堅强。此句意謂：有中正之心，又得賢能輔助，則利昇進飛舉，故曰翕於天。葉注：「六在尊宗之地，得陽之明，既有中正之君，復有鴻大之臣，宜其翕入於天，垂高遠之業也。」

〔九〕繳，繫箭之繩。説文：「縷繫矰矢而以射者。」惻惻，痛心貌。説文：「惻，痛也。」離，同罹，遭遇。范注：「七爲失志，又爲飛鳥。鳥而失志，故高飛。飛而遇繳，欲去不得，故惻惻也。」

〔一〇〕集注本、陳本「揮」作「撣」，二字同，去也。道藏本「遂」作「遠」。罦，罥，皆網，用以捕獸。殆，危。遂，順其志而有所成功。此句意謂：遇於網羅，揮而去之，雖有危殆，終得舒肆其志而將有成功。

〔一一〕撣，説文：「奮也。」殄，説文：「盡也。一曰絶也。」即滅絶之義。葉注：「撣，搖角貌。欲觸之甚也。角剛而在上。抵，及也。九居翕之極，故極其剛躁，如搖動其角，欲觸傷於人，人必害之，維用自及於族滅而已。」

☷ 聚〔一〕。陰氣收聚，陽不禁禦，物相崇聚。

初一，鬼神以無，靈。測曰，鬼神無靈，形不見也〔二〕。

次二，燕聚嘻嘻。測曰，燕聚嘻嘻，樂淫（衍）〔愆〕也〔三〕。

次三，宗其高年，羣鬼之門。測曰，宗其高年，鬼待敬也〔四〕。

次四，牽羊示于叢社，執圭信（辟）其左股，野。測曰，牽羊于叢，不足（勞）〔榮〕也〔五〕。

次五，鼎血之蕕，九宗之好，乃後有孚〔六〕。測曰，鼎血之蕕，信王命也。

次六，畏其鬼，尊其禮，狂作昧淫，亡。測曰，畏鬼之狂，過其正也〔七〕。

次七，竦萃于丘冢。測曰，竦萃丘冢，禮不廢也〔八〕。

次八，鴟鳩在林，吱彼衆禽〔九〕。測曰，鴟鳩在林，衆所吱也。

上九，垂涕纍鼻，聚家之彙。測曰，垂涕纍鼻，時命絶也〔一〇〕。

校釋

〔一〕相當於萃卦。易序卦：「萃者，聚也。」聚之初一，日入軫宿十五度。

〔二〕此句意謂：鬼神無形，荒忽不見，變化莫測，故曰靈。易繫辭上：「精氣爲物，游魂爲變，是故知鬼神之情狀。」「陰陽不測之謂神。」論衡論死：「荒忽不見，故謂之鬼神……鬼者，歸也。神者，荒忽無形者也。」葉注：「凡物形則礙，礙則塞；無形則通，通則靈。鬼神以無形，故靈也。易於萃、渙二卦，皆言王假有廟，蓋人之精神既散，乃於廟聚之。故玄言祭鬼神之道，乃於聚贊發之。」

〔三〕集注本「衍」從宋、陸、王本作「愆」，爲佳。嘻嘻，歡樂忘形貌。淫，過甚。愆，過差。此句意爲：嘻笑宴飲，樂而無度，物極則反，樂甚成愆。

〔四〕范注：「三爲門。宗，尊也。高年，可高而宗也。鬼，歸也。進德之人，修業及時，當爲王臣，故羣歸其門也。賢者所歸，故待之以敬也。」

〔五〕集注本從二宋、陸、王本無「辟」字，「勞」作「榮」。無「辟」字則上下文體一致，爲「榮」字則「野」與「榮」相對成文，故當從。叢社，指郊祭土神，祀之大者。執圭，指拜之重禮。此句意謂：郊祀者大祭，當殺牛爲牲，今只牽羊一示；執圭者重禮，拜當屈左而伸右，今乃伸左股，皆不免於鄙野。粗俗無禮，何以爲榮。

〔六〕集注本「宗」作「族」。蕕，同楢，類篇：「積也，積火燎之也。」此句意謂：九宗羣會，宴好肅敬，飲血爲盟，相誓以信。

〔七〕集注本「昧」作「眯」。狂作、淫，皆指非其所祭而祭之。昧，迷。此句意謂：敬畏鬼神，郊祀天地，當尊宗廟之禮，今乃迷亂淫祀，祭非所祭，不合正道，則無福。禮記曲禮下：「凡祭有其廢之，莫敢舉也；有其舉之，莫敢廢也。非其所祭而祭之，名曰淫祀。淫祀無福。」

〔八〕葉本測作「竦萃于邱」。竦，說文：「敬也，自申束也。」即謹懼起敬貌。丘冢，墳墓。此句意謂：怵惕謹懼，敬思祖考，祭祀先祖，此禮之不可廢也。葉注：「孝子思親，怵惕起敬，思聚祖考精神於丘冢，以歆格之。古惟廟祭，無墓祭之文，至漢始爲之。禮雖非古，然亦莫非孝子仁人之用心，不可廢也。」

〔九〕鴟鳩，似鷹，捕鳥子而食。哎，音咬，鳥怒譟聲。范注：「賊鳥所在，衆禽所避；賊人所在，衆賢亦所惡，故哎也。善惡相害，故衆怒也。」葉注：「八以陰禍而居高顯之極，如鴟鳩之在於林，是以衆怒羣猜，惡其非善類也。」

〔一〇〕彙，類。九爲聚之極，聚極則散，位終而失，故曰時命絶。此句意謂：失位被逐，哭泣垂涕，累及朋類。易象傳：「齎咨涕洟，未安上也。」葉注：「纍，縈也。彙，類也。九處聚之窮，故有垂涕縈鼻之象。蓋聚極將離，必有死亡，此乃聚家之常彙也。蓋人氣聚則生，氣散則死，乃其常也。」

積〔一〕。陰將大閉，陽尚小開，山川藪澤，萬物攸歸〔二〕。

初一，冥積否，作明基。測曰，冥積否，〔始而〕在惡也〔三〕。

次二，積不用而至于大用，君子介心。測曰，積不用，不可規度也〔四〕。

次三，積石不食，費其勞力。測曰，積石不食，無可獲也。

次四，君子積善，至于車耳。測曰，君子積善，至于蕃也〔五〕。

次五，藏不滿，盜不贏。測曰，藏滿盜贏，還自損也〔六〕。

次六，大滿碩施，得人無亢。測曰，大滿碩施，人所來也〔七〕。

次七，魁而顏而，玉帛班而，（決）〔快〕欲（收）〔招〕寇〔八〕。測曰，魁而顏而，盜之招也。

次八，積善辰禍，維先之罪。測曰，積善辰禍，非（巳）〔己〕辜也〔九〕。

上九，小人積非，至于苗裔。測曰，小人積非，禍所骫也〔一〇〕。

校釋

〔一〕相當於大畜卦。釋文：「畜本又作蓄。畜，積也，聚也。」積之初一，日入角宿三度。

〔二〕藪，說文：「大澤也。」言是時陰氣大盛，陽氣尚微，萬物皆歸藏於山川藪澤，委積其中。

〔三〕集注本、陳本作「始而在惡」。司馬光曰：「宋、陸本作『已而在惡』，今從王本。」似佳。否，不善。此句意謂：陰積不善，微而不見，積之既久，必至大過，顯而易見。小爲大始，顯自微來，故曰「作明基」。葉注：「一以陰邪，積不善於幽獨之中，將必暴露於顯明之地。此惡之誠於中而形於外也。」

〔四〕介，大也，堅也。范注：「君子積善之家，雖不見用，積善餘慶，終於大用也。介，大也。雖不見用，君子猶大其心志，以俟時也。大人之心不可度知也。」

〔五〕車耳，車之兩轓，指車服。人以車服爲榮，天子常以車服賜諸侯。此句意謂：君子積善成名，天子賜以車服，以顯彰其賢。

〔六〕集注本「嬴」作「贏」，二字通。贏，盈滿，可訓爲受。左傳襄公三十一年：「以隸人之垣贏諸侯。」杜注：「贏，受也。」意出老子四十四章：「多藏必厚亡。」

〔七〕碩，大。亢，敵。此句意爲：積財豐滿，普施天下，惠及萬民，人皆來歸，則無敵於天下。孟子離婁上：「得其民斯得天下矣。」葉注：「大滿碩施，積而能散也。得人無亢，無競維人也。蓋碩施足以得人，得人所以無敵於天下也。傳曰：仁者以財發身。此之謂也。」

〔八〕集注本「收」從諸家作「招」，爲是。測有「盗之招也」句，是其證。俞樾諸子平議：「王本『決』作『快』，當從之。方言：『逞、曉、恔、苦，快也。自關而東或曰曉，或曰逞。自關而西曰快。』然則快欲猶逞欲也。」俞説是。魁，藏也（詳見中首校釋）。顔，容貌；班，布。顔而、班而，皆言顯耀於人。此句意謂：積藏財物而誇耀於人，逞肆其欲，必招寇盗而有失。易繫辭上：「慢藏誨盗，冶容誨淫。易曰：『負且乘，致寇至。』盗之招也。」

〔九〕「已」當作「己」，傳寫誤。司馬光曰：「辰，時也。積不善之家必有餘殃。八爲禍中而當晝，身雖積善，而遭時之禍，蓋其先人之罪也。」

〔一〇〕骫，同委，積也。或曰，隨也。意本易文言：「積善之家必有餘慶，積不善之家必有餘殃。」

𝍂（餙）〔飾〕〔一〕，陰白陽黑，分行其職，出入有（餙）〔飾〕〔二〕。

初一，言不言，不以言。測曰，言不言，默而信也〔三〕。

次二，無質（餙）〔飾〕，先文後失服〔四〕。測曰，無質先文，失貞也。

次三，吐黃（酋）舌，拑黃聿，利見哲人〔五〕。測曰，舌聿之利，利見知人也。

次四，利口哇哇，商人之貞。測曰，哇哇之貞，利于商也〔六〕。

次五，下言如水，實以天牝。測曰，下言之水，能自沖也〔七〕。

次六，言無追如，抑亦飛如，大人震風。測曰，言無追如，抑亦揚也〔八〕。

次七，不丁言時，微于辭，見上疑〔九〕。測曰，不丁言時，何可章也。

次八，蛁鳴喁喁，血出其口。測曰，蛁鳴喁喁，口自傷也〔一〇〕。

上九，白舌于于，屈于根，君子否信。測曰，白舌于于，誠可長也〔一一〕。

校釋

〔一〕集注本作「飾」，當從。字書無「餙」字，疑范本誤書。下同。相當於賁卦。易序卦：「賁者，飾也。」飾之初一，日入角宿七度。秋分氣起於此首之次六。

〔二〕集注本、陳本從宋、陸本「其」作「厥」。陰升於上而顯，故曰白；陽入於下而隱，故曰黑。言此時陰升陽退，各有所主，萬物變化分明。

〔三〕此句意謂：一爲思始，心有所慮，不以言飾，默而誠信。葉注：「言，身之文也。故飾世皆以言爲義。一以陽明得文之理。言不言，務先行其言。不以言，信在言前，不在於言也。」

〔四〕服，説文：「用也。」此句意謂：内無實質，徒以外飾，文采雖美，終失其用。葉注：「服，用也。凡物皆先質而後文。蓋無本不立，無文不行。今無質而加飾，是無本而加文，則是徒文而已，其後寧不失所用乎？」

〔五〕集注本、陳本無「酋」字，於義爲長。拑，執也。聿，筆。説文：「聿，所以書之器也。楚謂之聿，秦謂之筆。」哲人，智人。司馬光曰：「君子發言著書，不失中道，惟智者能知之，愚者不足語也。」法言問神：「言，心聲也；書，心畫也。聲畫形，君子小人見矣。」

〔六〕集注本、陳本「口」作「舌」，王涯曰：「文飾虚辭以求銜鬻，故爲商人之貞，而非君子之正道也。」

〔七〕此句意謂：虚懷若谷，從諫如流，則人皆歸之，如百川之流海。意出老子：「大國者下流，天下之交，天下之牝。」（六十一章）「江海所以能爲百谷王者，以其善下之，故能爲百谷王。是以欲上民，必以言下之；欲先民，必以身後之。」（六十六章）

〔八〕此句意謂：言之出口，疾如雷風，抑而飛揚，駟不及追，不可不慎。葉注：「抑，禁抑也。言無追如，一出而駟不及舌也。抑亦飛如，雖禁抑而發亦易爲也。此甚言發言之易，戒人之慎其言也。惟大人之言感物，如風之震動萬彙，莫不靡然從之。其感其應，蓋有不期然而然者也。」

〔九〕丁，當。微于辭，委婉諷勸而不直言。司馬光曰：「君子事暴君，非可以直言之時，故微辭風切而已，苟爲章見，則上必疑之。」論語子張：君子「信而後諫，未信則以爲謗己也」。

〔一〇〕蛁，通作蜩，蟬也。喁喁，鳴聲不斷。此句意爲：君不納言，臣以强諫，不加文飾，非辱則刑。故言以口自傷。葉注：「八居禍亂之將極，徒欲以口舌救之，如蛁鳴之喁喁然血出其口，有自傷而已，其能及乎？」

〔一一〕九爲金，故稱白。白舌于于，言之多難貌。司馬光曰：「君子居無道之世，言不見信，正當屈舌緘口而已，此誠可久長之道，勿病不能耳。易曰：有言不信，尚口乃窮。」陳本禮曰：「于于，猶娓娓。家性爲飾，故其辭美而可聽。屈於根，理不直也。否，不也。長者，謂其言之可聽，似乎理有餘而誠實不足也。」按，二說均可通，然以前者爲長。

疑〔一〕。陰陽相磑，物咸彫離，若是若非〔二〕。

初一，疑恫恫，失貞矢。測曰，疑恫失貞，何可定也〔三〕。

次二，疑自反，孚不遠。測曰，疑自反，反清靜也〔四〕。

次三，疑彊昭，受茲閔閔，于其心祖。測曰，疑彊昭，中心冥也〔五〕。

次四，疑考舊，遇貞孚〔六〕。測曰，疑考舊，先問也。

次五，（䖬）〔赨〕黄，疑金中。測曰，（䖬）〔赨〕黄疑中，邪奪正也〔七〕。

次六，誓貞可聽，疑則有誠。測曰，誓貞可聽，明王命也〔八〕。

次七，鬼魂疑（貞厲），嗄鳴，（戈）〔弋〕木之鳥，射穴之狐，反（自）〔目〕耳，厲。測曰，鬼魂之疑，誠不可信也〔九〕。

次八，顛疑遇幹客，三歲不射〔一〇〕。測曰，顛疑遇客，甚足敬也。

上九，九疑無信，控弧擬麋，無〔一一〕。測曰，九疑無信，終無所名也。

校釋

〔一〕也相當於賁卦。外有文飾，則是非隱而不明，必有疑惑。故與賁卦相當。疑之初一，日入角宿十二度。

〔二〕范注：「言是時陰陽分數，晝夜等齊，對相切磨，萬物彫傷而離散，陰王陽廢，是非有疑。」

〔三〕集注本測「疑恂失貞」從諸家作「不正之疑」。恂恂，昏亂貌。矢，直。此句意謂：小人昏亂，執志不堅，心不正直，多疑少決，則無所定。葉注：「一以陰暗而在疑初，其疑不定，失其正直之道也。」

〔四〕孚，信。此句意爲：中心有疑，然否未定，能自反之，去欲清心，神明若存。故曰信不遠。管子心術上：「虚其欲，神將入舍。」「去欲則寡，寡則静，静則精，精則獨，獨則明，明則神矣。」荀子解蔽：「虚壹而静，謂之大清明。萬物莫形而不見，莫見而不論，莫論而失位。」

〔五〕昭，明。閔閔，憂傷貌。祖，本始。此句意謂：疑慮暗昧，强作昭明，心之本始，閔然自憂。故曰中心冥昧。葉注：「昭，明也。閔閔，不明之意。祖，始也，源也。三本陰暗，乃彊其不明以爲明，人孰告之哉！徒爾自欺，反受此不明於其心之源也。此戒强明自任者。」

〔六〕考，問。意謂：心有所疑，稽考典籍舊友，問而遇正信，則疑必釋。

〔七〕集注本、陳本「蛂」作「䖪」，近是。䖪，古雄字。雄黄，藥石，其色瑩瑑光亮而似金。此句意爲:雄黄璨然,辨析不明,疑金在其中。喻以假亂真,又疑而不明,故曰邪奪正。

〔八〕此句意謂:王政之事,以精誠至正,盟誓於神明,則羣疑釋,臣民皆從。

〔九〕集注本、陳本以「貞厲」爲衍文,則意暢。「戈」作「弋」,當從。范注:「弋,射也。」又有「故烏在木上而日弋木之烏也」句,證「戈」當作「弋」。「自」皆從宋、陸本作「目」,於義爲長。陳本改「嘎」爲「嘎」,以爲「嘎」風動木聲,「鳴」風鳴穴聲。其義可取,然字似可不改。反目耳,即耳目不和調。此句意謂:鬼魂之疑,誠如聽木聲而弋烏,聽穴鳴而射狐,皆耳目混淆之故,不可真信,信則危厲。

〔一〇〕顛,頂,引申爲極。幹,能任其事。幹客,指精明强幹之人。射,音益,厭。此句意爲:疑惑之極,而遇精幹之人,使之豁然有釋,則終年不厭而敬之。葉注:「八在禍而逢陽,雖其顛倒於疑慮,乃遇明知有才幹之人,而能親之信之,至於終久而無厭射之情,其疑終必解矣。」

〔一一〕集注本、陳本無「九」字。擬,説文:「度也。」此句意謂:終疑無所信,見麋而揣度,控弧不即發,疑有却作無。葉注:「九居疑之終,疑而能信,終於無疑。今疑而無所信,徒疑而已,猶張弓擬射於麋,麋無有,徒張而已。此其所以終惑而不解者也。」

☷ 視〔一〕。陰成魄，陽成妣，物之形貌咸可視〔二〕。

初一，内其明，不用其光。測曰，内其明，自窺深也〔三〕。

次二，君子視内，小人視外。測曰，小人視外，不能見心也〔四〕。

次三，視其德，可以幹王之國。測曰，視德之幹，乃能有全也〔五〕。

次四，粉其題（頯）〔頯〕，雨其渥須，視無姝。測曰，粉題雨須，不可忍瞻也〔六〕。

次五，鸞鳳紛如，厥德暉如。測曰，鸞鳳紛如，德光皓也〔七〕。

次六，素車翠蓋，維視之害貞〔八〕。測曰，素車翠蓋，徒好外也。

次七，視其瑕，無穢。測曰，視其瑕，能自矯也〔九〕。

次八，翡翠于飛，離其翼；狐貂之毛，躬之賊。測曰，翡翠狐貂，好作咎也〔一〇〕。

上九，日没其光，賁于東方，用視厥始〔一一〕。測曰，日没賁東，終顧始也。

校釋

〔一〕相當於觀卦。説文：「觀，諦視也。」太玄錯：「視也見。」視之初一，日入亢宿四度。

〔二〕魄，形。妣，母也，言比於考也。引申爲配。司馬光曰：「『妣』當作『比』，配也。陰陽中分，成配偶也。」陰成魄，陽成妣，意指秋分之時，陰已成形，陽退而配之。葉注：「魄，體魄。妣，母喪之稱。言陽化爲陰而將亡也。」

〔三〕此句意謂：内心清明，能自省視，深知己瑕，而自悔改，故不用外光。葉注：「明者，光之體；光者，明之用。一在視初，伏而未見，是内其體之明，而未施其用之光。此賢者側陋韜晦俟時之際乎？」

〔四〕此句意謂：小人内心不明，視物只知其表，而不能深見其裏。葉注：「君子視内，求諸己也。小人視外，求諸人也。二逢夜陰，是以不能自見。」

〔五〕意謂：三爲進人，君子日新其德，功業昭著，則可以爲國之幹，輔佐王事。德厚位尊，故能有全。

〔六〕葉本「忍」作「與」。題，説文：「頟也。」即額。頩，疑「頩」字之誤。司馬光云：王本、小宋本作「頩」。於義爲安。頩，面色。渥，説文：「霑也。」須，同鬚。姝，美好。瞻，視。此句意謂：粉飾面額，遇雨淋漬，沾污鬚眉，丑態百出，則人掩目而不忍視。喻小人僞裝其外，久則敗露。

〔七〕鸞鳳，喻君子。紛如，多貌。暉，同輝，光也。暉如，言德盛而光輝貌。皓，光盛明貌。此句意爲：明君德盛暉光，則賢人君子集而輔之。法言問明：「或問，君子在治？曰若鳳。在亂？曰若鳳。……曰治則見，亂則隱。鴻飛冥冥，弋人何篡焉；鷦明遴集，食其潔者矣；

鳳鳥蹌蹌，匪堯之庭。亨龍潛升，其貞利乎。」葉注：「五爲陽明之君，其朝多君子，故曰鸞鳳紛如。既多君子，其德豈不極其暉光之盛乎？」

〔八〕陳本以「貞」字爲衍文而删，然未舉出確證。他本皆有「貞」字，亦可通。意謂：不修其德，徒自好飾，外華内虚，害其正道。

〔九〕穢，説文：「蕪也。」此指濁雜。矯，正曲使直。此句意謂：能自修省，有過則改，以至於純粹無雜。葉注：「七已入禍，故有瑕。然遇陽明，故能自視其瑕，是過而能自訟，其能改必矣。所以至於無穢也。」

〔一〇〕翡翠，即指翠鳥，羽美麗，可爲飾品。鼦，古貂字。其皮可爲裘，尾可爲飾。離，同罹，遭網羅。釋文：「罹本又作離，亦作羅。」范注：「各以文毛之用，遂致殺身之禍。」按，喻外飾美好，反爲身災，故曰好作咎。意本莊子山木：「豐狐文豹，棲於山林，伏於巖穴。然且不免於網羅機辟之患。是何罪之有哉？其皮爲之災也。」揚雄太玄賦：「薰以芳而致燒兮，膏含肥而見焫。翠羽媺而殃身兮，蚌含珠而擘裂。」

〔一一〕范注：「九西方也。日之將入，故言没其光也。賁，飾也。易曰：『山下有火，賁。』賁，黄白色也。將入之日，既赤且黄，若初出之時也，故曰用視其始也。終始相顧，不相乖違者也。」司馬光曰：「君子修德立功，慎終如始，如日之將没，反照東方。」葉注：「九居視之終，是日没其光也。終則有始，是日復賁於東方也。終所以爲始之地，始所以爲終之基，故於九之終曰：用視厥始。」

☵ **沈**〔一〕。陰懷于陽，陽懷于陰，志在玄宫〔二〕。

初一，沈耳于閨，不聞貞。測曰，沈耳于閨，失德體也〔三〕。

次二，沈視自見，賢於眇之眄。測曰，沈視之見，得正美也〔四〕。

次三，沈于美，失貞矢。測曰，沈于矢，作聾盲也〔五〕。

次四，宛雛沈視，食苦貞。測曰，宛雛沈視，擇食方也〔六〕。

次五，雕鷹高翔，沈其腹，好蠅惡粥。測曰，雕鷹高翔，在腐糧也〔七〕。

次六，見票如累明，利以正于王〔八〕。測曰，見票如累，其道明也。

次七，離如婁如，赤肉鴟梟，厲。測曰，離婁赤肉，食不臧也〔九〕。

次八，盼得藥，利征。測曰，盼得其藥，利征邁也〔一〇〕。

上九，血如剛，沈于頳，前尸後喪。測曰，血剛沈頳，終以貪敗也〔一一〕。

校釋

〔一〕也相當於觀卦。沈，潛視之義。沈之初一，日入亢宿七度（按，依漢書律曆志推算，當作九度）。

〔二〕玄，黑色。太玄圖云：「子則陽生於十一月。」十一月，子，配北方，其色黑，故稱玄。取九宫説表示陰陽之消息，故稱玄宫（詳中首注）。玄宫，指地下幽深之處。太玄錯云：「沈，志下。」十一月之時，陽氣始萌於地下而上升，陰氣極而下降，陽上陰下，則可交通，故相懷戀而志於玄宫陽氣之萌生。范注：「言陰氣升上陽道退下，不相交錯。陰陽宜交，今不得通，故相懷戀，志於玄宫也。」

〔三〕范注：「閨，内也。内者，婦人之事。一小人耳，志在於内，不聞正道，故言不聞貞也。無有遠志，故失體也。」葉注：「閨，閤也，婦人居之。一在沈初，陰柔居内，是沈溺於婦人之言，烏有得聞於正道哉！此牝晨之戒也。大抵人之所溺莫甚於色與食，故贊辭皆以二者爲義。」

〔四〕眇，一目盲。眄，説文：「衺視也。」司馬光曰：「沈視於身，自見善惡，得其正美，賢於小人不能自光省，而旁窺他人之是非，如眇目之人，己則不明，而好邪視也。故曰賢於眇之眄。」

〔五〕葉本測「沈」字誤作「流」。司馬光曰：「沈溺聲色之美，失其正直之性。老子曰：『五音令人耳聾，五色令人目盲。』謂所聞見皆不得其正，如聾盲也。」葉注：「三陰柔過中而沈溺於美色，故其心志蠱惑而失正直之理也。昏閉於色，故不聰明。」

〔六〕宛雛，鳳鳥。方，道。此句意謂：鳳凰高翔，下視四方，非梧桐不棲，非竹實不食。喻君子茹苦守正，非有道不仕。故曰擇食方也。（參見視首校釋〔七〕）莊子秋水：「夫鵷鶵發於南海而飛於北海，非梧桐不止，非練實不食，非醴泉不飲。」

〔七〕⿰女黽，古孕字。粥，同育，音同而通。好⿰女黽惡粥，猶志高而行穢。此句意謂：貪利之人，志高行穢，食不擇禄，如雕鷹高翔，下視腐鼠，取以實腹。語出莊子秋水：「於是鴟得腐鼠，鵷鶵過之，仰而視之曰『嚇！』」（可參看校釋〔六〕。二者義蘊相對，連綴成文。）葉注：「惡粥，臭腐之物也。五陰鷙貪穢而居尊位，如鵰鷹高翔，志在攫食，故沈其腹。然其所食不潔，好懷臭腐之物。此小人姦穢周旋於位者乎？」

〔八〕集注本從二宋、陸本「票」作「粟」，「累」作「纍」。作「票」於義爲長。票，説文：「火飛也。」累，重。范注：「君子之道，重明麗正，光輝遠聞。故利以正於王也。」

〔九〕集注本「臧」誤作「藏」。離如婁如，力視貌。鴟梟，貪惡之鳥。臧，善。此句意謂：鴟梟貪惡，見肉力視，吞食忘矢，故危而厲。喻貪惡之人，見利忘義，急而求之，故曰不善。

〔一〇〕盼，美目。征，爾雅釋言：「行也。」此句意爲：目美而明，又得良藥，則所見益明，故利於遠行。

〔二〕剛，司馬光曰：「當作『岡』。」二字或通。血，猶言膏澤。顙，額。沈於顙，猶言滅頂。尸，主。此句意謂：刮民膏澤，聚如山岡，貪得無厭，至於沈顙，前雖爲主，終則喪亡。故曰以貪而敗。

☵ 內〔一〕。陰去其內而在于外，陽去其外而在乎內，萬物之既〔二〕。

初一，謹于嬰執，初貞後寧。測曰，謹于嬰執，始女貞也〔三〕。

次二，邪其內主，迂彼黄牀。測曰，邪其內主，遠（乃）〔乎〕寧也〔四〕。

次三，爾儀而悲，（坎）〔次〕我西階。測曰，爾儀而悲，代母情也〔五〕。

次四，好小好危，喪其（藴）〔緼〕袍，厲〔六〕。測曰，好小好危，不足榮也。

次五，龍下于泥，君子利用取嬰，遇庸夷。測曰，龍下于泥，陽下陰也〔七〕。

次六，黄昏于飛，内其羽，雖欲滿宫，不見其女。測曰，黄昏內羽，不能自禁也〔八〕。

次七，枯垣生莠，曬頭内其（雉）〔稚〕婦，有。測曰，枯垣生莠，（勿）〔物〕慶類也〔九〕。

次八，内不克婦，荒家及國，涉深不（可）測。測曰，内不克婦，國之孽也〔一〇〕。

上九，雨降于地，不得止，不得過。測曰，雨降于地，澤節也〔一一〕。

校釋

〔一〕相當於歸妹卦。太玄衝云：「内，女懷也。」易彖傳：「歸妹，人之終始也。」女嫁從夫，其德柔順。故相當。内之初一，日入氐宿四度。寒露氣起於此首之次三。

〔二〕既，盡。言陰氣充塞天地之間，陽氣退伏於地下，萬物盡成，將藏於室内。

〔三〕嬰，古妃字。仇，古仇字，匹偶。此句意謂：寧家之道，貴得淑女，配偶之始，不可不慎。男女之道正，則後有安寧。易彖傳：「家人，女正位乎内，男正位乎外。男女正，天地之大義也。……正家，而天下定矣。」

〔四〕集注本從宋、陸本「乃」作「乎」，近是。邪，不正。内主，指婦。迂，遠。黄，中。牀，人之所安。此句意爲：婦之不正，室家何安，故曰遠寧。

〔五〕俞樾諸子平議：「坎乃次字之誤。次者，即也。説文：『垐，古文作垔。』是次、即古音相同。尚書康誥：『勿庸以次女封。』荀子致士篇、宥坐篇并引作：『勿庸以即。』是次與即通用也。次我西階者，即我西階也。范引婦升西階爲説，是矣。」俞説是。范注：「納内之世，親迎之道，婦升西階，有代親之義，故而自悲，憂感而已也。」按，禮記昏義：「厥明，舅姑共饗婦，以一獻之禮奠酬。舅姑先降自西階，婦降自阼階，以著代也。」古代婚禮，親迎成婚之後，翁姑饗婦酬酢，授之以室，使爲主而明代已之事。有感於此，故自悲。

〔六〕集注本從宋、陸本「蘊」作「緼」，葉、陳本同。當從。論語子罕：「衣敝緼袍。」禮記玉藻：「緼爲袍。」是其證。緼袍，衣之賤者。四爲下禄，故以緼袍爲喻。好小好危，意指好爲苟且邪惡之事。此句意謂：苟且邪惡，行爲不正，必喪其禄位，以致危殆。

〔七〕范注：「五，土也。六爲水，土在水下，故泥也。龍以諭陽，陽下於陰，親迎之義也。故君子利以取娶也。庸，大也。夷，悦也。親迎以禮，故大悦也。」按，取同娶。庸，中也。遇庸夷，意指男女以中正之道相感，則家道亨通而悦。易彖傳：「咸，感也。柔上而剛下，二氣感應以相與，止而説，男下女，是以『亨利貞，取女吉』也。」

〔八〕陳本「其女」作「有女」。宫，中。滿宫，猶言滿胸。禁，止。此句意謂：黄昏之時，宜歸而停飛，今乃振翅於内，違反正道。雖欲望滿胸，然失其配偶。喻人當止不止，失之於道，終無所獲。　葉注：「六居寵禄之極，是耽樂於女色，如暮夜之行，則維内其羽，謂入乎宫也。雖其妃嬪之多，欲充滿其宫，猶自以爲不足，如不見其有女也。蓋貪得者無厭，莫知其女之多也。後世縱欲之君，後宫動以千萬，猶曰無當意者，果何理哉！」

〔九〕集注本「雉」作「稚」，「勿」從宋、陸本作「物」，於義爲長。枯垣，指枯木之幹。莠，同秀，花穗。皬，白也。内，讀如納。有，富有。物慶類，物喜得其類。此句意謂：枯木新生花穗，白首納娶幼妻，弱極復盛，廢而復興。故家道富有，而物類喜慶。語本易大過九二爻辭：「枯楊生稊，老夫得其女妻，無不利。」

〔一〇〕集注本從諸家無「可」字，爲佳。克，勝。荒，亡廢之義。孽，災害。此句意爲：内有惡婦而不能制，必致亡家廢國，禍大不測。故曰國之災。

〔一一〕雨降于地，指施惠於民。節，節度。此句意爲：施惠於民，有其節度，不可廢止，不得過甚。故曰潤澤有節。

☷ 去〔一〕。陽去其陰，陰去其陽，物咸倜倡〔二〕。

初一，去此靈淵，舍彼枯園。測曰，去此靈淵，不以謙將也〔三〕。

次二，去彼枯園，舍下靈淵。測曰，舍下靈淵，謙道光也〔四〕。

次三，高其步，之堂有露。測曰，高步有露，妄（升）〔行〕也〔五〕。

次四，去于父子，去于臣主。測曰，去于父子，非所望也〔六〕。

次五，攓其衣，之庭有麋。測曰，攓衣有麋，亦可懼也〔七〕。

次六，躬去于成，天遺厥名。測曰，躬去于成，讓不居也〔八〕。

次七，去其德貞，三死不令。測曰，去其德貞，終死醜也〔九〕。

次八，月高弦，火幾縣，不可以動，動有愆。測曰，月弦火縣，恐見咎也〔一〇〕。

上九，求我不得，自我西北。測曰，求我不得，安可久也〔一一〕。

校釋

〔一〕相當於無妄卦。太玄衡云：「去則悲。」周易集解引馬、鄭、王肅注：「妄，猶望。謂無所希望也。」無所望則悲而去之，故相當。去之初一，日入氐宿九度。

〔二〕去，離去。倜倡，猶惆悵，悲哀失意，惶惶然不知所之貌。此句言陰陽乖違離散，萬物悵然不知所之。

〔三〕枯園，指高上之處。將，行。尚書胤征：「奉將天罰。」孔傳：「將，行也。」孝經：「將順其美。」注：「將，行也。」范注：「一爲水，最在下，故稱靈淵。舍，居也。」「水以善下爲本，今去下即高，非謙德也。」葉注：「一爲水，逢陰家之陰，不善於去，乃去此靈美之淵，而舍止枯槁之園，言其去美就惡也。」

〔四〕意謂：去高就下，謙道輝光而發揚。

〔五〕集注本從宋、陸本「升」作「行」，於義爲長。之，適也，至也。妄，邪曲謬亂謂之妄。此句意謂：狂奔高步，捉衣下露，禮義不顧。故曰妄行。喻小人見高位，曲邪妄行而趨之。

〔六〕集注本從二宋、陸、王本「父子」作「子父」。司馬光曰：「四爲福始而當晝，去卑而得尊，福生望外，故云非所望也。」葉注：「去於父子，言父子相離也。去於臣主，言君臣相離也。父子相離則恩隔，君臣相離則義乖，故非所望也。此贊當晝，辭反不吉，疑有誤。」

〔七〕攓，音謙，牽、舉之義。司馬光曰：「攓衣而行，庭有荆棘也。麋鹿遊庭，亡國之墟也。居尊位而當夜，將去其位而失其國，可無懼乎？」

〔八〕集注本「讓」作「攘」，以爲古「讓」字。遺，餽贈。此句意爲：功成身退，讓而不居，則其名成。老子：「功遂身退，天之道。」（九章）「是以聖人爲而不恃，功成而不處，其不欲見賢。」（七十七章）

〔九〕令，善。詩大雅既醉：「高朗令終。」卷阿：「令聞令望。」鄭箋：「令，善也。」醜，惡。此句意謂：去其中正之德，死而遺臭萬年。

〔一〇〕范注：「月之高弦，二十之餘也。火謂大火。火之幾縣（懸），歲將晚也。八者，老疾之位，於年爲八十。愆，過也。如月動而益晦，火日以流退，皆時之候也。人之年老，亦猶然致仕縣車，遺法後生，不可妄動，以有愆也。常恐見咎，故無咎者也。」按，漢書律曆志「大火，初氐五度，寒露。中房五度，霜降。終於尾九度。」大火，日躔十一次之一，以心宿爲標志。日舍大火，則陰氣日盛，暑退寒來，萬物始藏，動則被傷。故此首言「動有愆」，「恐見咎也」。葉注：「火，大火，心星也。夏之中星。幾縣，將没也。火星將没，乃九月十月之交，寒氣將盛之時也。月高弦，火幾縣，二者皆言陰氣之將盛。陰氣盛猶禍亂之時，不可以有爲，苟有爲則不免於愆咎矣。言天下無道，宜隱去也。」

〔一一〕我，指陽氣。太玄圖：「生陽莫如子。……西北則子美盡矣。」「陰酋西北。」西北方，陰氣極盛，陽氣極衰，陽氣不再發生作用。故曰「求我不得，自我西北」。然盛極而衰，陰極陽生，陰氣開始走向衰落。故曰「安可久」。葉注：「我，去首之自我也。去屬寒露氣，正西北卦氣用事，故曰西北。九居去之終，去之已甚，故求而不可得，乃在我之西北，陰方也。」

𝍈 晦〔一〕。陰登于陽，陽降于陰，物咸喪明〔二〕。

初一，同冥獨見，幽貞。測曰，同冥獨見，中獨昭也〔三〕。

次二，盲征否。測曰，盲征否，明不見道也〔四〕。

次三，陰行陽從，利作不凶。測曰，陰行陽從，事必外也〔五〕。

次四，晦其類，失金匱〔六〕。測曰，晦其類，法度廢也。

次五，日正中，月正隆，君子自晦不入窮。測曰，日中月隆，明恐挫也〔七〕。

次六，玄鳥維愁，明降于幽。測曰，玄鳥維愁，將下昧也〔八〕。

次七，(腈提)〔睛題〕明(德)，或遵之行。測曰，(腈提)〔睛題〕明，德將遵行也〔九〕。

次八，視非其直，夷其右目，滅國喪家〔一〇〕。測曰，視非夷目，國以喪也。

上九，晦冥冥，利于不明之貞。測曰，晦冥之利，不得獨明也〔一一〕。

校釋

〔一〕相當於明夷卦。易彖傳：「明入地中，明夷。利艱貞，晦其明也。」晦之初一，日入氐宿十三度。

〔二〕言此時陰盛陽衰，萬物恃陽而生，陽衰則萬物彫傷，皆喪其明。

〔三〕集注本「昭」作「照」。昭，明。中，指内心。此句意謂：混同於昧，藏明於内，外雖愚晦，内實明哲。故曰「同冥獨見，中獨昭也」。老子四十一章：「明道若昧。」

〔四〕征，行。否，阻塞不通。目盲晦昧，路塞不通，故不見道。

〔五〕集注本從宋、陸本「必」作「大」。意謂：内有德婦理家，夫從而聽之，雖違陽行陰從之道，然可移事於外，有所作爲，故不凶。葉注：「陽行陰從，乃道之正。今晦世反陰登而陽降，是以陰盛陽衰，反陰行而陽從之，非道之正。疑其妄作，故戒以利作不凶之事，則得吉也。」

〔六〕類，方言：「法也。」金匱，范注：「美寶也。」此喻法度爲治國之寶。此句意謂：美寶遺失，其家不安；法度暗廢，其國何存？葉注：「金匱，藏典籍之器。今不明其條類，由其失於典籍也。」

〔七〕意謂：日中則昃，月盈則虧，明盛必晦。然君子處盛位，能及時警戒自謙，則不致衰落困窮。葉注：「日中月隆，喻時位正盛。五居福禄之中，處時位之盛，如日之正中，月之正隆也。君子則能冲晦以持其滿，故不入於窮也。」

〔八〕幽，意指冥昧。玄鳥，即鶴，候鳥。此句意謂：暑去寒來，玄鳥哀愁；明入冥昧，賢人悲憂。

〔九〕集注本、陳本「脁」作「睄」。集注本贊辭無「德」字。司馬光曰：「諸家皆無『德』字，范本因測而誤也。」近是。俞樾諸子平議：「『睄』當從小宋，音眇，云一目盲也。……『提』當爲『瞍』。說文目部：『瞍，迎視也。』睄瞍明，謂眇而視明，正周易『眇能視』之義。」俞説爲是。疑范本因形近而誤「睄」爲「脁」。此句意謂：目雖眇而視明，君子遇禍，循德而行，則吉而無凶。

〔一〇〕集注本「直」作「真」。夷，傷。此句意爲：目有傷而視邪曲，則晦昧不辨賢愚，必致滅國喪家。

〔一一〕九爲晦之極，故曰晦冥冥。舉世皆濁，則皎皎者易污，舉世昏昧，則獨明者難存。君子則晦其明而正其心以圖存，故曰「利于不明之貞」。易彖傳：「利艱貞，晦其明也，内難而能正其志，箕子以〔似〕之。」

☵ 瞢〔一〕。陰征南，陽征北，物失明貞，莫不瞢瞢〔二〕。

初一，瞢〔復〕〔腹〕睒天，不覩其〔軫〕〔眕〕。測曰，瞢〔復〕〔腹〕睒天，無能見也〔三〕。

次二，明〔復〕〔腹〕睒天，覩其根。測曰，明〔復〕〔腹〕睒天，中獨爛也〔四〕。

次三，師或導射，豚其埻。測曰，師或導射，無以辨也〔五〕。

次四，鑒貞不迷，于人攸資〔六〕。測曰，鑒貞不迷，誠可信也。

次五，倍明仮光，觸蒙昏。測曰，倍明仮光，人〔可〕〔所〕頻也〔七〕。

次六，瞢瞢之離，不宜熒且妮。測曰，瞢瞢之離，中夢夢也〔八〕。

次七，瞢〔好〕〔奸〕，明其所惡。測曰，瞢〔好〕〔奸〕之惡，著不可昧也〔九〕。

次八，昏辰利于月，小貞未及星。測曰，昏辰利月，尚可願也〔一〇〕。

上九，時瑳瑳，不獲其嘉，男子折笄，婦人易哿。測曰，不獲其嘉，男死婦歎也〔二〕。

校釋

〔一〕也相當於明夷卦。瞢，説文：「目不明也。」即晦而不明之義。故與明夷卦相當。瞢之初一，日入房宿三度。霜降氣起於此首之次五。

〔二〕太玄圖云：「陰酉西北，陽尚東南。」陽在南則盛，萬物皆明而相見，今陰南而陽北，故萬物皆失其明正之道而晦暗。易説卦：「離也者，明也，萬物皆相見，南方之卦也。」

〔三〕集注本、陳本從二宋、陸、王本「復」作「腹」，集注本從二宋、陸、王本「軫」作「畛」。「復」與「腹」，「軫」與「畛」皆音同而通，然以集注本爲長。腹，指心。睒，音閃，説文：「暫視貌。」言視之速。覢，古睹字。畛，界。此句意謂：天至大高遠，心腹昏暗，速視於天，不能見其疆界，故曰無能見。

〔四〕集注本、陳本「復」皆作「腹」。爛，明。此句意爲：中心清明，則視無不見，故曰覩其根。荀子解蔽：「虚壹而静，謂之大清明。萬物莫形而不見。」

〔五〕范注：「師，爲瞽者也。豚，遁也。埻，射的也。」按，遯，逃避，可引申爲遠離。此句意爲：目盲而教人射，射必遠其的。喻人善惡不辨，行必有失。

〔六〕攸，所。資，取。此句意謂：鑒照於正，無所迷惘，非獨自正，人亦取之，明而示人，故可信。孟子盡心下：「賢者以其昭昭，使人昭昭。」 葉注：「四以陽明，故鑒照貞正而不迷。其自明則足以明人，宜其爲他人之取資也。」

〔七〕集注本「可頻」從王本作「所叛」。 葉本、陳本作「所頻」，當從。司馬光曰：「宋、陸本作『所瀕』，小宋本作『所頻』。」倍，同背。仮，古「反」字。頻，猶言頻蹙，不安貌。此句意謂：背反光明，觸處昏暗，則人不知所就。故不安。喻世道昏亂，民不安居，則皆離去。

〔八〕集注本「蔆蔆」作「不眩」。離，明。熒，小光。妮，妮之俗字。説文：「妮，弱也。」釋文：「乃果切。」蔆，爾雅釋言：「隱也。」此句意謂：心被蒙蔽，昏昧之極，由昏而明，非盛强不能濟，故不宜小而弱。 葉注：「離，遭也。……六逢瞢世而瞢瞢，是遭宜韜晦自守，不宜衒其明且好也。蓋在暗時不能容其明故也。蔆蔆，猶鬱鬱。」

〔九〕集注本「好」作「奸」，於義更暢。然道藏本作「好」。疑范本、道藏本皆形近而誤。集注本「不可昧」作「不昧」。奸，説文：「犯也。」即犯禮義。此句意謂：昏暗而犯禮義，則惡名昭著，故不可昧。

〔一〇〕集注本從宋、陸本「未」下有一「有」字。辰，時。小貞，即小政，指有所行事。願，望。此句意謂：日入月出，光明猶存，事尚可爲。及至星辰滿天，則漆黑不見，事不可爲。 葉注：

「八居瞢之將極，其暗已甚，是猶昏暗之辰，宜得大明之月以照之，而小道之貞曾不及於星，何能爲也。言昏亂之世，宜得大才以濟之，小才不足以有爲也。」

〔一一〕蹉蹉，同嗟嗟，長歎貌。笄，説文：「簪也。」哿，同珈，説文：「婦人首飾。」易，更换。此句意謂：九爲瞢極，不得其善，男死不飾，笄何用焉？夫死婦悲，易服守喪，故於時嗟歎。

窮〔一〕。陰氣塞宇，陽亡其所，萬物窮遽〔二〕。

初一，窮其窮，而民好中。測曰，窮其窮，情在中也〔三〕。

次二，窮不窮，而民不中。測曰，窮不窮，詐可隆也〔四〕。

次三，窮思達。測曰，窮思達，師在心也〔五〕。

次四，土不和，木科楕。測曰，土不和，病乎民也〔六〕。

次五，羹無糝，其腹坎坎，不失其範。測曰，羹無糝，猶不失其正也〔七〕。

次六，山無角，水無鱗，困犯身。測曰，山無角，困百姓也〔八〕。

次七，正其足，蹄于狴獄，三歲見録。測曰，正其足，險得平也〔九〕。

次八，涉于霜雪，纍項于郄。測曰，纍項于郄，亦不足生也〔一〇〕。

上九，破璧毀圭，(曰)〔白〕竃生(黽)〔鼃〕，天禍以他。測曰，破璧毀圭，逢不幸也〔一一〕。

校釋

〔一〕相當於困卦。釋文：「困，窮也。窮悴掩蔽之義。」孔疏：「困者，窮厄委頓之名。」窮之初一，日入心宿二度。

〔二〕遽，畏懼。言此時陰氣充滿天地之間，陽氣無立錐之地，萬物皆窮困而畏懼，懼陰氣殺傷也。

〔三〕此句意謂：處窮之世，視窮爲窮，而不恣肆濫行，不失中正之道。處窮而安，心向中正，故曰情在中。葉注：「初以陽德，在窮而能安其窮。其樂天知命如此，是民之好乎中道者也。其吉可知。」

〔四〕詐，奸邪。此句意謂：窮而不安其窮，邪惡妄行，濫盜足己，失於中道。故曰奸邪隆盛。論語衛靈公：「君子固窮，小人窮斯濫矣。」葉注：「窮不安其窮，則放辟邪侈無不爲矣。」

〔五〕思，思考，反省。達，謂達於道。吕氏春秋慎人：「孔子曰：君子達於道之謂達。」此句意爲：處於窮困之地，盡心反省思索，則可至於通達。學之在己，思之則進，故曰師在心。

〔六〕科楕，木枯無枝葉。此句意謂：水土不和則樹木枯，臣民窮困則邦國乏。故曰病乎民。

〔七〕集注本測作「食不糝，猶不失正也」。糝，説文：「以米和羹也。」範，法，則。坎坎，狀腹空而鳴叫聲。此句意爲：窮困無食，腹鳴不斷，猶自約束，不改其道。故曰不失其正。呂氏春秋慎人：「孔子窮於陳蔡之間，七日不嘗食，藜羹不糝，弦歌於室。內省而不疚於道，臨難而不失其德。」葉注：「坎坎，空餒貌。食乏而腹枵，尚不失其範，言能安貧樂道也。」

〔八〕角，指禽獸。鱗，指魚鱉。六爲福之隆，又爲貪爲火獵，故有此象。喻重斂於民。司馬光曰：「焚山而獵，涸澤而漁，所獲雖多，後無繼也。重斂以窮民，民窮則犯上，災必迨其身矣。」按，割首：「上九，割肉取骨，滅頂於血。測曰，割肉滅血，不能自全也。」與此互相發明。

〔九〕蹛，音帶，説文：「踶也。」意爲踐踏。狴，同陛，説文：「牢也。」録，音律，即今所謂平反。漢書雋不疑傳：「録囚徒。」師古注：「省録之。知情狀有冤滯與不。今云慮囚。」此句意謂：處窮之世，行正無非，雖陷牢獄，終得平反。故言險得平。

〔一〇〕涉于霜雪，意指行不正而遇險難。太玄數：八爲狂。故此含行爲不正之義。厀，同膝。纍項于厀，喻害之深重，禍及全身。此句意爲：行爲邪惡，禍患及身，遇難深重，何足以生。

〔一一〕集注本、葉本、陳本「曰」作「臼」，趙本作「舊」。循其文義，以「臼」爲是。「竈」作「鼃」，古「蛙」字，當從。竈，灶。臼以舂米，灶以炊食。天禍，指非己所招，偶然適遇之禍。逢，不期而遇。俞樾諸子平議：「他古字作佗。説文：『佗，負何也。』負何有加義。詩小弁：『予之佗矣。』傳曰：『佗，加也。』字亦作拕。易訟上九：『終朝三褫之。』鄭本作拕。云三加之也。佗、拕字異義同。然則『天禍以他』，猶曰天禍以加。」按，俞説甚精。此句意謂：圭璧破毀，國失重寶；白鼃生蛙，民不聊生。國破家亡，禍殃極窮；凶非己招，災咎自加。故曰逢不幸。

☵ 割〔一〕。陰氣割物，陽形縣殺，七日幾絶〔二〕。

初一，割其耳目，及其心腹，厲。測曰，割其耳目，中無外也〔三〕。

次二，割其肬贅，利以無穢。測曰，割其肬贅，惡不得大也〔四〕。

次三，割鼻食口，喪其息主。測曰，割鼻喪主，損無榮也〔五〕。

次四，宰割平平。測曰，宰割平平，能有成也〔六〕。

次五，割其股肱，喪其服馬。測曰，割其股肱，亡大臣也〔七〕。

次六，割之無創，飽于四方。測曰，割之無創，道可分也〔八〕。

次七，紫蜺喬雲，朋圍日，其疾不割。測曰，紫蜺喬雲，不知刊也〔九〕。

次八，割其蠹，得(必)〔我心〕疾〔一〇〕。測曰，割其蠹，國所便也。

上九，割肉取骨，滅頂于血。測曰，割肉滅血，不能自全也〔一一〕。

校釋

〔一〕相當於剝卦。割，説文：「剥也。」割之初一，日入尾宿二度。

〔二〕縣，讀作「懸」。范注：「言陰氣甚急，滅割物之形體，陽無所據，縣絕於天地之間。餘去冬至四十九日，當言七七，但言七者，約數之也。幾，近也。言於此至來復之日，亦近於割絕。」王涯曰：「陰氣盛故殺傷萬物，陽形消故縣而不用，爲陰氣所殺也。」

〔三〕心腹，指思慮。意謂：耳目割損，則心思不明，思慮不清，則未可定然否，以致危厲。耳目割損無所視聽，故言中無外。葉注：「耳目，外也。心腹，内也。外以由中，中以制外，不可相無。今初不明，乃割剥其耳目，其害必及於心腹，雖欲無危，得乎？」

〔四〕肬贅，身之惡瘡。此句意爲：割除惡瘡，不使增大，身無穢疾，故利。喻君子能自攻其惡，不使滋長，以潔身正行。葉注：「二以剛斷，故能割棄其身外所餘之惡肉，故利以無穢也。以一國而言，則小人去而朝廷清；以一身而言，則慝惡修而德業進也。」

〔五〕食，養。此句意爲：割取其鼻，以養其口。鼻爲氣息之主，而今被割，故喪其息主。損益非道，則有損而無榮。

〔六〕平，均平。意謂：分割財物，施惠於下，無私均平，各得其所。均則無貧，上下相安，故曰有成。論語季氏：「丘也聞有國有家者，不患寡而患不均，不患貧而患不安。蓋均無貧，和無寡，安無傾。」

〔七〕服，猶用。易繫辭下：「服牛乘馬。」孔疏：「服用其牛，乘駕其馬。」股肱、服馬，皆喻指爲其所用之良臣。良臣既被割而去之，故言失大臣。

〔八〕創，説文：「傷也。」此句意爲：割取財貨，惠及四方，保民無疆，於己無傷。猶如道（氣）滿天下，己無虧損。故曰道可分。管子内業：「道滿天下，普在民所。」

〔九〕集注本從二宋、陸本「朋」作「明」，趙本同。蜺，同霓，虹也。喬雲，彩色雲。朋，集結之義。虹雲圍日，指災祥。刊，削除。司馬光曰：「七爲敗損而當夜，如小人結黨以蔽惑其君，爲國之患，君不能割除之也。」按，西漢末年，讖緯流行，災祥迷信彌漫一時，揚雄保持了清醒的頭腦，對其進行了批判。然而他并未完全擺脱其影響，仍然保留了某些災異祥瑞的説法。

〔一〇〕集注本、陳本「得必疾」作「得我心疾」，當從。范注：「知下不正，而除去之，則得我心所疾也。」是其證。蠧，蠹之別字。説文：「蠹，木中蟲也。」得，合。此句意謂：能割除奸蠹，正合我心之所疾恨。

〔一一〕司馬光曰：「割剥之極，民既窮困，君亦不能自全也。」按，窮首次六與此相發明。參見窮首校釋〔八〕。論語顏淵：「百姓不足，君孰與足。」

止〔一〕。陰大止物於上，陽亦止物於下，下上俱止〔二〕。

初一，止于止，内明無咎〔三〕。測曰，止于止，智足明也。

次二，車軔俟，馬酋止。測曰，車軔馬止，不可以行也〔四〕。

次三，關其門户，用止狂蠱。測曰，關其門户，禦不當也〔五〕。

次四，止于童木，求其疏穀。測曰，止于童木，（求其）〔其求〕窮也〔六〕。

次五，柱奠廬，蓋蓋車，（穀）〔轂〕均疏。測曰，柱及蓋（穀）〔轂〕，貴中也〔七〕。

次六，方輪（廣）〔廉〕軸，坎軻其輿。測曰，方輪坎軻，還自震也〔八〕。

次七，車纍其俍，馬（獵）〔擸〕其蹄，止貞。測曰，車纍馬（獵）〔擸〕，行可鄰也〔九〕。

次八，弓善反，弓惡反，善馬（恨）〔很〕，惡馬（恨）〔很〕，絶弸破車，終不偃。測曰，弓反馬（恨）〔很〕，終不可以也〔一〇〕。

上九，折于株木，輆于砭石，止〔一一〕。測曰，折木輆石，君子所止也。

校釋

〔一〕相當於艮卦。易彖傳：「艮，止也。」止之初一，日入尾宿六度。立冬節起於此首之上九。

〔二〕宋衷曰：「謂是時物上隔陰氣，下歸陽氣，各止其所而不行也。」

〔三〕内心清明，當止則止，止得其所，故無咎。易彖傳：「艮，止也。時止則止，時行則行，動静不失其時，其道光明。艮其止，止其所也……無咎也。」

〔四〕集注本測「車軔馬止」作「車軔俟」。軔，止輪轉之木。俟，待也。酋，就。此句意謂：二爲思中而當夜，故車礙馬止，不可行。喻此時不可以有爲，必有所待而後行。葉注：「二逢陰而在止世，不可以行，故車軔以俟，馬就以止，藏其器以待時之通也。通則可行也。」

〔五〕司馬光曰：「蠱，惑也。禦，止也。三爲户，又思之崇也，又爲成意而當晝。君子三思而後行。苟狂惑不當，不可復掩，故於成意之時，必慎而後發也。」葉注：「狂蠱，狂亂之人也。三以陽明，憂深思遠，能重門以待暴也。不當，不善也。」

〔六〕集注本從宋、陸本「求其窮」作「其求窮」，爲佳。童木，無枝葉之木。䟽，同蔬，百草根實可食者曰疏。穀，説文：「楮也。」即桑。其實可食。此泛指果實。此句意謂：止於童木，求其果實，必無所獲。喻爲而不得其道，必無所成功。

〔七〕道藏本「穀」作「轂」，並云：「范本『轂』作『穀』，今從二宋、陸、王本。穀、轂，古字通。」然集注本(四部備要、子書百家本)作「穀」,云:「范本『穀』作『轂』,今從二宋、陸、王本。」此説與范本不合,疑誤。陳本從道藏本作「轂」,爲佳。轂,輪之正中湊輻貫軸者。䟽,布。奠,定。此句意謂:柱立於中,以定茅舍;蓋立於中,以覆全車;轂處於中,以湊羣輻。此皆善止於中道,故言貴中。

〔八〕集注本、陳本從諸家「廣」作「廉」,於義爲安。「軻」從宋、陸本作「坷」,二字或通。廉,棱也。此句意爲:輪方軸棱,行必坎坷,坎坎而行,車必顛簸,坐則不安。葉注:「陽圓則行,陰方則止。六以陰而在止世,如方輪廣軸,不可圓轉,勢必不行,故坎軻其輿而不進也。」

〔九〕道藏本「傂」作「傂」,「獵」作「攦」。並云:「宋、陸本『傂』作『僥』,范本作『傂』,今從小宋本。小宋『鄰』作『憐』,今從宋、陸、范本。『攦』諸家作『獵』,筆誤也。」集注本(四部備要、子書百家本)作「傂」,並云:「范本作『傂』。」與范本不合,疑誤。「獵」作「攦」。陳本從道藏本。傂,音池,范注:「輪也。」攦,音臘,折損。俞樾諸子平議:「鄰者,遴之假字。説文:『遴,行難也。』行難則易止而不行。故亦得訓郄。此云『行可鄰也』,謂其行可以郄退也。」按,俞説可通。或鄰與甐通,敝也。周禮考工記:「輪雖敝不甐於鑿。」鄭注:「甐亦敝也。」此句意謂:車繫其輪,馬折其蹄,宜止不宜行,行則敝敗。喻人爲而遇難,當止以求正。故曰止貞。葉注：「車挽其輪，進已甚矣。馬獵其蹄，足已倦矣。當此之時，止則貞也。此動極而能止者也。」

〔一〇〕集注本、陳本「恨」字均作「很」，趙本作「狠」。以集注本爲佳。很，說文：「不聽從也。」反，意指不調。弓善、弓惡，猶言善弓惡弓。弸，說文：「弓强貌。」此指弓。偃，止息。以，用。此句意爲：善弓不調，惡弓更不調，良馬不順從，劣馬更不順從。不調不順，不可爲用。小人不識，强而用之，則弓斷車破，終不知止息。荀子哀公：「弓調而後求勁焉，馬服而後求良焉，士信慤而後求知能焉。」

〔一一〕集注本、陳本從王本「砭」作「砋」，並曰：「宋、陸本作『砭』。」擬當作「砭」。砭石，指如針挺立之石。株木，指挺立之木。輆，礙也。此句意謂：上既折損，下又受礙，進退艱難，君子見此而止，止於當止也。葉注：「九處上而不知所止，如車之行，上折於株木，下輆於砭石，上下維谷，不可以有行而復止也。」

堅〔一〕。陰形胼冒，陽喪其緒，物競堅彊〔二〕。

初一，磐石固內，不化貞〔三〕。測曰，磐石固內，不可化也。

次二，堅白玉形，內化貞。測曰，堅白玉形，變可爲也〔四〕。

次三，堅不凌，或泄其中。測曰，堅不凌，不能持齊也〔五〕。

次四，小（螽）〔蠭〕營營，螮其蛡蛡，不介在堅（螮）。測曰，小（螽）〔蠭〕營營，固其氐也〔六〕。

次五，蛡大螮小，虛。測曰，蛡大螮小，國虛空也〔七〕。

次六，蛓螮紗紗，縣于九州。測曰，蛓螮之縣，民以康也〔八〕。

次七，堅顛觸冢。測曰，堅顛觸冢，不知所行也〔九〕。

次八，惆堅禍，惟用解蜂之貞。測曰，惆堅禍，用直方也〔一〇〕。

上九，（螽）〔蠭〕焚其（翊）〔蛡〕，喪于尸。測曰，（螽）〔蠭〕焚其（翊）〔蛡〕，所憑喪也〔一一〕。

校釋

〔一〕也相當於艮卦。易説卦：艮爲山，爲小石，其於木也，爲堅多節。此皆堅也。故相當。堅之初一，日入尾宿十度（依漢書律曆志推，當作十一度）。

〔二〕胼，皮堅之義。冒，覆蔽之義。緒，事業。言此時陰氣固盛，覆蔽萬物，陽氣失業，喪其作用，萬物莫不堅固。

〔三〕司馬光曰：「一爲下人，爲思始而當夜。小人頑愚，心如磐石之堅，不可化而入於正也。」葉注：「一以陰暗而居堅始，故其矗頑如盤石堅固，内無所通變，雖貞何益？」

〔四〕司馬光曰：「二爲思中而當晝，君子心雖堅固，潔白如玉之美，然見善則遷，有過則改，内化日新，以就于正。」易豫卦：「介于石，不終日，貞吉。」象傳：「不終日，貞吉，以中正也。」

〔五〕凌，冰。泄，猶言散敗。持齊，猶持之以恒。此句意謂：冰欲堅於外，而散敗其中，則不能成凌。喻人不持恒一之道，則終無所成。

〔六〕集注本、陳本「螽」從諸家作「蠭」，集注本「堅」下無「蝃」字。爲佳。蠭，同蜂。蝃，同蒂，謂蜂房之蒂也。蛡，音弋，指蜂房。介，大。氏，本。司馬光曰：「蝃以喻德，蛡以喻國。四爲下禄而當晝，君子修德以保其位。國不在大，在務德以固其本而已。亦猶小蜂營營將爲房，必先爲其蒂。房不在大，但蒂堅則房不墜矣。」

〔七〕集注本、葉本作「國空虛也」。范注：「國小德大則民衆殷，國大德小故民虚也。」「德不洽境，故民不足也。」司馬光曰：「中和莫盛乎五而當夜，小人享盛福而不能守，國雖大而德薄，如蜂房大而蒂小，其墜不久矣。虛者，言其外勢彊盛而中實無有也。」

〔八〕「韱」集注本作「鐵」。同纖，微小。紗，同眇，小貌。縣，讀作懸。司馬光曰：「六爲上禄，爲盛多，爲極大，而當晝。天子秉德之堅，一人有慶，兆民賴之，如纖蒂之縣大房也。」

〔九〕顛，頂。觸，抵。冢，高墳。司馬光曰：「七爲失志，爲敗損，爲下山，而當夜。小人恃强狠而不知道，如用其堅頂進觸丘冢，不知所行也。」葉注：「顛、冢，皆頭也。七以陰戾不能相下，兩强相觝，徒費其勞，是以不知所行也。」

〔一〇〕慖，同怙，恃也。解豸，同獬豸，好直觸邪之獸。後漢書輿服志注引異物志：「東北荒中有獸，名獬豸，一角，性忠，見人鬥，則觸不直者；聞人論，則咋不正者。」司馬光曰：「八爲禍中而當晝，恃其堅而犯禍者也。然君子志在於觸邪，雖堅以蹈禍，不失其正也。」葉注：「八居陰禍，是怙於禍亂，終無悛心，則惟用直方之道，以糾治之耳。」

〔一一〕集注本「螽」作「蠭」，以爲「翊」當作「蛡」。當從。尸，主。此句意謂：蜂焚其房，無所依憑。故曰喪主。喻人雖堅而非直，以致覆家滅國，失其依託。葉注：「翊所以輔身，忠所以匡君。九居亢極，高而無輔，猶螽焚翊而喪身，君棄忠以失位也。」

☷ **成**〔一〕。陰氣方（消）〔清〕，陽藏於靈，物濟成形〔二〕。

初一，成若否，其用不（巳）〔已〕，冥。測曰，成若否，所以不敗也〔三〕。

次二，成微改改，未成而殆。測曰，成微改改，不能自遂也〔四〕。

次三，成躍以縮，成飛不逐。測曰，（或）〔成〕躍以縮，成德壯也〔五〕。

次四，將成矜敗。測曰，將成之矜，成道病也〔六〕。

次五，中成獨督，大。測曰，中成獨督，能處中也〔七〕。

次六，成魁瑣，以成獲禍。測曰，成之魁瑣，不以讓也〔八〕。

次七，成闕，補。測曰，成闕之補，固難承也〔九〕。

次八，時成不成，天降亡貞。測曰，時成不成，獨失中也〔一〇〕。

上九，成窮入于敗，毁成，君子不成。測曰，成窮以毁，君子以終也〔一一〕。

校釋

〔一〕相當於既濟卦。濟，成也。成之初一，日入尾宿十五度。

〔二〕集注本「消」從二宋、陸、王本作「清」，爲佳。陳本作「太陰方清」。清，寒也。靈，指地中。太玄攡云：「天神而地靈。」此句言是時陰氣正寒，陽氣潛藏於地中，萬物皆濟而成形。

〔三〕「不巳」諸本作「不已」。范本誤書。意謂：功成若否，不恃其功，則其用無窮。一爲思始，默而合道，故曰冥。謙而合道，故不敗。老子：「大成若缺，其用不弊。」（四十五章）「功成而弗居。夫唯弗居，是以不去。」（二章）「功遂身退，天之道。」（九章）

〔四〕殆，危。遂，猶成也。王涯曰：「成之尚微，而又改之，則事必不成且危殆也。」俞樾諸子平議：「殆，當讀爲怠……（作）解殆與疲殆，其字當作怠。而作殆者，古字通也。此贊言成之尚微，而改之又改，則未及其成而先解怠矣。故測曰不能自遂也。」按，兩説均可通。然此句當指心不專一，則必無成功。荀子勸學：「螾無爪牙之利，筋骨之强，上食埃土，下飲黄泉，用心一也；蟹八跪而二螯，非蛇蟺之穴無可寄托者，用心躁也。……鼫鼠五技而窮。」

〔五〕集注本「或」作「成」，疑范本形近而誤。司馬光曰：「三爲成意而當晝，君子臨事而懼，躍縮未決，所以然者，以事之既成則如鳥之飛，不可復逐，故進退宜慎也。」按，三爲進人，君子進德修業，自知謹慎，則必有成功。故曰成之德壯。葉注：「成躍以縮，謂得伸由於屈也。蠖屈龍蟄，皆以求伸。至於屈極而伸，則其勢莫禦，故曰成飛不可追逐也。」

〔六〕矜，自傲。此句意謂：功之將成，己自驕矜，必敗其成。成功之道，疾其自傲，故曰成道病也。老子：「不自伐故有功，不自矜故長。」（二十二章）「自伐者無功，自矜者不長。」（二十四章）

〔七〕督，率而正之。司馬光曰：「中和莫盛乎五，而當晝，王者功成，獨運皇極，以督四方，德業光大者也。」

〔八〕集注本從二宋、陸、王本「讓」作「謙」，陳本「瑣」作「瑣瑣」。魁，主。瑣，細，指鄙行。此句意謂：功成而爲主，恃功不謙讓，又行鄙瑣之事，必墮其功而獲禍。葉注：「魁瑣，即荀子論朱象之嵬瑣，謂頑鄙也。以魁而有所成，則因成以致禍矣。自古小人，因功而敗者多矣，成魁瑣之謂也。」

〔九〕闕，同缺。承，繼承。此句意爲：成而若缺，常自警戒，善於補過，則其用不弊。若成而自矜，則其德不長。故曰難承。

〔一〇〕天降亡貞，猶言失天之正時。此句意謂：宜成之時而不能成之，是失天時之中正。

〔一一〕集注本測「成窮以毀」無「以」字。九爲極，故曰窮。成極則反，故入於敗。此句意謂：物極必反，成敗於窮，敗則毀成，自然而生。君子知之，自損不成，常自謙損，以全其終。葉注：「九居成之極，成不可以再成，惟入於敗而已。凡物成則有毀，毀則復成，故曰毀成。君子知其成毀之道常相因，所以常自貶損，使其不至於成，故無傾覆之敗也。」

闕〔一〕。陰陽交跌，相闔成一，其禍泣萬物〔二〕。

初一，圜方杌棿，其内窾換。測曰，圜方杌棿，内相失也〔三〕。

次二，闕無間。測曰，無間之闕，一其二也〔四〕。

次三，龍襲非其穴，光亡于室。測曰，龍襲非穴，失其常也〔五〕。

次四，臭肥滅鼻，利美貞。測曰，滅鼻之貞，没所（勞）〔芳〕也〔六〕。

次五，齧骨折齒，滿缶〔七〕。測曰，齧骨折齒，大貪利也。
次六，飲汗吭吭，得其膏滑。測曰，飲汗吭吭，道足嗜也〔八〕。
次七，闕其差，前合後離〔九〕。測曰，闕其差，其合離也。
次八，輔其折，廅其缺，其人暉且偈。測曰，輔折廅缺，猶可善也〔一〇〕。
上九，陰陽啓佸，其變赤白。測曰，陰陽啓佸，極則反也〔一一〕。

校釋

〔一〕相當於噬嗑卦。闕，音志。太玄錯云：「闕也皆合二。」易序卦：「可觀而後有所合，故受之以噬嗑。嗑者，合也。」闕之初一，日入箕宿一度（依漢書律曆志推，當作二度）。

〔二〕言此時陰盛陽藏，交相易位，陽喪其事，爲陰所併，相合成一；陰陽閉塞，萬物衰殺，故遇禍而泣。

〔三〕杌梲，音兀涅，不安貌。窾，音款，空。换，同涣，散。窾换，猶言空疏涣散。此句意謂：圓鑿方枘，内不相合，空疏不安。喻人心思不能密合如一，則不獲其安。

〔四〕范注：「二火也，而在其行。二火合會闕密如一，故無間也。」司馬光曰：「二爲思中而當晝，其合無間，二如一也。」

〔五〕龍，指陽氣。三爲東方，爲青色，爲麟，故以龍喻。襲，入也，合也。立冬之後，陽氣潛藏於地中，故入於穴。今處次當夜，所據失位，故言非。此時，陽爲陰所併，故無光。一年之中，陰陽運行，以陽爲主，今失事無光，故曰失常。

〔六〕集注本、陳本從王本「勞」作「芳」，並曰：「宋、陸本作『所没方也』。」證當作「芳」。司馬光曰：「闕準噬嗑，故有食象。四爲福始而當晝，飲食之來，先覺臭芳，見得思義，不可失正也。」按，見美味而不貪欲，故言滅鼻而不覺其芳。易噬嗑六二：「噬膚滅鼻，無咎。」

〔七〕齧，音臬，説文：「噬也。」即以齒咬物。缶，瓦盆。言以齒咬肉，貪婪而食，不知擇骨，以致折齒，盆中比比皆是。喻人貪利而自傷。

〔八〕汗，人之膏液。古人認爲在内爲血，在外爲汗。飲汗，猶言自食其力，人以己之心血汗水爲事，而得禄利以自養。吭吭，音航航，吞飲澤液之多貌。此句意謂：以己之心血，取其禄利，食以自養，嗜取雖多，非貪人財，不違正道，利而無害。

〔九〕葉本缺贊辭。陳本禮曰：「二得中而當晝，故相合無間。七之火爲消敗而當夜，故闕密差跌，前合後離也。」

〔一〇〕輔，助。䖒，集韻音盍，覆也，藏也。缺，缺陷，瑕疵。暉，同輝。偈，同傑，英傑。此句意謂：雖有挫折，而能自輔，雖有瑕疵，而能自除，則不失其光輝英傑。故猶可善也。葉注：「八已過時，不能無缺折，所幸得逢陽，故能輔而補之，不至於頹弊。所爲如此，其人豈不光明而英傑者乎？」

〔一二〕集注本測「陰陽啓告」從宋、陸本作「陰赤陽白」。啓，開。告，同化。此句意爲：闞首之時，陰盛併陽，閉塞不通，然極陰反陽，開通化生，則萬物萌赤芽白。葉注：「啓，開也。告，動也。赤陽白陰。九居闞極，言陰陽之開動。其變赤白，言陽變爲陰，陰變復陽也。」

☷ 失〔一〕。陰大作賊，陽不能得，物陷不測〔二〕。

初一，（剌）〔刺〕虛滅刃。測曰，（剌）〔刺〕虛滅刃，深自幾也〔三〕。

次二，藐德靈徵，失。測曰，藐德之失，不知畏徵也〔四〕。

次三，卒而從而，郵而竦而，于其心祖〔五〕。測曰，卒而從而，能自改也。

次四，信過不食，至于側匿。測曰，信過不食，失正祿也〔六〕。

次五，黃兒以中，蕃；君子以之，洗于愆。測曰，黃兒以中，過以洗也〔七〕。

次六，滿其倉，蕪其田，食其實，不養其根〔八〕。測曰，滿倉蕪田，不能脩本也。

次七，疾則藥，巫則酌。測曰，疾藥巫酌，禍可轉也〔九〕。

次八，雌鳴于辰，牝角魚木。測曰，雌鳴于辰，厥正反也〔一〇〕。

上九，日月之逝，改于尸。測曰，改于尸，尚不遠也〔二〕。

校釋

〔一〕相當於大過卦。説文：「失，過也。」失之初一，日入箕宿六度。小雪氣起於此首之次二。按，依漢書律曆志推，「次二」當作「次三」。

〔二〕言此時陽爲賊陰所攻奪，不能發揮作用，萬物皆被殺傷而陷不測之禍。

〔三〕集注本「刺」作「刺」，文意順暢，當從。作「刺」，於文意似不可通。幾，微。司馬光曰：「一者思之微也，生神莫先乎一，而當晝。君子雖或有失，能深思遠慮，自其幾微而正之，不形於外，如以刀刺虛，雖復滅刃，終無夷傷之迹也。」

〔四〕集注本「徵」作「微」，並云：「宋、陸、范本作『徵』，今從王本。」然則以「徵」爲近。靈徵，猶言徵妙之端兆。藐，小。司馬光曰：「小人不能慎微，以至大失也。」葉注：「藐，小貌。靈，祥。徵，驗也。小德不足以致貞祥之瑞，今忽有焉，何足以當之。殆天所以益其疾也，寧無失乎？」

〔五〕卒，終。從，説文：「隨行也。」此引申爲隨順。卹，同恤，憂慮。竦，説文：「自申束也。」又懼也。而，語辭。祖，始也，本也。此句意謂：能終順大道，憂慮過失而自加申束，本心常惕，自改其過，則無失。

〔六〕集注本從宋、陸、王本「失正禄」作「失禄正」。側，同昃，日斜之義。匿，隱也，日没也。側匿，猶言没落。此句意謂：信其過，不以過爲過，久必失之，以致喪其食禄，陷於没落。

〔七〕黄兒，謂年老長壽之人。發白復變謂之黄，齒落更生謂之兒。詩魯頌閟宫：「既多壽祉，黄髮兒齒。」蕃，藩籬，引申爲輔相。愆，過錯。此句意爲：君子得壽老中正有德之人以自輔，則能洗垢除過，大有作爲。葉注：「黄髮兒齒，謂耇德之人也。五中而剛陽，能親耇德之人，以爲中之蕃輔。蓋君子資以自新其德也。」

〔八〕范注：「六爲大位，小人居之，不修其德，而據上禄。倉滿田蕪，百姓罷極。食實困恨，本基不固。家性爲失，失之甚也。」

〔九〕巫，古之醫皆稱巫。酌，斟酌。猶言診斷。此句意謂：疾而病之，就醫服藥，則轉化爲康健。故曰禍可轉。

〔一〇〕意謂：母雞鳴晨，雌鹿生角，水魚登木，皆失之甚。失於常道，故曰反。葉注：「八失時已甚，復居失世，故其反道悖德，猶雌不當鳴辰而鳴，牝不當有角而有角，魚不當登木而登木，三者皆言變其常也。」

〔一一〕范注：「君子之道，執行於世，雖没猶存；九爲失（於）〔極〕，不以年高，日月已逝，其有得失，雖在尸柩，猶念自改。」按，改於尸，當指身有過失，即使病卧將死，猶不忘改之。雖失而知改，亦不遠於道，故曰不遠。

劇〔一〕。陰窮大泣，陽無介儔，離之劇〔二〕。

初一，骨纍其肉，内幽。測曰，骨纍其肉，賊内行也〔三〕。

次二，血出之蝕，凶貞。測曰，血出之蝕，君子（傷之）〔内傷〕也〔四〕。

次三，酒作失德，鬼睒其室。測曰，酒作失德，不能（持）〔將〕也〔五〕。

次四，食于劇，父母采餧，若。測曰，食劇以若，爲順禄也〔六〕。

次五，出野見虛，有虎牧豬，捲絝與襦〔七〕。測曰，出野見虛，無所措足也。

次六，四國滿斯，宅。測曰，四國滿斯，求安宅也〔八〕。

次七，麃而（半）〔丰〕而，戴禍顔而。測曰，麃而（半）〔丰〕而，戴禍較也〔九〕。

次八，鉼纍于繘，貞顇。測曰，鉼纍于繘，厥職迫也〔一〇〕。

上九，海水羣飛，蔽于天杭。測曰，海水羣飛，終不可語也〔一一〕。

校釋

〔一〕也相當於大過卦。太玄衝云：「劇，惡不息。」太玄錯云：「劇，無赦。」罪惡甚大，則無赦。

故與大過卦相當。劇之初一，日入箕宿十一度。

〔二〕集注本從宋、陸本「泣」下有「於」字，「儔」作「㑺」，以爲古「儔」字。陳本有「於」字，「儔」作「疇」。介，方言：「特也。物無耦曰特，獸無耦曰介。」儔，同疇，類也。離，同罹，遭也。劇，艱難，意指禍患。此句言是時陰氣窮極，將衰而悲泣，然陽氣爲陰所併，深藏於下，無所匹偶，凡陽之類，皆遭罹艱難禍害。

〔三〕集注本「幽」上無「内」字。幽，晦冥暗昧。一爲思始而當夜，故稱内幽。指心思冥暗不明。此句意謂：思慮不明，行則有失，禍亂必生。如骨肉之害，潛由内生。

〔四〕集注本「傷之」從二宋、陸、王本作「内傷」。葉本、陳本「蝕」作「食」。以上下文義觀之，以集注本爲佳。　葉注：「血言其傷也。食，瘡口没也。二以陽明，至親有傷而加收救，故血雖出而瘡口食没也。其得凶禍之正道乎？詩云：『原隰裒矣，兄弟求矣。』血出之蝕也。」

〔五〕集注本從諸家「持」作「將」，當從。將，行也，進也。酒，喻恩澤。作，同酢，酬酢之義。失德，意指失去民心，爲其所謗。詩小雅伐木：「籩豆有踐，兄弟無遠；民之失德，乾餱以愆。」睒，音閃，窺視。鬼睒其室，猶言大禍臨頭。此句意謂：恩澤不能普施，必有過而失其民，衆心已失，不可行焉，行則致禍。

〔六〕集注本從宋、陸本「采」作「來」。以「采」爲佳。采，取也。餕，音俊，説文：「食之餘也。」禮記内則：「父母在，朝夕恒食，子婦佐餕。」佐餕，即勸父母再食，餘則子婦始食而盡之。若，順。此句意謂：君子仕於亂世，求禄以奉侍父母。故曰爲順而求禄。

〔七〕虚，同墟。捲，同拳，方言：「取也。」説文：「拔取也。」絝，説文：「脛衣也。」即褲。襦，説文：「短衣也。」此句意謂：出於田野，行於丘墟，疲而欲息，見虎追豬，取衣急奔，不敢停留。喻劇亂之世，苛政如虎，民無安身之地，皆奔而去之。

〔八〕葉本測「四國」作「四海」。疑涉贊之注文「人情莫不欲安，故四海無不欲滿於此宅也」而傳寫誤。宅，安居。此句意爲：六爲極大，富貴而尊高，然能虚而處下，則四方皆歸，宅而安居。如百川之滿江海。

〔九〕集注本、陳本從宋、陸本「半」作「丰」。「丰」古文「丵」，疑范本因「丵」之壞字而誤爲「半」。麃，音標，獨角獸。此義指勇武貌。丰，草之叢生盛長。此義指氣盛貌。此句意謂：七爲失志而當夜，小人不知自謙，勇武氣盛，臨禍較然可見。老子七十六章：「堅强者死之徒。」

〔一〇〕集注本測「缾纍于繘」從諸家作「纍于缾」。纍，繫也。繘，汲水索。䊮，同粹，純粹。職，主也，事也。迫，逼迫。厥職迫，猶言盡其職。此句意謂：瓶繫於索，汲水不停，克盡其職，故曰純正。喻君子居於亂世，而能克盡職守，則其德純正。葉注：「八居禍，不無難苦，如瓶係於綆，取汲不停，雖非不正，然亦勞悴之甚也。」

〔一一〕集注本從二宋、陸本「蔽」作「弊」。天杭，雲漢、銀河。此句意謂：九爲劇之極而當夜。海水飛卷，彌漫天空，遮蔽河漢。喻劇亂之世，民亡而去之，其禍之大，不可以言説。

𝍕 馴〔一〕。陰氣大順，渾沌無端，莫見其根〔二〕。

初一，黄靈幽貞，馴〔三〕。測曰，黄靈幽貞，順以正也。

次二，嫇其膏，女子之勞，不静亡命。測曰，嫇膏之亡，不能清浄也〔四〕。

次三，牝貞常慈，衛其根〔五〕。測曰，牝貞常慈，不忘本也。

次四，徇其勞，不如五之豪。測曰，徇其勞，伐善也〔六〕。

次五，靈囊大包，其德珍黄。測曰，靈囊大包，不敢自盛也〔七〕。

次六，囊失括，泄珍器。測曰，囊失括，臣口溢也〔八〕。

次七，方堅犯順，利臣貞。測曰，方堅犯順，守正節也〔九〕。

次八，馴非其正，不保厥命。測曰，馴非其正，無所統一也〔一〇〕。

上九，馴義忘生，賴于天貞。測曰，馴義忘生，受命必也〔一一〕。

校釋

〔一〕相當於坤卦。易說卦：「坤，順也。」周易集解引九家易：「馴猶順也。」馴之初一，日入斗宿三度（依漢書律曆志推，當作四度）。

〔二〕言此時陰氣已極，將歸順於陽，然陽氣尚被陰所包，渾渾沌沌無所端倪，不能見其根源。

〔三〕黄，指心。黄爲中色，心在胸中，故稱黄。靈，指思慮神妙。「生神莫先乎一」，故曰靈。一爲思始，故稱幽。此句意謂：思慮之始，幽冥神妙，而又合於正道。故曰順。

〔四〕孕，古孕字。膏，婦懷孕一月爲胚，二月爲膏。命，指其本性。老子十六章：「歸根曰静，是謂復命。復命曰常。」孕育之事，女子之勞也。此句意爲：婦人有孕，當静而養之，動則失其本性。戒人當順其本性，常處清静而不妄作。葉注：「二坤静陰柔，如懷其膏沐，乃女子之爲功容耳。夫坤以貞静爲功，苟反其德，至於不静，則亡其正命矣。」

〔五〕牝，陰也。慈，柔也。此句意爲：陰常處正，柔順守静，則能保其根本之性。老子六章：「谷神不死，是謂玄牝，玄牝之門，是謂天地之根。」

〔六〕徇，自矜誇。豪，傑出。淮南子泰族訓：「智過百人者謂之豪。」伐，自誇於人。此句意謂：自矜其功，則功不成，自誇其善，則德不進，不如五之包裹萬物而不自驕矜。老子：「自伐者無功，自矜者不長。」（二十四章）「不自伐故有功，不自矜故長。」（二十二章）

〔七〕集注本測「靈」作「黄」。靈囊，指地。地包萬物，故稱囊：「天神而地靈」（太玄攡），故曰靈囊。靈囊大包，言地能包容萬物。不敢自盛，言地順承天道，育養萬物，而不自驕矜。義出易象傳：「坤厚載物，德合無疆，含弘廣大，品物咸亨。」黄，同煌，輝煌之義。此句意謂：地性柔，順天以養萬物；地體厚，覆載包容萬物。萬物盛長嬌美，而地不自居其功。故言其德珍貴輝煌。喻人德厚功大而不自矜。易象傳：「地勢坤，君子以厚德載物。」

〔八〕括，束結。溢，滿而四散。此句意謂：囊口失結，泄漏寶器。喻臣言而不慎，語有所失，則有去位滅身之患。易坤卦六四：「括囊，無咎無譽。」繫辭上：「亂之所生也，則言語以爲階。君不密則失臣，臣不密則失身，幾事不密則害成。是以君子慎密而不出也。」葉注：「坤以静默爲正。六以陰躁，不能致謹，故慢而致失也。口溢，謂不密而失身也。」

〔九〕集注本測「堅」作「貞」。七爲禍始而當晝。犯顔直諫，初遇小禍，然能方正堅剛，不撓守節，得爲臣之正道，則無害。故言利。

〔一〇〕此句意謂：小人事上，進退行止，是非可否，惟君是從，不能守道執一，故不保其本然之性。

〔一一〕陳本「受」作「授」，以爲舊訛。此句意謂：君子事君，臨危忘生，盡節死義，則可以托六尺之孤，寄百里之命。此所賴者，君子本性純正也。論語泰伯：「可以托六尺之孤，可以寄百里之命，臨大節而不可奪也。君子人與？君子人也。」

☵ **將**〔一〕。陰氣濟物乎上，陽信將復始之乎下〔二〕。

初一，將造邪，元厲。測曰，將造邪，危作主也〔三〕。

次二，將無疵，元睟。測曰，將無疵，易爲後也〔四〕。

次三，鑪鈞否，利用止。測曰，鑪鈞否，化内傷也〔五〕。

次四，將飛得羽，利以登于天。測曰，將飛得羽，其輔彊也〔六〕。

次五，大爵將飛，拔其翮，毛羽雖衆，不得適。測曰，大雀拔翮，不足賴也〔七〕。

次六，日失烈烈，君子將衰降。測曰，日失烈烈，自光大也〔八〕。

次七，趹船跋車，其害不遐〔九〕。測曰，趹船跋車，不遠害也。

次八，小子在淵，丈人播船。測曰，丈人播船，濟溺世也〔一〇〕。

上九，紅蠶緣于枯桑，其繭不黄。測曰，緣于枯桑，蠶功敗也〔一一〕。

校釋

〔一〕相當於未濟卦。太玄錯云：「將，來初。」始來則不能有成，故相當。將之初一，日入斗宿九度。按，依漢書律曆志推，大雪氣當起於此首之次八。范本注缺誤。

〔二〕言此時陰氣成物於上，陽氣又要回復始萌於下。

〔三〕造，猶爲。元，始。厲，危。一爲思之始，故將有爲也。此句意爲：將有作爲，思慮不正，始則危也。本始既危，故危作主。葉注：「一爲思始，始謀之不臧，未有不爲大危也。」

〔四〕二爲思中而當晝。思慮純粹，而無過錯，則其後必易有所作爲。葉注：「二得中逢陽，思而無邪，其意已誠，所以其德大純而無雜。」

〔五〕鈞，陶制瓦器之模下圓而轉者爲鈞。此句意謂：鑪鈞不善，陶冶難成；思慮不熟，爲而必敗，故利於止。思慮既失，故曰内傷。葉注：「冶爲鑪，陶爲鈞。三不中，其爲鑪鈞已非，焉能復有美器，不如其已也。蓋用非其人，寧復有成功？用非其法，寧復有善治？知其不能，不若止之爲愈也。」

〔六〕鳥之欲飛，羽翼矯健，則利於升天。喻人欲進，得賢能輔助，則必至高遠。

〔七〕爵，同雀。孟子離婁：「爲叢驅爵者，鸇也。」翮，説文：「羽莖也。」此指六翮，即翅。適，往。此句意謂：大鳥將飛，而拔去其翅，雖有毛羽之多，也不能有所往。喻君將有爲，而去其賢相重臣，其餘無能之輩雖衆，不足依憑，必不能大有成功。

〔八〕失，同昳，音蝶，説文：「日昃也。」范注：「五爲日中，故六爲日失也。烈烈，盛也。日之熱恒在中之後，故言烈烈也。」此句意謂：日過中而昃，雖猶有烈烈之盛，然必將衰降至暮。君子知其將衰，先自謙尊降下，則能光大。葉注：「烈烈，熾盛貌。六居隆盛之極，盛極不能以終盛，盛極必衰，如日之失乎烈烈，終必爲寒之基。豈獨天道爲然，以人事而言，君子將亦降於衰微也。」

〔九〕集注本「舩」作「舡」，葉本作「船」。舩、舡皆與船同。跌，蹶也。跋，舍止之義。跌船跋車，猶言棄車船而不用。遐，遠。此句意謂：舟車之用，載重以致遠，今乃棄之，則不能遠行。喻人棄其輔助，必無大功。

〔一〇〕此句意謂：小子沉溺於水，老者駕船來救，則化險爲夷。喻百姓困於禍難之中，有賢者救之，則出於水火。葉注：「小子在淵，謂天下溺矣。丈人播船，思以道濟之也。夫拯溺亨屯，非耆德君子，其誰能之。」

〔一一〕集注本從宋、陸本「緣于枯桑」作「緣枯不黄」。紅蠶，老蠶，蠶老則紅。又王涯曰：「紅蠶，蠶之病者。不黄，謂不中用也。」老蠶緣於枯桑，覓而無食，則繭不成。繭不成其爲繭，故曰不黄。葉注：「紅蠶，爛蠶也。九居將極，何能有成，如爛蠶緣於枯桑，必不成繭也。以腐才當於敗局，必無成功也。」

☵☵ 難〔一〕。陰氣方難，水凝地（拆）〔坼〕，陽弱於淵〔二〕。

初一，難我冥冥。測曰，難我冥冥，未見形也〔三〕。

次二，凍冰瀆，狂馬椯木。測曰，狂馬椯木，妄生也〔四〕。
次三，中堅剛，難于非常。測曰，中堅剛，終莫傾也〔五〕。
次四，卵破石，𪄱毈。測曰，卵破之毈，小人難也〔六〕。
次五，難無間，雖大不勤。測曰，難無間，中密塞也〔七〕。
次六，大車川川，上輆于山，下觸于川。測曰，大車川川，上下（輆）〔軔〕也〔八〕。
次七，拔石砎砎，力没以（盡）〔引〕。測曰，拔石砎砎，乘時也〔九〕。
次八，觸石決木，維折角。測曰，觸石決木，非所治也〔一〇〕。
上九，角解豸，終以直，其有施。測曰，角解豸，終以直之也〔一一〕。

校　釋

〔一〕相當於蹇卦。易序卦：「蹇者，難也。」難之初一，日入斗宿十三度。

〔二〕集注本「拆」作「坼」，陳本作「拆」。以「拆」爲佳。拆，裂。葉注：「微陽方萌於地下，故弱於淵也。」

〔三〕集注本從宋、陸、王本「未見形」作「見未形」。我，陽氣自稱。此句言，是時陰氣大作難於上，阻抑陽氣於冥暗之中，陽氣復始潛萌於下，尚不見其形跡。

〔四〕集注本「冰」下有一「于」字，「椯」從二宋、陸、王本作「揣」。陳本作「揣」。二字古通。當借爲「箠」，音垂，擊馬策也。瀆，范注：「敗也。」妄，亂。此句意謂：凍冰敗損，策馬狂奔於上，必生禍亂。喻人不事思慮，狂奔妄行，必遇險難。

〔五〕三爲成意而當晝。遇難非常，而意志堅定剛强，終能排難解危，無所敗傷。故曰終莫傾。

〔六〕毈，音段，說文：「卵不孚也。」即卵不成鳥曰毈。此句意爲：以卵破石，其卵必壞。壞則不生，故曰毈。喻小人不識時務，必遭危難。葉注：「毈，壞也。卵喻君子，石喻小人。當蹇難之世，君子道消，小人道長，是卵見破由於石毈之也。言君子之見陷害於小人也。」

〔七〕勤，古文作瘽，病之義。此引申爲禍患。此句意爲：得位處中，能自修省，上下無間，雖遇大難，密不得入，則不足爲患。葉注：「五中而逢陽，其道純備，雖居難世，曾無間隙之可議，是以雖當大任，德足堪之，曾不以爲勞也。」

〔八〕集注本、陳本從宋、陸本測「輆」作「軔」。疑范本涉上「輆」字而傳寫誤。川川，范注：「重遲之貌也。」輆，礙。軔，說文：「礙車也。」凡止物之行皆曰軔。此句意謂：大車載重，上礙於山，下阻於淵，上下阻隔，不得而行。喻盛滿過中，不免於難。

〔九〕集注本、陳本從二宋、陸、王本「盡」作「引」。疑范本涉「没」字之注文而傳寫誤。力没，謂盡力。范注：「石以諭難。砛砛，難致之貌。」六爲極大，七爲敗損，大難已過，危之將消，故曰乘時。此句意謂：拔難盡力，難雖至大，必將引而出之，得其時也。

〔一〇〕八爲剥落，又爲禍中。衰落之時，又處禍中，不知避難而進，反觸石斷木，必有折角之凶，故言所治不當。

〔一一〕集注本從宋、陸本「解豸」作「觟觽」，「施」作「犯」。並云：「觟觽與解豸同。」即獬豸，好直觸邪之獸（詳見堅首校釋〔一〇〕）。此句意爲：獬豸之角，有所施犯，必以直也。喻人以正直之行，排難解亂，則可免禍無咎。葉注：「九居難極，難極必通，君子將得遂其行，如任角之解豸以觸邪枉，終將直其所施也。」

𝍕 **勤**〔一〕。陰凍沍，魗創於外，微陽邸冥，膂力於内〔二〕。

初一，勤〔謀〕于心，否貞。測曰，勤〔謀〕否貞，中不正也〔三〕。

次二，勞有恩，勤悾悾，君子有中。測曰，勞有恩勤，有諸情也〔四〕。

次三，羈角之吾，其泣呱呱，未得繦（杖）〔扶〕。測曰，羈角之吾，不得命也〔五〕。

次四，勤于力，放倍忘食，大人有克〔六〕。測曰，勤力忘食，大人德也。

次五，往蹇蹇，禍邇福遠。測曰，往之蹇蹇，遠乎福也〔七〕。

次六，勤有成功，幾于天。測曰，勤有成功，天（所來輔）〔夾〕也〔八〕。

次七，勞牽不其鼻，于尾，弊。測曰，勞牽之弊，其道逆也〔九〕。

次八，勞踖踖，心爽，蒙柴不却。測曰，勞踖踖，躬殉國也〔一〇〕。

上九，其勤其勤，抱車入淵，負舟上山。測曰，其勤其勤，勞不得也〔一一〕。

校釋

〔一〕也相當於蹇卦。太玄衝云：「勤，苦而無功也。」太玄錯云：「勤，蹶蹶。」皆言勤之勞苦艱難也。勤之初一，日入斗宿十八度。

〔二〕集注本「陰」字上有「太」字。並云：「諸家無『太』字，今從小宋本。」沍，音户，堅凍。懯，懼，說文：「女版切。」邸，同抵。脅力，努力之義。言此時陰氣大凍於外，微陽勤勉努力，抵觸於内，陰懼其冒出而被傷。

〔三〕集注本從宋、陸本「勤」字下有一「謀」字，於義更精。中，指心。此句意謂：思慮勤奮，不以正道，故曰心不正。

〔四〕悾悾，誠信貌。中，同衷，心誠之義。此句意爲：殷勤誠信，勞而得報，由君子至誠而盡其忠也。心誠所致，非徒外飾，故曰有諸情。

〔五〕集注本、陳本從王本「杖」作「扶」。得其韻，於義亦安，爲佳。俞樾諸子平議：「吾當讀爲牙。後漢書崔駰傳注：『童牙謂幼小也。』是其義也。牙吾古同聲，故得通用。」羈角，男角女羈，髮之飾。繦，襁褓，負小兒之衣。扶，方言：「護也。」此句意爲：幼稚孩童，呱呱而啼，不得父母襁褓護助，必喪生命。葉注：「三當勤世，勤於其事，不暇顧其子，故曰羈角之吾，其泣呱呱。然未得繦負與杖扶也。」

〔六〕集注本從諸家「倍」作「陪」。放倍，猶加倍。克，能。此句意謂：勤勉努力，發憤忘食，唯大人能之。故言大人之美德。論語述而：孔子「其爲人也，發憤忘食，樂以忘憂，不知老之將至。」

〔七〕集注本「往」作「狂」，以「往」爲佳。易蹇卦爻辭多言「往蹇」。此句意爲：險難在前，當見險而止，今乃冒險而往，是近禍而遠福。易彖傳：「蹇，難也，險在前也。見險而能止，知矣哉！」

〔八〕司馬光曰：「宋、陸、王本作『天夾也』。」依上下文義觀之，不當改爲「天所來輔」。陸曰：「夾者，洽也。」即切合之義。天夾，猶言合於天道。此句意謂：勤勉而有成功，在於符合其道。葉注：「六以剛明，故勤則有成，由其行合於天之道也。」

〔九〕葉本「不」字下有一「于」字。弊，敗。此句意謂：牽牛不牽牛鼻，而牽其尾，身雖勞苦，必遭弊敗。違反其道之故也。葉注：「七過時而失志，故其制人處事不得其道，如牛馬之類，牽之不於其鼻，乃於其尾，寧無自及之禍哉？所以弊也。」

〔一〇〕葉本測「躬」誤作「勞」。踖踖，爾雅釋訓：「踖，敏也。」勤快貌。爽，説文：「明也。」蒙，冒也。蒙柴，猶言烈火焚身。此句意謂：精明忠直，勤勉盡力，赴湯蹈火，在所不辭，鞠躬盡瘁，以身報國。葉注：「踖踖，勞貌。蒙柴，謂蒙冒柴木之中，言其所行勞甚也。八居禍中，能盡其勞而踖踖然，其心之精爽惟在於勤王，雖冒艱阻，曾無退却之心也。」

〔一一〕此句意謂：抱車入淵，負舟上山，艱難勤苦，舟車不行。不得其道，勞而無功。葉注：「九居勤之極，時不可以有爲。重言豈其勤哉，徒費其勤，不得其道，雖復疲弊，復何補哉！」

𝍖 養〔一〕。陰弸于野，陽蘁萬物，赤之於下〔二〕。

初一，藏心于淵，美厥靈根。測曰，藏心于淵，神不外也〔三〕。

次二，墨養邪，元函否貞。測曰，墨養邪，中心敗也〔四〕。

次三，糞以肥丘，育厥根荄。測曰，糞以肥丘，中光大也〔五〕。

次四，燕食扁扁，其志僈僈，利用征賈。測曰，燕食扁扁，志在賴也〔六〕。

次五，黄心在腹，白骨生肉，孚德不復。測曰，黄心在腹，上得天也〔七〕。

次六，次次，一日三飧，祇牛之兆，肥不利。測曰，次次之飧，肥無身也〔八〕。

次七，小子牽象，婦人徽猛，君子養病。測曰，牽象養病，不相因也〔九〕。

次八，鯁不脱，毒疾發，鬼上壟。測曰，鯁疾之發，歸于墳也〔一〇〕。

上九，星如歲如，復繼之初。測曰，星如歲如，終始養也〔一一〕。

校釋

〔一〕相當於頤卦。易序卦：「頤者，養也。」養之初一，日入斗宿二十二度。

〔二〕蝴，滿也。又同崩，毀也。自上墜下曰崩。蘆，同漚，漸漬，義指養育。言是時陰氣盛極墜下，崩壞於野，陽氣在下漚養萬物，其根皆赤。

〔三〕淵，指内。一爲水，此時陽氣尚在最下，故稱淵。美，范注：「茂也。」靈根，指陽氣（或精氣）。管子内業稱精氣爲靈氣：「靈氣在心，一來一逝，其細無内，其大無外。」萬物皆由氣而生，故稱靈根。神，也指陽氣（或精氣）。管子又稱精氣爲神。此句意謂：養心於内，茂其精神，使不外泄，則體固智明，萬物畢得。管子内業：「精存自生，其外安榮。内藏以爲泉原，浩然和平，以爲氣淵。淵之不涸，四體乃固；泉之不竭，九竅遂通。乃能窮天地，被四海，中無惑意，外無邪菑。」「正形攝德（按，指精氣），天仁地義，則淫然而自至，神明之極，照知萬物。中守不忒，不以物亂官，不以官亂心，是謂中得。以有神自在身。」（據郭沫若校本）葉注：「淵，謂靜深也。靈根，善本也。一初養始，養心之要，莫若存之於靜深之中，以致其涵養之功，培之於本原之地，以致其靈美之效。蓋必使之大本立，而用有以行也。……揚子此語於存養之功至爲精密，後世養生家爲説雖多，不能出於此矣。」

〔四〕集注本從二宋、陸、王本「否」作「匪」。墨，同默。二爲思中，未及言行，故稱默。元，始。此句意爲：默養邪僻，始含不正，則思慮敗損。思之既失，行必遇難。葉注：「墨，默也。元，大也。函，包也。二以陰戾，故默存於邪心而大包於不正之道。此小人誠於惡者。」

〔五〕此句意爲：糞肥丘園，以養草木，根荄既壯，必將滋茂蕃昌。三爲進人，此喻人修身以正本，進德以廣業。仁義道德具於身，故言中光大。

〔六〕扁，同翩。扁扁，飛翔自得貌。貜，同攫，攫取。征，行。賈，商旅。賴，説文：「贏也。」「贏，有餘賈利也。」志在賴，即志在贏利。司馬光曰：「四爲下祿而當夜，小人得位，志在求利以自養，如燕之飛，扁扁然獵食而已。此乃行賈之道耳。」

〔七〕集注本從諸家「上得」作「上德」。孚，信。復，同覆，蓋也。孚德不復，言其德澤無所不及，恰如天之無所不包裹覆蓋。司馬光曰：「五爲福中而當晝，爲養之主。允執其中以養天下，雖白骨可以生肉，況於人乎，況於鳥獸草木乎？其德如天雲行雨，施洽乎四方，萬物不可得而報復也。」葉注：「黄心在腹，腹以養心也。白骨生肉，肉以養骨也。此言凡物皆得其養也。五以陽明中正之君，以道濟人，是以天下莫不得其所養，故其德之所乎，人莫不服，豈俟於再也。」

〔八〕次次，范注：「不安之貌。」饎，説文本作「氣」：「饋客芻米也。」祇，地神，説文：「地祇提出萬物者也。」此指祭神之事。此句意謂：用祭之牛，一日三飼，養之既肥，祀而殺之。故肥則不利。知將被殺，則次次不安。

〔九〕徽，大索。此引申爲繫。此句意爲：小子牽象，婦索猛獸，力不服制，必遭危殆。君子養病，以保其身，則吉。二道相反，各行其志，故曰不相因。喻人當行止順道，進退以時。

〔一〇〕鯁，刺在喉。司馬光曰：「八爲禍中而當夜。小人固養不已，如骨梗其咽，不能自脱，以致大禍，如毒疾之發，而不可救藥也。」

〔一一〕集注本「終始養也」從宋、陸、王本作「終養始也」。范注：「星宿之相次，如歲月之相襲，新故相易，周而復始。後嗣之君，復爲之初。初爲故也。先後相傳，終始相扶，以道相養，轉相迎致，百世不遷，玄之道也。」司馬光曰：「養之上九，居首贊之末，日窮於次，月窮於紀，星回於天，歲將更始，以終養始，以初繼末，循環無端。此天道之所以無窮也。」葉注：「玄以二贊當一日，九贊當四日半，七百二十九贊當一歲三百六十四日半。至此星周歲終，復繼於始之中首也。」

踦贊一，凍登赤天，晏入玄泉。測曰，凍登赤天，陰作首也〔一〕。

嬴贊二，一虛一嬴，踦奇所生。測曰，虛嬴踦踦，禪無（巳）〔已〕也〔二〕。

校釋

〔一〕集注本脱「一」字，葉本「玄」作「淵」。踦，不足。説文：「去奇切。」方言：「踦，奇也。自關而西，秦晉之間，凡全物而體不具謂之倚，梁楚之間謂之踦。雍梁之郊，凡獸支體不具者，謂之踦。」一歲三百六十五又四分日之一，而太玄七百二十九贊，合三百六十四日半，增踦贊之半日，尚不足歲之日，故稱爲踦。范注：「凍，至寒也，而天至高也。晏，至熱也，而泉至深也。」「凍在天上，故爲首也。」司馬光曰：「赤，陽之盛也。玄，陰之極也。凡物極則反，自始以來，陰陽之相生，晝夜之相承，善惡之相傾，治亂之相仍，得失之相乘，吉凶之相反，皆天人自然之理也。」按，首，始也。此言一年之中，陰陽消息，極陰反陽，極陽轉陰，交替運行，以成歲事。此時陰氣至極，微陽始生，故曰陰作首。葉注：「凍，至寒之氣，謂陰。晏，至熱之氣，謂陽。言陰生於上，陽生於下也。老子云：『至陰肅肅，至陽赫赫。肅肅出乎天，赫赫出乎地。』揚子語本此。」

〔二〕集注本「虛」字下脱一「一」字，「踦奇」從宋、陸、王本作「踦踦」，「禪」作「僤」。並云：「僤，古禪字。」後一「踦」字，依文義當以「奇」字爲佳。測同此。「巳」當從集注本作「已」。嬴，滿也，餘也。三百六十五日之外，尚餘四分日之一，以嬴贊補之，正滿一歲之日數，故稱爲嬴。奇，零餘也。禪，代，即禪讓相傳之義。一虛一嬴，猶言一陰一陽，陽實而陰虛。此句意謂：一虛一實，欠餘相生，陰陽消息，禪代無窮，循環不已，則歲功成而律曆行。葉注：「踦奇，有餘零也。一虛一嬴，由其有餘零不盡，所以相生無窮也。禪，代也。虛嬴相因，四時迭代，何有終窮之日哉！」

太玄衝〔一〕

中則陽始，應則陰生〔二〕。周，復乎德；迎，逆乎刑〔三〕。礥，大戚；遇，小願〔四〕。閑孤而竈鄰〔五〕。少，微也；大，肥也〔六〕。戾，内反；廓，外違〔七〕。上，觸素；文，多故〔八〕。干，狂也；禮，方也〔九〕。狩則來而逃則亡〔一〇〕。羨，私曲；唐，公而無欲〔一一〕。差過也而常（穀）〔轂〕〔一二〕。童寡有而度無乏〔一三〕。增始昌而永極長〔一四〕。鋭執一而昆大同〔一五〕。達，日益其類；減，日損其彙〔一六〕。交，相從也；唫，不通也〔一七〕。（耎）〔耎〕，有畏；守，不可攻〔一八〕。傒也出，翕也入〔一九〕。從散也而聚集也〔二〇〕。進，多謀；積，多財〔二一〕。釋，推也；飾，衰也〔二二〕。格好也是而疑惡也非〔二三〕。夷平而視傾〔二四〕。樂，上（楊）〔揚〕；（沉）〔沈〕，下藏〔二五〕。爭，士齊也；內，女懷也〔二六〕。務則憙而去則悲〔二七〕。事，尚作；晦，尚休〔二八〕。更，變而共笑；曹，久而益憂〔二九〕。斷，多事；窮，無喜〔三〇〕。毅敢而割德〔三一〕。裝，徙鄉；止，不行〔三二〕。衆，溫柔；堅，寒剛〔三三〕。密，不可間；成，不可更〔三四〕。親，親乎善；闕，闕乎恩〔三五〕。斂也得，失亡福〔三六〕。彊，善不倦；劇，惡不息〔三七〕。睟，君道也；馴，臣保也〔三八〕。盛壯將老也〔三九〕。居，得乎位；難，遇乎詘〔四〇〕。法，易與天下同也；勤，苦而無功也〔四一〕。養受羣餘，君子養〔吉〕，小人養凶也〔四二〕。

校釋

〔一〕衝，衝突，相互敵對而抗爭。太玄掜云：「衝，對其正也。」太玄衝以矛盾對立的觀點解釋太玄八十一首之次序，皆兩首相對成文，故題曰太玄衝。相當於周易序卦傳。它以第一首中首與第四十一首應首相對，以下依次相對排列，揭示並闡發了自然界和人類社會一系列的矛盾現象，反映了作者對先秦兩大辯證法系統——老子和易傳的繼承和發揮，具有一定的哲學意義。

〔二〕太玄吸收漢易卦氣説，「甲子卦氣起中孚」，以中首爲始，值冬至氣應，陽氣始生，故曰「中則陽始」。應首用事，當夏至之時，陽極陰生，故「應則陰生」。

〔三〕陽氣生物，稱爲德；陰氣殺物，則言刑。周首之時，陽氣回復；迎首之際，陰氣上升。陰陽運行，以陽爲主，陽升爲順，陰升稱逆，故言「迎，逆乎刑」。

〔四〕礥，物生之難。難故有大憂。求而得遇，則遂其心願。

〔五〕鄰，釋名：「連也，相連接也。」又廣韻：「近也，親也。」閉塞不與人通，則孤立無援。竈鼎烹飪，可以養人，則鄰里親近。

〔六〕肥，盛。豐大則肥盛。

〔七〕集注本「違」下有「也」字，並云：「諸家無『也』字，唯宋本有。」戾，乖違。廓，方言：「張小使大謂之廓。」太玄圖云：「虛中弘外存乎廓。」陽氣長於下，陰氣消於上，故曰「内反」。陽氣張大於外，陰氣斂合於内，故稱「外違」。

〔八〕素，凡物不加巧飾曰素。故，巧飾、僞詐曰故。物之初生，未有文飾而尚白，故曰素。物煥然而有文章，則多故。

〔九〕干，説文：「犯也。」狂，恣肆放蕩。方，道也，常也，正也。干犯恣肆，違道而失常；循禮而行，道正而得常。

〔一〇〕集注本「亡」下有「也」字，並云：「諸家無『也』字，宋有。」太玄錯云：「狩也進。」陽氣日盛，萬物進長，故曰來；陽氣潛退，萬物將去，故言亡。

〔一一〕羨，説文：「貪欲也。」太玄錯云：「唐，蕩蕩。」玉篇：「堯稱唐者蕩蕩，道德至大之貌。」貪欲故稱私曲；德至大則言公而無欲。

〔一二〕集注本「穀」作「榖」，當從。榖，善。順守常道，則無過差，故曰善。

〔一三〕童相當於蒙卦，度相當於節卦。童蒙之人，幼稚少識，故曰「寡有」。節以制度，施而不濫，故「無乏」。

〔一四〕太玄錯云：「增日益。」陽氣日益，萬物繁昌。其道恒久，故曰「極長」。

〔一五〕太玄首鋭首：「陽氣岑以鋭，物之生也咸專一而不二。」故言「鋭執一」。太玄首昆首：「昆道尚同。」説文：「昆，同也。」

〔一六〕葉本「彙」誤作「類」。彙，玉篇：「類也。」陽氣通達舒泰，則萬物日增而殖。陰氣盛陽氣衰，則萬物日損而微。

〔一七〕從，廣韻：「就也。」陽交於陰，陰交於陽，二氣相就而交泰。陰不之化，陽不之施，二氣閉塞而不通。

〔一八〕集注本「攻」下有「也」字，並云：「宋有『也』字，又『守』上有『而』字，諸家無。」「叜」當作

「耎」，同愞，音軟，柔弱。太玄錯云：「耎也退」，「守也固」。軟弱而退，必有所畏。防守堅固，則不可攻。

〔一九〕傒，同徯，爾雅釋詁：「待也。」待時而動，故曰出。翕相當於巽卦。易説卦：「巽，入也。」翕，斂聚之義。聚斂而藏，故言入。

〔二〇〕太玄首從首：「陽躍於淵，於澤，於田，於嶽。」陽氣遍及，故曰散。

〔二一〕謀，説文：「慮難曰謀。」有所進取，則須慮患解難。積聚而蓄，則多財。

〔二二〕推，猶進。陽氣震動，萬物蛻枯解甲而始昌，故言推進。物有文飾，失其質樸，質真離散，則喪其全，故曰衰退。

〔二三〕格，拒。太玄首格首：「陽氣内壯，能格乎羣陰，攘而却之。」陰示凶悔，陽格拒之，故言好是。太玄首疑首：「陰陽相磑，物咸彫離，若是若非。」陰陽相争，若是若非，辨而取之，故曰惡非。

〔二四〕太玄錯云：「夷平易。」傾，説文：「側也。」視首用事，陰氣成形，陽氣退而配之，故言傾側。

〔二五〕集注本、陳本「楊」作「揚」。疑范本形近而誤。集注本「沉」作「沈」，當從。太玄經文沈首皆作「沈」。樂首之時，陽氣始出地上，清明舒展，故曰「上揚」。沈首之時，陽氣下降，志在玄宮，故曰「下藏」。

〔二六〕齊，讀作齋。正韻：「潔也，莊也。」廣雅釋詁：「敬也。」易説卦：「齊也者，言萬物之絜齊也。」懷，柔。羣士肅敬，各抒其志，必争。内相當於歸妹卦。歸妹，即嫁女之義。少女出嫁，當以柔順爲德，服從其夫，故曰「女懷」。

〔二七〕集注本、葉本、陳本「憙」作「喜」。務，爾雅釋詁：「彊也。」去，説文：「人相違也。」又廣韻：「去，離也。」勉彊從事，則有作爲，故喜。人相違異離散，孤而無援，則悲。

〔二八〕作，爲。晦，夜晚。休，休息。勉力從事，有所作爲。夜晚之時，不宜爲事，故尚休息。易象傳：「君子以向晦入宴息。」

〔二九〕太玄錯云：「更，造新。」瞢，説文：「目不明也。」更變日新，蓬勃向上，則喜而笑。晦暗不明，久必致咎，故益憂。

〔三〇〕斷，判也，決也。分争辨訟，決嫌疑，平是非，皆須判斷裁決，故言「多事」。

〔三一〕左傳宣公二年：「殺敵爲果，致果爲毅。」敢，果敢。割，説文：「剥也。」憊，困病、敗損之義。割殺幾絶，則困病敗損。

〔三二〕裝而欲去，待時而旅，故曰徙鄉。

〔三三〕衆首之時，立夏之節，陽氣伸高，懷齊萬物，故曰「温柔」。堅首之時，立冬之節，陰氣胼冒，萬物堅强，故曰「寒剛」。

〔三四〕太玄錯云：「密也咸用一。」親密如一，故曰「無間」。

〔三五〕親首之時，陽氣仁愛，育養萬物，故曰「近乎善」。闕首之時，陰陽交跌，陰殺成物，故言合於恩。

〔三六〕斂，聚。失，過。賦斂積聚，故有所得。行有過失，則敗而遇禍，故言無福。

〔三七〕太玄錯云：「劇，無赦。」彊，强健。劇，難之甚。彊相當於乾卦。「天行健，君子以自彊不息」，故言爲善而不倦。劇相當於大過卦。艱難大過，禍害無窮，罪大無赦，故曰作惡而不止。

〔三八〕睟，純粹清明。馴，順。保，猶任也。睟相當於乾卦，乾爲君，故純粹清明，昭明萬物，君之道也。馴相當於坤卦，坤爲臣，故柔順方正，承上奉君，臣之任也。

〔三九〕集注本、陳本「將」上有「而」字。説文：「壯，彊也，盛也。」將，壯。詩小雅北山：「鮮我方將。」毛傳：「將，壯也。」老子：「物壯則老，是謂不道，不道早已。」（三十章）將首之時，陰氣彊盛，成物於上，氣壯則老，物成則毁，故言老。

〔四〇〕居相當於家人卦。易彖傳：「家人，女正位乎内，男正位乎外。男女正，天地之大義也……父父，子子，兄兄，弟弟，夫夫，婦婦，而家道正。正家，而天下定矣。」人各安其所處，故「得乎位」。詘，同屈。太玄首難首：「陰氣方難，水凝地坼，陽弱於淵。」柔弱而遇險難，能屈以求存，待時而伸。

〔四一〕易，簡易。法當簡易而不繁雜，天下之事皆同一法度，則天下治。法繁而異，民無所措手足，則天下亂。法言先知：「法無限則庶人田侯田，處侯宅，食侯食，服侯服。」勤而不以其道，雖則勞苦，必無成功。

〔四二〕集注本、葉本、陳本「君子養」下有「吉」字。疑范本後人傳寫誤脱。范注曰：「玄終於養，故曰羣餘也。陽以爲吉，陰以爲凶，君子小人較〔然〕可知也。」陽吉陰凶，相對成文。如無「吉」字，則注文無所從出。證范作注時有「吉」字。廣雅釋詁：「受，繼也。」太玄終於養首，故八十首之餘以養首繼之。君子養之以時，則吉。小人不識頤養之道，固養而已，則凶。葉注：「養無對，界於陰極陽生之中，以爲動静之機，故曰受羣餘。而君子小人莫不於此焉判也。故周子曰：『幾善惡。』」

太玄錯〔一〕

中始周旋〔二〕。羨曲毅端〔三〕。睟、文之道，或淳或班〔四〕。彊也健，傒也弱〔五〕。積也多而少也約〔六〕。視也見而晦也瞀〔七〕。童無知，盛而有餘〔八〕。去離故而將來初〔九〕。大也外而翕也内〔一〇〕。狩也進，（耎）〔耎〕也退〔一一〕。樂，佚遏；勤，蹶蹶〔一二〕。格達，思通；窮，思索〔一三〕。干在朝而内在席〔一四〕。差，自憎；（餙）〔飾〕，自好〔一五〕。格不容而昆寬裕〔一六〕。增日益而減日損〔一七〕。馴奉令而戾相反〔一八〕。釋也柔而堅也剛〔一九〕。夷平易而難頡（頏）〔頏〕〔二〇〕。斷多決而疑猶與〔二一〕。逃，有避；争，有趣〔二二〕。進，欲行；止，欲騖〔二三〕。廓，無方；務，無二〔二四〕。應也今而度也古〔二五〕。迎，知前；永，見後〔二六〕。從也牽，守也固〔二七〕。礥，拔難；劇，無赦〔二八〕。唐蕩蕩而閑塞塞〔二九〕。更，造新；常，因故〔三〇〕。失，大亡；斂，小得〔三一〕。竈，好利；法，惡刻〔三二〕。禮也都而居也室〔三三〕。聚，事虚；衆，事實〔三四〕。䦘也皆合二而密也（成）〔咸〕用一〔三五〕。上，志高；（沉）〔沈〕，志下〔三六〕。交，多友；唫，少與〔三七〕。鋭，鏩鏩；瞢，剨跙〔三八〕。親，附（踈）〔疏〕；割，犯血〔三九〕。遇，逢難；裝，候時〔四〇〕。事，自竭；養，自兹〔四一〕。格也乖而昆也同。增有益而減有損。成者，功就不可易也〔四二〕。

校 釋

〔一〕錯，雜。太玄錯分别解釋八十一首之意義，不依各首之次序，亦皆兩首相對成文，錯綜交雜而説之，故題爲太玄錯。相當於周易雜卦傳。

〔二〕旋，復。太玄衝云：「中則陽始」，「周，復乎德」。中首陽氣始生，周首陽氣回復，故言「中始周旋」。

〔三〕太玄衝云：「羨，私曲。」端，説文：「直也，正也。」毅端，言人遇事果敢決斷，以其心懷正直之道。

〔四〕集注本「班」作「斑」。睟，純粹。班，雜色。純而不雜，故言淳。富有文彩，故曰班。

〔五〕傒，同徯，待也。不敢冒進，待時而動，以其柔弱之故。

〔六〕太玄衝云：「積，多財。」「少，微也。」約，儉省之義。積蓄則財多，微少需儉約。

〔七〕晦，暗昧。瞀，音冒，玉篇：「目不明皃。」暗昧則不明。

〔八〕集注本脱「盛」字，陳本作「而盛有餘」。童蒙幼小，故曰「無知」。太玄首盛首云：「陽氣隆盛充塞，物寘然盡滿厥意。」充塞盡滿，故言「有餘」。

〔九〕去，廣韻：「離也。」初，始。去首之時，陰氣日盛，陽氣退藏，故曰「離故」。將首之時，陽氣將復始於下，故言「來初」。

〔一〇〕太玄衝云：「翕也入。」大首之時，陽氣豐大，萬物蓬長，故曰外。翕首之時，陰氣盛長，萬物退藏，故曰內。

〔一一〕「耎」當作「耎」，同愞，柔弱之義。太玄衝云：「耎，有畏。」陽氣日盛，萬物長大，故言進。

軟弱畏懼，見難則退。

〔一二〕 逿，許翰注：「古蕩字。」佚蕩，方言：「緩也。」舒緩安逸之義。蹶蹶，爾雅釋詁：「敏也。」求樂者舒緩安逸，好勤者敏於從事。

〔一三〕 達，通。窮，極。索，盡。思之既通，則達。思之既盡，故曰窮極。

〔一四〕 集注本「席」作「夕」，並云：「諸家作『席』，林（瑀）作『夕』。」或音同而通。有朝氣，圖進取，故尚干。晚夕當歸宜休，故好內。

〔一五〕 葉本「憎」誤作「增」。「餙」當作「飾」。太玄衝云：「差，過也。」飾，文飾。有過差，致災禍，故曰「自憎」。修文飾，眩於人，故稱「自好」。

〔一六〕 格，拒。太玄衝云：「昆大同。」裕，容也，寬也。賈誼新書道術：「包衆容物謂之裕。」格而拒之，不容人物。昆而大同，則能包衆容物。

〔一七〕 廣韻：「益，增也。」説文：「損，減也。」

〔一八〕 太玄衝云：「馴，臣保也。」臣順於君，故曰「奉令」。戾，乖也。乖違，故「相反」。

〔一九〕 集注本「剛」作「靭」。釋首之時，陽氣和煦，萬物蜕枯解甲而變柔。太玄衝云：「堅，寒剛。」

〔二〇〕 集注本、葉本、陳本「頑」作「頑」。近是。范本形近而傳寫誤。頡頏，漢書顏注：「上下不定也。」太玄首難首云：「陰氣方難，水凝地坼，陽弱於淵。」陽氣欲上，遇堅冰凍土，險難不得進，故上下不定。

〔二一〕集韻、正韻：「斷，決也。」與，借爲豫。禮記曲禮：「所以使民決嫌疑，定猶與也。」釋文：「與，亦作豫。」猶與，遲疑不決貌。

〔二二〕廣韻：「逃，避也。」趣，說文：「疾也。」又同趨。釋名：「疾行曰趨。趨，赴也。赴所至也。」逃首之時，「陰氣章彊，陽氣潛退」，故有所避。争首之時，「萬物争訟，各遵其儀」，争進求宜，故有所赴。

〔二三〕集注本「行」作「迂」。驁，或同騺，猶言止而不能行。史記晉世家：「惠公馬騺不能行。」說文：「騺，馬重貌。」

〔二四〕廓，爾雅釋詁：「大也。」說文：「空也。」空大故無所方域。勉力從事，故心專一不二。

〔二五〕應則與時偕行，隨事而變，故言今。度則瞻前顧後，以往爲鑒，故言古。

〔二六〕物相迎逆，互知其前，方可行。長久之事，細觀其後，才能知。

〔二七〕牽，說文：「引前也。」此言從之義爲前有所引，而後隨之。太玄衝云：「守，不可攻。」不可攻破，故言固。

〔二八〕物之始生，時遇艱難，故曰拔於難。太玄衝云：「劇，惡不息。」作惡不止，則罪大而不赦。

〔二九〕太玄衝云：「唐，公而無欲。」廛，廛之俗字，同瘞，說文：「幽薶也。」釋文：「埋也。」廛塞，猶言隱埋閉塞。公而無私，惠及於衆，故其德大而蕩蕩。陽氣在下，防閑於陰，而不能出，故言閉塞隱埋。

〔三〇〕變更之事，去故造新。恒久之道，因故致新。太玄瑩云：「夫物不因不生，不革不成。」

〔三一〕亡，唐韻、集韻：「失也。」斂，聚。積聚，則有所得。

〔三二〕刻，猶害。尚書微子：「我舊云刻子。」孔疏：「刻者，傷害之義。」竈以烹食養人，故曰好利。法以除奸正邪，故曰惡害。

〔三三〕都，廣韻：「天子所宫曰都。」又正韻：「美也，盛也。」室，言居而無宫都之美大。居宫殿，處高位，合禮儀，其行則美。處狹室，在鄙野，其居也陋。

〔三四〕聚首之時，陰氣收聚，故曰虚。衆首之時，陽氣伸高，故曰實。陽實陰虚。

〔三五〕俞樾諸子平議：「成乃咸字之誤。咸用一與皆合二，相對成文。」近是。闕首之時，陰陽相合，故曰合二。密首之時，萬物親密無間，故言用一。

〔三六〕「沉」當作「沈」。太玄首上首云：「陽氣育物於下，咸射地而登乎上。」沈首云：「陰懷於陽，陽懷於陰，志在玄宫。」太玄衝云：「沈，下藏。」萬物努芽欲上，故曰「志高」。陽氣退下欲藏，故言「志下」。

〔三七〕與，助。與人交通，則友多。閉塞不通，不施不化，則助少。

〔三八〕集注本「⿰有刂」作「劗」。鏩鏩，同漸漸，鋭進貌。⿰有刂跙或借爲趑跙。釋文：「次且，本亦作趑趄，或作欧跙。王肅云：『趑趄，行止之礙也。』」説文：「趑趄，行不進也。」專一不二，則能精進。晦暗不明，則行而有礙。

〔三九〕集注本、葉本「䟽」作「疏」，當從。詩大雅綿：「予曰有疏附。」鄭箋：「疏附，使疏者親也。」能親於人，則遠者近之。⿰有刂剥之事，必有犯血。

〔四〇〕太玄首遇首云：「陰氣始來，陽氣始往，往來相逢。」裝首云：「陽氣雖大用事，微陰據下，裝而欲去。」遇陰氣來殺，故言逢難。裝而欲去，故曰候時。

〔四一〕太玄衝云：「事，尚作。」兹，益。漢書揚雄傳顔注：「兹，益也。」有所作爲，勉於從事，需竭盡其力。頤養之事，則需自益。

〔四二〕范注：「宋仲子云：雄本不書此五首。自格至成，宋仲子添之。陸云：格昆增減，脱誤審也。陸釋自有成首，云成者功就不可體也。」許翰曰：「范望玄錯末有『格也乖而昆也同。增有益而減有損。成者，功就不可易也』。云宋衷補此，而或謂陸績自有成首。今以祕館所藏陸本考之，無有。近世宋惟幹別得古本，亦缺此五首。而今本又有『格不容而昆寬裕。增日益而減日損』。莫知何從得之，故獨删宋衷所補四首。餘皆疑，弗敢去，以俟討論者考焉。」按，許説似有理。然今已不可詳考，仍依范本之舊録之。

太玄攡〔一〕

玄者，幽攡萬類而不見形者也〔二〕。資陶虚無而生乎規〔三〕，攔神明而定摹〔四〕，通同古今以開類〔五〕，攡措陰陽而發氣〔六〕。一判一合，天地備矣〔七〕。天日迴行，剛柔接矣〔八〕。還復其所，終始定矣〔九〕。一生一死，性命瑩矣〔一〇〕。

仰以觀乎象，俯以視乎情。察性知命，原始見終〔一一〕。三儀同科，厚薄相劘〔一二〕。圜則杌棿，方則嗇（丞）〔吝〕〔一三〕。嘘則流體，唫則凝形〔一四〕。是故闔天謂之宇，闢宇謂之宙〔一五〕。日月往來，一寒一暑。律則成物，曆則編時。律曆交道，聖人以謀〔一六〕。晝以好之，夜以醜之〔一七〕。一晝一夜，陰陽分索〔一八〕。夜道極陰，晝道極陽。牝牡羣貞，以攡吉凶〔一九〕。則君臣、父子、夫婦之道辯矣〔二〇〕。是故日動而東，天動而西，天日錯行，陰陽更巡〔二一〕。死生相摎，萬物乃纒〔二二〕。故玄聘取天下之合而連之者也〔二三〕。綴之以其類，占之以其觚〔二四〕，曉天下之瞶瞶，瑩天下之晦晦者，其唯玄乎〔二五〕。

夫玄晦其位而冥其畛〔二六〕，深其阜而眇其根〔二七〕，攘其功而幽其所以然者也〔二八〕。故玄卓然示人遠矣，曠然廓人大矣〔二九〕，淵然引人深矣，渺然絶人眇矣〔三〇〕。嘿而該之者，玄也；攡而散之者，人也〔三一〕。稽其門，闢其户，叩其鍵，然後乃應。況其否者乎〔三二〕？人之所好而不足者，善也；人之所醜而有餘者，惡也〔三三〕。君子日彊其所不足而拂其所有餘〔三四〕，則玄道之幾矣〔三五〕。仰而視之在乎上，俯而窺之在乎下，企而望之在乎前，棄而望之在乎後，欲違則不能，嘿則得其所者，玄也〔三六〕。

故玄者，用之至也〔三七〕。見而知之者智也〔三八〕，視而愛之者仁也〔三九〕，斷而決之者勇也〔四〇〕，兼制而博用者公也〔四一〕，能以偶物者通也〔四二〕，無所繫輆者聖也〔四三〕，時與不時者命也。虚形萬物所道之謂道也〔四四〕，因循無革天下之理得之謂德也〔四五〕，理生昆羣兼愛之謂仁也〔四六〕，列敵度宜之謂義也〔四七〕，秉道德仁義而施之之謂業也〔四八〕。瑩天功、明萬物之謂陽也〔四九〕，幽無形、深不測之謂陰也。陽知陽而不知陰，陰知陰而不知陽，知陰知陽，知止知行，知晦知明者，其唯玄乎〔五〇〕。

縣之者權也，平之者衡也〔五一〕。濁者使清，險者使平。離乎情者必著乎僞，離乎僞者必著乎情〔五二〕。情僞相盪而君子小人之道較然見矣。玄者以衡量者也〔五三〕。高者下之，卑者舉之，饒者取之，罄者與之〔五四〕，明者定之，疑者提之〔五五〕。規之者思也〔五六〕，立之者事也〔五七〕，説之者辯也〔五八〕，成之者信也〔五九〕。

夫天宙然示人神矣，夫地佗然示人明也〔六〇〕。天地奠位，神明通氣，有一有二有三〔六一〕。位各殊輩，回行九區〔六二〕，終始連屬，上下無隅〔六三〕。察龍虎之文，觀鳥龜之理，運諸桼政，繫之泰始極焉〔六四〕，以通琁璣之統，正玉衡之平〔六五〕。圜方之相研，剛柔之相干〔六六〕，盛則（人）〔入〕衰，窮則更生，有實有虛，流止無常〔六七〕。

夫天地設，故貴賤序。四時行，故父子繼。律曆陳，故君臣理〔六八〕。常變錯，故百事拹〔六九〕。質文形，故有無明〔七〇〕。吉凶見，故善否著。虛實盪，故萬物纏〔七一〕。陽不極則陰不萌，陰不極則陽不牙。極寒生熱，極熱生寒。信道致詘，詘道致信〔七二〕。其動也，日造其所無而好其所新〔七三〕；其靜也，日減其所有而損其所成〔七四〕。故推之以刻，參之以晷〔七五〕，反覆其序，軫轉其道也〔七六〕。以見不見之形，抽不抽之緒，與萬類相連也〔七七〕。

其上也縣天，下也淪淵；纖也入蔑，廣也包畛〔七八〕。其道游冥而挹盈，存存而亡亡，微微而章章，始始而終終〔七九〕。近玄者，玄亦近之；遠玄者，玄亦遠之。譬若天蒼蒼然在於東面、南面、西面、北面，仰而無不在焉，及其俛則不見也。天豈去人哉？人自去也〔八〇〕。冬至及夜半以後者，近玄之象也〔八一〕。進而未極，往而未至，虛而未滿，故謂之近玄。夏至及日中以後者，遠玄之象也〔八二〕。進極而退，往窮而還，已滿而損，故謂之遠玄。日一南而萬物死，日一北而萬物生〔八三〕；斗一北而萬物虛，斗一南而萬物盈〔八四〕。日之南也，右行而左還；斗之南也，左行而右還。或左或右，或死或生，神靈合謀，天地乃并，天神而地靈〔八五〕。

校釋

〔一〕攡，音離，太玄掜云：「攡，張之。」舒張、開展之義。太玄攡主要闡發太玄之義蘊和功用，以舒張其大要，故曰太玄攡。相當於周易繫辭傳。

〔二〕玄有二義，取易有二義說。一是取大易之義，指太玄書。太玄賦首句說：「觀大易之損益兮。」此仿大易而稱太玄。一是取太極之義，指宇宙的最高本原玄遠幽深，神妙莫測。源於老子第一章：「玄之又玄，衆妙之門。」及劉歆「太極元氣，函三爲一」說，而又變其文，稱爲太玄。其內容爲元氣，即陰陽二氣混而未分的混一體。下文云：「知（主也）陰知陽，知止知行，知晦知明者，其唯玄乎？」揚雄覈靈賦云：「自今推古，至於元氣始化。」「太易之始，太初之先，馮馮沉沉，奮搏無端。」（太平御覽卷一）渾沌無端的元氣即是宇宙的開始狀態。揚雄解嘲云：「（玄）深者入黄泉，高者出蒼天，大者含元氣，纖者入無倫。」以先秦稷下唯物派關於「道」——氣的屬性説明太玄，也表明其學説是與「氣」相聯繫的。王充論衡對作曰：「易之『乾坤』，春秋之『元』，揚氏之『玄』，卜氣號不均也。」就第一種意義説，此句意謂：太玄在幽冥之中展開其體系，形成其圖式，而又不顯露其形跡。就第二種意義説，此句意謂：玄——元氣在幽冥之中舒張開展出萬類萬物，而不見其形跡。

〔三〕資，釋文：「取也。」依靠憑借之義。陶，方言：「養也。」規，圓，又指天體及其運行的軌道。此句意爲：玄憑借着虚空陶養出天體及其運行的軌道。又是説，玄在虚空中畫出圓來。

〔四〕攡，音官，關聯。神明，指陰陽二氣的功能和作用。揚雄的老師嚴君平説：「一以虚故能生二。二物并興，妙妙微微……包裹天地，莫覩其元，不可逐以聲，不可逃以形，謂之神明。」（道藏本道德真經指歸卷八）「神明陽氣，生物之根也。」（卷十三）又指陽畫⚊與陰畫⚋的功能和作用。定摹，確定規模度數。此句意謂：玄關聯陰陽二氣，確定其在一年四時運行的度數。又是説，玄配合陰陽兩畫及𝌀畫，而確定太玄各首所配天體的度數。

〔五〕通同，貫通。開類，區分開萬物（或太玄首、贊）的種類。范注：「玄乃綿絡於天地，通古今之器，開陰陽之氣，同萬物之類也。」按，此句意爲：玄區分開萬類萬物，而又把萬物貫通聯繫起來。又是説，玄區分開八十一首及七百二十九贊的種類，而又將其貫通爲一個統一的整體。

〔六〕措，説文：「置也。」增韻：「施布也。」攡措，即舒張措置，開展措施或發布之義。發，説文：「射，發也。」廣韻：「發，舒也，揚也。」廣雅：「發，開也。」即發布或散開之義。發氣，指散發分布開陰陽二氣。此句意謂：玄措張開陰陽，把氣發布開來。又是説，玄八十一首表示陰陽二氣的運行變化。葉注：「玄即易之太極，指道也。幽，深密也。攡，分張也。資，生。陶，養也。攔，交通也。措，置立也。虛無，言天。不言地，言天則地在其中矣。凡此五句，始一句統而言之，道之深密而張萬類，包括兼該無所不體，而不見其形也。下四句分而言之，道之生天地、貫神明、通古今、立陰陽，所以生規、定摹、開類、發氣也。統言明其大德之敦化，所以爲萬殊之本。分言明其小德之川流，所以爲全體之分也。曰資陶，曰攔，曰通同，曰攡措，此玄之所以爲造化之功。曰生，曰定，曰開，曰發，此玄之所以爲造化之效。曰虛無，神明，古今，陰陽，此其在物之實體。曰規，摹，類，氣，此其在物之實用也。其玄之所至者歟！此一節言實理之根柢，揚子取之爲玄者也。」

〔七〕判，指陰陽分開。合，指陰陽交合。此句意謂：陰陽二氣互相作用，天地萬物就完全具備了。又是説，陰陽兩畫相互配合，天、地、人三玄就完備了。

〔八〕集注本「迴」作「回」。迴行，回轉運行。剛柔，指晝夜。

〔九〕還復其所，謂一年之中天日錯行，周而復始。終始定，謂天體運行自始至終有一定的度數。

〔一〇〕一生一死，指地上萬物的盛衰消長。范注：「謂月之晦明。」瑩，明。太玄捝云：「瑩，明之。」以上皆是兩套語言，一是講太玄圖式的形成，其圖式又表示天日迴行，日夜交替，四時往復，萬物生死的無窮過程。一是講宇宙的形成及其循環運行的過程。葉注：「迴，交互也。瑩，明也。形雖判而氣則合，此天地之道所以備。天左旋而日右行，此剛柔之變所以接。天日分行，至復會於元分之所，而一歲之始終之所以定。原始反終，故生而必有死之期，此萬物性命之所以明。此一節言氣運之流行，玄圖擬之爲象者也。」

〔一一〕原，考察。語出易繫辭上：「仰以觀於天文，俯以察於地理，是故知幽明之故。原始反終，故知死生之説。」

〔一二〕三儀，指天地人。科，法則。厚薄，指陰陽，陰濁而厚，陽清而薄。相劘，互相切摩。此句意爲：陰陽兩個方面相摩相蕩，相互作用，是天、地、人一切事物發展變化所遵循的共同法則。易繫辭上：「一陰一陽之謂道。」

〔一三〕集注本「𠫤」作「吝」，當從。易説卦：「坤爲吝嗇。」圜，指天。易説卦：「乾爲天，爲圜。」杌棿，動蕩不定。方，指地，天圜地方。嗇吝，指聚斂收藏。易説卦：「坤以藏之。」

〔一四〕噓，發散。唫，音吟，收斂。此句意謂：陽氣主發散，成爲天體而轉動；陰氣主收斂，凝爲大地而定形。葉注：「三儀，天地人也。科，等也，言其道一也。揚子言其仰觀俯視，見天地陰陽之氣或厚或薄，互相劘盪，以爲萬變之分。圜則杌棿而動搖；方則嗇厼而静固。噓則闢而生，所以流體；唫則翕而成，所以凝形。以定兩端之體。正張子所謂『游氣紛擾，生人物之萬殊；陰陽兩端，立天地之大義』。語尤約而義該也。」

〔一五〕闔天，容納包裹天地。闢宇，謂天地開闢。此句意爲：容納包裹天地，就叫做宇；天地有了開端，就叫做宙。即太玄瑩所謂：「天地開闢，宇宙拓坦。」宇宙，即指空間和時間。淮南子齊俗訓：「往古來今謂之宙，四方上下謂之宇。」

〔一六〕律，即六律。曆，指年曆。范注：「律謂六律也，陽爲律，陰爲吕。物以陽成，故曰成物也。曆謂治曆明時，編次歲事也。」交道，指相互結合。謀，謀劃。這兩句意謂：律則開物成務，曆則編次時節歲事。律候年曆相互結合，聖人據此謀劃自己的行動。葉注：「宇闔宙闢，故日月行所以成寒暑，此天之化於人也。律曆成而氣朔分，此人之驗於天也。律陽曆陰，二者交道。故揚子作玄以應律候，以協曆紀，以擬天之動也。」

〔一七〕意爲：晝明爲好，夜暗爲醜。

〔一八〕分索，分界。

〔一九〕貞，正。陰性爲牝，陽性爲牡。意爲：陰陽配合適當，各得其所，以張舒吉凶之事。

〔二〇〕集注本「辯」作「辨」。辯，分別而明悉。説文：「辯，判也。」廣韻：「別也。」易象傳：「明辯晳也。」 葉注：「晝好夜醜，以分陰陽。牝牡間配，以分吉凶。晝陽則爲君、爲父、爲夫；夜陰則爲臣、爲子、爲婦。而天人之道一也。此言觀察天地之陰陽，以定太玄之吉凶。」

〔二一〕更巡，更迭交替地運行。

〔二二〕集注本「摎」作「樛」。摎，音糾，纏繞。纏，纏綿不絶，生生無窮。 葉注：「天每日繞地一周而過一度，日亦每日繞地一周，而不及天一度，是以天漸差而西，日漸差而東，積三百六十五日四分日之一，而天日復會於元分之所而成歲，所謂天周歲終是也。天日陰陽更錯巡行，此天道之所以終始也。萬物死生轇擾相纏，此人物之所以死生也。」

〔二三〕玄，指太玄書。聘取，求取。意爲：太玄就是求取天下相反而又相合的事物（如陰陽、晝夜、牝牡、君臣、生死等）而連貫在一起的。 葉注：「天人異用，萬物散殊，道則兼貫而無不在也。此邵子所謂萬物體統一太極者是也。」

〔二四〕觚，法式。范注：「法也。」此句意謂：按照事物的類別連綴起來，按照它們的法式進行占斷。 葉注：「分首係贊莫不因其類，旦經夕緯莫不著其法，所以定嫌疑、決猶豫也。此一節言作玄之法與用玄之道。」

〔二五〕瞶，目盲。瞶瞶，指愚昧的人。　此章言聖人仰觀俯察，取天地人之道而繫太玄之中，故玄可以曉瑩天下。

〔二六〕此玄含二義，一是指太玄書或太玄體系，一是指玄所概括的自然法則。太玄圖云：「夫玄也者，天道也，地道也，人道也，兼三道而天名之。」眕，界限。晦其位，謂無方所。冥其眕，言無界限。

〔二七〕阜，博厚。釋名：「土山曰阜，言高厚也。」詩小雅：「爾殺既阜。」毛傳：「阜猶多也。」尚書周官「阜成兆民」注：「大成兆民之性命。」眇，正韻：「微也，細也，末也。」廣雅：「遠也。」此句意謂：深藏它的博厚，蔭蔽它的根柢。

〔二八〕攘，推却不受。方言：「攘，止也。」説文：「推也。」意本老子：「萬物恃之而生而不辭，功成而不有，衣養萬物而不爲主。」（三十四章）以上幾句極言玄没有形體，没有意志，自然無爲。　葉注：「晦位，言其無方所也。冥眕，言其無畔岸也。深阜，言其至博厚也。眇根，言其至微妙也。雖成其功而密然莫知其所以然者也。此一節狀玄之妙。」

〔二九〕曠，空闊。廓人大，使人開闊廣大。

〔三〇〕意爲：渺茫使人不見其形跡。以上幾句意思是説，玄在暗中支配着宇宙間的一切，又給人以極大的影響。　葉注：「此一節皆形容玄之妙也。」

〔三一〕嘿，同默。該，總括。廣韻：「該，備也，咸也，兼也，皆也。」撣，同揮，發揮。意謂：玄無爲而又無不爲。而人能够把「玄」這个自然法則運用於各個方面。

〔三二〕稽，至。莊子逍遥遊：「大浸稽天而不溺。」成疏：「稽，至也。」稽其門，即到達玄之門。葉注：「理備於書，業生由人，求則應，未有不求而應者也。」

〔三三〕醜，厭惡。說文：「醜，可惡也。」

〔三四〕彊，盛健。拂，廣韻：「去也，拭也，除也。」

〔三五〕幾，近。意謂：君子能從善去惡，則近於玄之道。

〔三六〕企，方言：「立也。」說文：「舉踵望也。」這幾句是說，玄無所不在，不依人的意志爲轉移，任何人想要逃避它的支配是不可能的，它在默默地發揮着自己的作用。此章言玄的特點及其與人的關係。

〔三七〕意謂：玄的作用是極大的。

〔三八〕意謂：人運用玄，見事物而知其吉凶，就是智慧。

〔三九〕意謂：見到事物加以愛護，就是仁。

〔四〇〕意謂：遇事果斷即是勇。

〔四一〕意謂：兼而不偏，廣用於民，就是公。

〔四二〕偶，配合。爾雅釋詁：「偶，合也。」意指，能與萬物相配合，就是通順。

〔四三〕軫，道路不平，有所阻礙。無所繫軫，指無所拘滯。意爲：不爲物宥，不爲事域，無所滯礙，就是聖人。

〔四四〕許翰曰：「『虚形』章（箸）、丁（謂）作『虚無形』，『所道』宋作『所通』。」意爲：虚空無形，萬物由之而出，就叫做道。

〔四五〕革，更改。理，治理。意謂：因循自然法則，無所更改，天下得到治理，就叫做德。

〔四六〕理生，即治理養育。昆，説文：「同也。」太玄衝云：「昆，大同。」

〔四七〕列，序。敵，爾雅釋詁：「匹也。」列敵，安排對偶。范注：「序其彙匹，度時之宜而處者，故謂之義。義者，宜人及物也。」

〔四八〕秉，執持。施，施行於世。業，業績。以上十二條皆贊揚人之用玄之功效。葉注：「知之者，知玄之道也，故謂之智也。愛之者，愛玄之道也，故謂之仁。以下十者，隨其造詣而爲之名也。」

〔四九〕意謂：顯明天之功效，使萬物光明的，就是陽氣。

〔五〇〕知，主管。易繫辭上：「乾知大始。」朱熹注：「知，主也。」左傳襄公二十六年：「子産其將知政矣。」吕氏春秋長見：「三年而知鄭國之政也。」知皆訓爲「主」。故字彙云：「知，主也。」止行，指陰陽一年四時的運行。晦明，指陰陽各自的性質。意思是說，玄非陰非陽，而是既主陰又主陽，即陰陽兩個對立面的渾一體，也就是陰陽二氣混沌未分的渾一體。葉注：「陽主息，變物而有形。陰主消，化物而無跡。然陰陽，氣也，故局於一偏而不通。玄者，理也，故通於兩端而兼體。周子曰：物則不通，神妙萬物。正此謂也。」

〔五一〕縣，讀作「懸」。范注：「玄之稱物平施，如權衡也。」葉注：「言玄之稱物平施，可易亂以治，反危爲安也。」

〔五二〕離，去。著，附。情，實。僞，虛。

〔五三〕言玄是用以平量天下之事的。

〔五四〕罄，釋文：「盡也。」說文：「器中空也。」

〔五五〕俞樾諸子平議云：「『提』當爲『題』。說文見部：『題，顯也；從見，是聲。』疑者題之，謂使之明顯也。提也從是聲，故得通用耳。」

〔五六〕規，謀度。意爲：有所謀劃，則必精於思索。

〔五七〕立，建樹。意謂：有所建樹，則必勤於從事。

〔五八〕說，闡發。意謂：有所闡發，則必善於分別。

〔五九〕成，成就。說文：「成，就也。」廣韻：「畢也。凡功卒業就謂之成。」信，同伸，指發揮作用。

意爲：有所成就，則必强於伸張。　以上兩章講玄的作用。　葉注：「規之者，規玄也。立之者，立玄也。下倣此。　此言用玄之道，所以開物成務也。」

〔六〇〕集注本「他」作「佗」。　宙然，開朗貌。　他然，即泰然，安穩貌。　此句意爲：天的開朗，向人們顯示其作用神妙；地的安穩，向人們顯示其功用明顯。

〔六一〕神明，指陰陽二氣的功能和作用。　一、二、三，指天、地、人。　太玄告：「玄一摹而得乎天，故謂之有天；再摹而得乎地，故謂之有地；三摹而得乎人，故謂之有人。」意思是説，天地定位，天氣與地氣相互交通，便産生了天地間的萬物。　葉注：「玄分天地人之位三。　易之觀物以兩，玄之觀物以三。　大抵玄本老子一生二，二生三，三生萬物之説而推之。」

〔六二〕殊輩，異類。　九區，九位。　玄每首分爲九位，每位各有贊辭，稱爲九贊；八十一首共七百二十九贊，又分爲九大階段，稱爲「九天」，每「天」九首。　以九位和「九天」象徵事物的盛衰消長和一年節氣變化的過程。

〔六三〕終始連屬，指循環周流，終而復始。　上下無隅，指上下四方無棱角，渾淪圓轉。

〔六四〕龍、虎、鳥、龜，指東方蒼龍、西方白虎、南方朱雀、北方玄武等二十八宿。　麥政，即七政，指日月和水火木金土五星。　泰始，指北極星。　極，指天極，也即北極，天之中。　按照當時天文學的觀測，是以北極爲假想的不動點，視爲北天之中，星辰的周日運動就是以它爲中心。

而天文觀測時，就把最接近北極的星辰，叫做北極星（或北辰星），并借以判斷北極的位置。史記天官書：「中宮天極星，其一明者，太一常居也。」所以揚雄把天極和北極星聯繫起來，稱爲「太始極」。

〔六五〕集注本「琁」作「璇」。琁璣、玉衡，皆指北斗星。史記天官書：「北斗七星，所謂『旋、璣、玉衡以齊七政』。」春秋運斗樞：「斗，第一天樞，第二琁，第三璣，第四權，第五衡，第六開陽，第七摇光。第一至第四爲魁，第五至第七爲標，合爲斗。」文耀鈎：「玉衡屬杓，魁爲琁璣。」一説，琁璣、玉衡是指古代觀測天象的儀器。這段話意思是説，只有觀測昏、旦所處天中的星宿，確定日月五星在天球上的位置，會通初昏時斗柄所指之方向，才能把握太玄各首所處一年的季節。淮南子天文訓：「斗日行一度，十五日爲一節，以生二十四時之變。」「斗指子，則冬至。」葉注：「此二十八宿定經天之象也。麥政，日月五星也。泰始，謂北極，天之樞也。璇璣玉衡，觀天之器，今之渾天儀也。列宿所以定經天之象，七政所以錯緯天之度，莫不繫之於極焉。此觀天之術所由施也。此言玄之取法象於天以爲書。」

〔六六〕圜方，天圓地方。剛柔，陽剛陰柔。相研，相摩蕩。相干，相干犯。皆指交互作用。

〔六七〕集注本、葉本「人」作「入」，當從。有實有虛，謂陽實而陰虛；天地運行，有盈有虛。流止無常，謂或流動或停止，非永恒固定不變之體。這幾句意本易繫辭傳：「剛柔相推而生變化。」「剛柔相推，變在其中矣。」葉注：「天圓地方之相摩，陽剛陰柔之相犯，錯縱紛擾以成造化之功。故盛衰窮通之迭運，虛實流止之無常也。」

〔六八〕陳，列也，布也。理，分。禮記樂記：「樂者，通倫理者也。」鄭注：「理，分也。」此句意謂：律以和聲，曆以紀時，律曆布列，則君臣之職分各得其誼。

〔六九〕集注本「扸」作「析」，二字同。析，分明。意謂：事有常有變，交錯雜陳，則事事分明。

〔七〇〕意爲：質以顯文，文以現質，質文相現，則有無分明可知。

〔七一〕虛實，陰虛而陽實。纏，纏綿，謂生生不窮。此句意謂：陰陽相摩相蕩，交互作用，則萬物纏綿而生生不窮。易繫辭上：「一陰一陽之謂道。……生生之謂易。」京氏易傳：「陰生陽消，陽生陰滅。二氣交互，萬物生焉。」（井卦）葉注：「凡七句，上半句言天地之實體，下半句言玄取之以爲用，即易『天尊地卑，乾坤定矣』之義。」

〔七二〕牙，同芽。信，同伸。詘，同屈。這幾句話意思是説，陰陽、寒暑、屈伸這些對立面都是相互轉化的；但轉化以極爲條件，對立的一方不發展到極端，就不能向其反面轉化。意本京氏易傳：「陽極陰生，八卦例諸。……物不可極，極則反。」（乾卦）「陰陽相蕩，至極則反。」（大過）內經素問：「寒極生熱，熱極生寒。」（陰陽應象大論）葉注：「大凡物窮則變，盛極則衰也。天道且然，況於人乎？」

〔七三〕意謂：事物的運動，不斷地産生以前所没有的東西，愛護新生的東西。

〔七四〕集注本「所有」作「所爲」。以「所有」爲長。與上句連屬，正「動静、有無」相對成文，句順義暢。此句意謂：事物的静止，不斷地減少原來所有的東西，損壞其所成就的東西，使之走向衰亡。葉注：「陽之生也，物自無而趨有。陰之消也，物自有而趨無。此説蓋得易分變化二字之旨。」

〔七五〕推，推度。刻，漏刻。參，驗。晷，日晷，測定日影的表。

〔七六〕軫轉，轉動。葉注：「推刻以漏，參晷以表，因往知來，以古驗今，知其循環有常，是謂反覆其序，軫轉其道者也。此説驗天之行不一而足，皆自微而至著也。」

〔七七〕抽，分出。緒，端緒。此句意爲：以通常見不到的形跡、分析不出的端緒，與萬類萬物連結在一起。以上兩章言玄囊括了天人之道。

〔七八〕集注本「眕」作「軫」。縣，讀作懸。薉，説文：「蕪也。」即雜草。包眕，包括一切范圍。這幾句意謂：玄包羅一切，而又滲透於天地萬物之中，無所不在。其意源於管子宙合篇：「宙合（道）之意，上通於天之上，下泊（及）於地之下，外出於四海之外，合絡天地以爲一裹。散之至於無間，不可名而字之，大之無外，小之無内，故曰有槖天地。」（依郭沫若校本）葉注：「此極言玄之道上下大小無不包括，其大無外，其小無内也。」

〔七九〕集注本「游」作「斿」。「挹盈」，許翰曰：「丁、宋作『押盈』。」冥，幽冥。挹，同抑，損也。荀子宥坐：「挹而損之。」挹盈，抑制事物發展到頂點。此句是説，玄之道即常處幽冥之中，不顯露其形跡，損抑盈滿而自謙虚，各隨其事而順自然。即是説，玄的根本特點是自然無爲。葉注：「游冥，守其静也。挹盈，損其盛也。存存，因其當存而存之。亡亡，以其當亡而亡之。下倣此。此言玄以謙静爲道，其用莫不因其自然而利導之。」

〔八〇〕俛，同俯。漢書晁錯傳：「在俛仰之閒耳。」顔注：「俛即俯。」去，離，引申爲違背。這幾句話意爲：玄作爲自然法則，人可以接近或遠離它。人去認識它，它到處都在；人不去認識它，則看不到它；雖然看不見，并非玄有意地不讓人接近它、認識它，而是人不去認識而又違離了它。葉注：「此言道體之存否，在乎人心之從違。」

〔八一〕太玄重視陽氣的作用，「以一陽乘一統，萬物資形。」（玄首都序）以陽氣的消長，作爲萬物盛衰的標志。冬至及夜半以後，陽氣萌生而漸長，陰氣盛極而漸消。故謂之近玄。

〔八二〕夏至及日中以後，陽氣盛滿而轉消，陰氣始萌而漸息，故謂之遠玄。葉注：「冬至、子之半，一陽始生。自此積之，萬物寖盛而寖昌。玄以陽爲主，故曰近。夏至、午之半，一陰始萌。自此積之，萬物寖微而寖滅。玄以陰爲外，故曰遠。此一歲盈虚之運也。一日亦然。」

〔八三〕此句意謂：夏至日在南方東井宿，陽氣盛滿而退，陰氣漸升，萬物都要走向死亡；冬至日在北方牽牛宿，陰氣盛極而消，陽氣開始萌長，萬物都要走向生長。淮南子天文訓：「夏日至則陰乘陽，是以萬物就而死；冬日至則陽乘陰，是以萬物仰而生。」

〔八四〕虛，指萬物衰敗。盈，指萬物豐盛。此句意爲：斗指亥子（北方），寒氣傷物，萬物衰敗，故言虛；斗指巳午（南方），温氣長物，萬物茂盛，故言盈。淮南子天文訓：「斗指子則冬至。斗指午而夏至。日冬至則斗北中繩，陰氣極，陽氣萌。夏日至則斗南中繩，陽氣極，陰氣萌。陰氣極則萬物閉藏，蟄蟲首穴。陽氣極則萬物蕃息，五穀兆長。」葉注：「夏至日極北而漸轉南行，爲萬物衰之始。冬至日極南而漸轉北行，爲萬物生之端。夏至斗指午漸轉西而北行，冬至斗指子漸轉東而南行。斗與日背行迭運，消息盈虛，共成歲功也。」

〔八五〕神靈，指天神地靈。合謀，謂天地合會。此章言人與自然之道的關係。葉注：「星象家以天之東爲左，西爲右，北爲左，南爲右。夏至日在東井，始行由西方，故言右行。冬至日在牽牛，始還從東方，故言左旋。冬至斗在地下，始行東方，故言左行。夏至斗當嵩高，始還從西方，故言右旋。蓋斗與日常互行也。日斗分左右之行，萬物有死生之變。此天地神靈所以同運成造化之功也。此言日斗爲天之紀綱而斡旋，造化莫不由之也。玄也附之入圖，以見其運。」

太玄瑩〔一〕

天地開闢，宇宙(袥)〔拓〕坦〔二〕。天元咫步，日月紀數〔三〕。周渾曆紀，羣倫品庶〔四〕。或合或離，或嬴或踦〔五〕。故曰：假哉天地，啗函啓化，罔裕於玄〔六〕。終始幽明，表贊神靈〔七〕。太陽乘陰，萬物該兼〔八〕。周流九虛，而禍福絓羅〔九〕。凡十有二始，羣倫抽緒，故有一、二、三，以絓以羅，玄術瑩之〔一〇〕。鴻本五行，九位施重，上下相因，醜在其中，玄術瑩之〔一一〕。天圜地方，極植中央，動以曆静，時乘十二，以建七政，玄術瑩之〔一二〕。斗振天而進，日違天而退，或振或違，以立五紀，玄術瑩之〔一三〕。植表施景，(榆)〔揄〕漏率刻，昏明考中，作者以戒，玄術瑩之〔一四〕。泠竹爲管，室灰爲候，以揆百度〔一五〕，百度既設，濟民不誤，玄術瑩之。東西爲緯，南北爲經，經緯交錯，邪正以分，吉凶以形，玄術瑩之。鑿井澹水，鑽火爇木，流金陶土，以和五美〔一六〕，五美之資，以資百體〔一七〕，玄術瑩之。奇以數陽，偶以數陰，奇偶推演，以計天下〔一八〕，玄術瑩之。六始爲律，六間爲吕，律吕既協，十二以調，日辰以數〔一九〕，玄術瑩之。方州部家，八十一所，畫下中上，以表四海〔二〇〕，玄術瑩之。一辟、三公、九卿、二十七大夫、八十一元士，少則制衆，無則治有〔二一〕，玄術瑩之。古者不（霅）〔霆〕不虞〔二二〕，慢其思慮，匪筮匪卜，吉凶交瀆；於是聖人乃作蓍龜，鑽精倚神，箝知休咎〔二三〕，玄術瑩之。是故欲知不可知，則擬之以乎卦兆；測深摹遠，則索之以乎思慮〔二四〕。二者其以精立乎〔二五〕？夫精以卜筮，神動其變；精以思慮，謀合其適；精以立正，莫之能仆；精以有守，莫之能奪。故夫抽天下之蔓蔓，散天下之混混者，非精其孰能之〔二六〕？

夫作者，貴其有循而體自然也〔二七〕。其所循也大，則其體也壯；其所循也小，則其體也瘠〔二八〕。其所循也直，則其體也渾；其所循也曲，則其體也散〔二九〕。故不攫所有，不彊所無〔三〇〕。譬諸身，增則贅，而割則虧。故質幹在乎自然，華藻在乎（人事）人事也〔三一〕。（具）〔其〕可損益歟〔三二〕？夫一一所以摹始而測深也，三三所以盡終而極崇也，二二所以參事而要中也〔三三〕。人道象焉。〔務〕其事而不務其辭〔三四〕，多其變而不多其文也。不約則其指不詳，不要則其應不博，不渾則其事不散，不沈則其意不見〔三五〕。是故文以見乎質，辭以睹乎情，觀其施辭，則其心之所欲者見矣〔三六〕。

夫道有因有循，有革有化。因而循之，與道神之〔三七〕。革而化之，與時宜之〔三八〕。故因而能革，天道乃得；革而能因，天道乃馴〔三九〕。夫物不因不生，不革不成〔四〇〕。故知因而不知革，物失其則；知革而不知因，物失其均〔四一〕。革之匪時，物失其基。因之匪理，物喪其紀〔四二〕。因革乎因革，國家之矩范也〔四三〕。矩范之動，成敗之効也〔四四〕。

立天之經曰陰與陽，形地之緯曰從與横，表人之行曰晦與明〔四五〕。陰陽曰合其判，從横曰緯其經，晦明曰別其材〔四六〕。陰陽該極也〔四七〕，經緯所遇也，晦明質性也。陽不陰，無與合其施；經不緯，無以成其誼；明不晦，無以別其德〔四八〕。陰陽所以抽嘖也，從横所以瑩理也，明晦所以昭事也〔四九〕。（嘖情也抽，理也瑩，事也昭）（抽嘖也，瑩理也，昭事也），君子之道也〔五〇〕。

往來熏熏，得亡之門〔五一〕。夫何得何亡？得福而亡禍也。天地福順而禍逆，山川福庳而禍高，人道福正而禍邪。故君子内正而外馴，每以下人〔五二〕。是以動得福而亡禍也。福不醜不能生禍，禍不好不能成福〔五三〕。醜好乎，醜好乎！醜好，君子所以亶表也〔五四〕。夫福樂終而禍憂始〔五五〕。天地所貴曰福，鬼神所祐曰福，人道所喜曰福。其所賤(在)惡皆曰禍〔五六〕。故惡福甚者其禍亢〔五七〕。晝人之禍少，夜人之禍多，晝夜散者其禍福雜〔五八〕。

校釋

〔一〕瑩，太玄掜云：「瑩，明之。」太玄瑩主要論述玄所闡明的事物及道理，進一步伸明其大體，故曰太玄瑩。亦相當於易繫辭傳。

〔二〕集注本、葉本、陳本「祏」作「拓」。拓，開也，廣也。循其文義，以「拓」爲佳。此句意謂：天地開闢，也就有了宇宙。太玄攡云：「闔天謂之宇，闢宇謂之宙。」

〔三〕天元，即曆元。中國古代曆法，以夜半爲一天的開始，以朔旦爲一月的開始，以冬至爲一年的開始，以甲子爲推算年代的開始。而用朔旦冬至恰好是甲子日的夜半那個時刻，作爲推算曆法的開始。這就是所謂曆元。史記索隱曆書引虞喜云：「天元之始，於十一月甲子夜半朔旦冬至，日月若連珠，俱起牽牛之初。」咫，八寸爲咫。步，六尺爲步。咫步，指測定晷影，推斷日月五星之度數，以定一歲之時日。此句意爲：治曆推步之法陳，則日月歲時之數定。

〔四〕渾，范注：「運也。」倫，類。品庶，衆盛之義。

〔五〕或合或離，謂日月運行有合有離。或贏或踦，指氣盈和朔虛。

〔六〕集注本「啗」作「陷」，「裕」作「袞」。以范本爲近。「袞」似「衮」字之誤。衮，同裕。假，爾雅釋詁：「大也。」啗，説文：「食也。」可引申爲吞含。函，説文：「容也。」罔，同網。裕，寬緩。此句意謂：大哉天地，包容萬物，開化成務，猶如天網恢恢，疏而不漏。此天地造化之功，皆概括於玄書之中。

〔七〕表贊，闡發。范注：「幽謂陰也。明謂陽也。言玄終始於陰陽之事，以表贊於天地也。天神而地靈也。」

〔八〕集注本「太」作「大」。該兼，皆備之義。此句意即玄首都序所謂：「以一陽乘一統，萬物資形。」

〔九〕范注：「九虛，九贊之位也。列貴賤者存乎位也。九贊成位，而福禍見也。絓羅，猶流離也。」葉注：「假，大也。啗，吞也。函，包也。啓，開也。罔，無也。裕，大也。九虛，九贊之位也。絓羅，掛綴於網羅，言由其所遇也。言大哉天地能包含而開化者，莫大於玄也。始終於陰幽陽明之道，表贊於天神地靈之理，以太陽爲之統而乘陰，則事有所主，而萬物可以該兼。以一氣而周流於九虛，則物無所遺，而禍福可以包羅也。此一節言玄體天道之大概也。」此章言太玄以天道爲體，闡發天地造化之功，以顯示其吉凶禍福。

〔一〇〕始，指朔，農曆每月初一。一歲十二月，皆以朔始，故言十二始。抽緒，分出端緒。一、二、三，指天地人。此句意謂：歲月周流，陰陽迭興，羣類分列；天地人物，交錯連綴。這是玄術所要闡明的。葉注：「凡一年有四時，時有三月，故凡十有二月。爲朔之始，而昏明晝夜氣候分至之羣倫莫不由是而出。故玄有天一地二人三，又錯綜以成方州部家之位，以絓以羅而連綴之。此一節言玄之明乎歲法也。以下凡十有三節，汎言律曆、五行、人事，以推廣玄之説也。」

〔一二〕許翰曰：「諸本作『施重』，宋作『重施』。」鴻，大。醜，類。九位施重，指把水、火、木、金、土分配於不同的方位；分配於每「天」的九首之中，一首六首爲水，二首七首爲火，其餘依次配合；分配於每「首」的九贊之中，一六爲水，二七爲火，其餘依次配合。上下相因，指五行相生相剋的次序。范注：「言玄大本起於五行，以施九重之位，上下相因，品物醜類皆在其中。太玄之術皆明之也。」

〔一三〕集注本「植」作「殖」。范本爲佳。極，天極，也即北極。古代天文觀測以北極爲天之中，故曰處中央（詳見太玄攡校釋〔六四〕）。十二，指子丑寅卯辰巳午未申酉戌亥十二辰。此句意爲：天圓地方，天極立於中央；天體運轉，以極爲樞；周天以分，加十二辰；日月五星，周運得度，皆以曆定之。這是玄術所要闡明的。葉注：「天以動爲運，曆以靜爲驗，以四時乘十二辰以建日月五星之運也。玄以玄爲極，陽爲天，陰爲地。陽則動，陰則靜，所以分配四時而合七政也。」

〔一三〕五紀，尚書洪範：「一曰歲，二曰月，三曰日，四曰星辰，五曰曆數。」以此五者紀天時。振，動。斗衡隨天左旋，故言進。日逆天右行，故言退。

〔一四〕陳本「揄」作「揄」，爲佳。疑范本爲「揄」字之誤，或音同而通。范注有「揄，猶寫也」句，是其證。植，立。景，同影。植表施景，言立八尺之表，表立則影施，測影以定分至。率，音律，集韻：「計數之名。」揄漏率刻，謂瀉水下漏，審計刻度，以定辰時。昏明，指昏旦。中，指處於天中的星宿。昏明考中，謂觀測昏旦所處天中的星宿，以定月令。作者以戒，謂有所作爲，當戒慎而奉時。

〔一五〕泠，即泠綸，黄帝樂官。泠竹爲管，謂黄帝使泠綸到大夏以西，昆侖之陰，取竹截爲十二管，以定十二律。室灰爲候，謂將十二管置於密室，以莩灰蒙其口，候十二月之氣至，則灰飛，借以明時。揆，度。百度，百事。以揆百度，謂定律明時，以確定應作之事。

〔一六〕集注本「韅」作「難」，誤。韅，古然字，説文：「燒也。」澹，同贍，給也。五美，五行之美。

〔一七〕意謂：五行相資相濟，和以成百物。

〔一八〕意謂：奇數一、三、五、七、九爲陽數，偶數二、四、六、八、十爲陰數。以此十數推究演算，則可盡天下之事而不遺。易繫辭上：「天一，地二；天三，地四；天五，地六；天七，地八；天九，地十。……凡天地之數五十有五，此所以成變化而行鬼神也。」

〔一九〕始，本始，引申爲主。指陽。間，配。指陰。春秋緯演孔圖：「正氣爲帝，間氣爲臣。」（太平御覽卷三〇六）君爲主，臣爲配，君爲陽，臣爲陰。故陽爲始，陰爲間。律爲陽，呂爲陰，故言六始六間。協，和。十二，指六律六呂，合稱十二律。辰，時，謂子丑寅卯辰巳午未申酉戌亥十二辰。子、寅、辰、午、申、戌爲律；丑、卯、巳、未、酉、亥爲呂。此句意爲：陰陽既和，律呂調洽，則日辰可立而不忒。漢書律曆志：「六律六呂，而十二辰立矣。」「陰陽之施化，萬物之終始，既類旅於律呂，又經歷於日辰，而變化之情可見矣。」

〔二〇〕表，明示。范注：「謂玄有八十一家，九贊之位，三分爲下中上，位有貴賤，以表明四海之事也。」

〔二一〕辟，爾雅釋訓：「君也。」一君、三公、九卿、二十七大夫、八十一元士，乃當時之官制。

〔二二〕集注本「⿱雨迋」作「霆」。許翰曰：「許（昂）、宋（衷）作『⿱雨迋』，諸家作『霆』。」循其文義，似以「霆」爲近。爾雅釋詁：「震，懼也。」易説卦：「震爲雷。」是霆有懼義。虞，范注：「憂也。」

〔二三〕集注本「箝」作「籍」。循其文義，以「箝」字爲長。箝，同鉗。鉗以取物，有求取之義。瀆，范注：「泄也。」休咎，指吉凶。這兩句是説，上古之人，無恐懼憂愁，蕩然慢易，無所思慮，不占筮不龜卜，吉凶自然交相呈現，人所不知而受其害；聖人憂之，於是創作蓍龜之法，教人鑽灼取精，倚數窮神，以求預知吉凶，而免禍害。

〔二四〕此句意謂：欲決所疑之事，欲知未來之前途，當依據卦兆深思熟慮，求知其吉凶。

〔二五〕二者，指占筮卦兆和思慮。精，精密，精微。

〔二六〕抽，分出。散，布開。蔓蔓、混混，皆指至亂至雜難以分辨之事。此句意爲：天下至雜至亂之事，只有以精密微妙的卜筮和思慮，才能理出頭緒，辨别吉凶。此章言太玄所闡明的自然和人事的道理。

〔二七〕作者，泛指著書立説，特指太玄之作。有循，有所依據。體，體質。自然，自然而然，本然。指客觀事物的本來樣子。意思是説，著書立説最重視遵循客觀世界的情況，以自然爲其體質，客觀情況是個什麽樣子，就寫成什麽樣子，不可虚造。

〔二八〕體，體裁，指内容。瘠，瘦小，貧乏。

〔二九〕渾，完整。散，舒散。葉注：「循，謂有所因。體，謂有所本。玄之所因，因易也。所本，本道也。故言循有大小曲直之不同，故體有壯瘠渾散之或異。惟在於作者之如何耳。後四『體』字又自以體質而言，與前『體自然』字意不同。」

〔三〇〕集注本、趙本「擢」誤作「㦒」。擢，范注：「去也。」彊，强加。意爲：對於客觀事物不能減少，也不能强行增加。

〔三一〕集注本「榦」誤作「𠏉」。此句意謂：其體質本幹必須依據客觀事物的本來面貌，作者只能稍加文飾。

〔三二〕集注本此句作「其可損益與」，並云：「諸本皆作『華藻在乎人事，人事也，其可損益與？』『人事』二字蓋衍。」循上下文義，以集注本爲是。其，同豈。葉注：「此言道有定體，不可以增減也。理氣象數出乎道體之自然，書辭占筮由乎聖賢之所作。雖則人作，亦莫不本於道體之自然，所以及其既具，亦不可損益也。」

〔三三〕一一，指初。三三，指上。二二，指中。玄首每首九贊，每三贊爲一組稱爲始、中、終，各有初、中、上。測深，推測其深遠。極崇，推極其崇高。要中，考求其中心。

〔三四〕集注本、趙本、陳本句首皆有「務」字，范本脱誤。

〔三五〕約，簡約。指，宗旨。要，概括。渾，圓滿。沈，深刻。見，同現。這幾句意思是説，玄之文辭不簡約則其宗旨不能詳盡，不概括則其應對不能廣博，不圓滿則其從事不能舒散，不深刻則其義藴不能表現。

〔三六〕施辭，施於言辭。此章言太玄以自然爲體，文辭約要而義理淵博。

〔三七〕與道神之，同道一樣神妙。

〔三八〕與時宜之，隨其時宜。

〔三九〕馴，同順。葉注：「本其所固有者爲因，從其所成法者爲循，改其所宿弊者爲革，變其所舊習者爲化。言其所因所革，莫不因其自然之勢而爲之，則得矣。」

〔四〇〕此句意謂：有革而無因，事物就不能發生；有因而無革，新事物就不能形成。

〔四一〕此句意謂：只講因而不講革，就違反了事物的法則；只講革而不講因，就會使事物失去常態。

〔四二〕此句意爲：革要合乎時宜，否則就會失去事物發展的基礎；因要合乎道理，否則就違反了事物發展的秩序。也即是説，因革不是隨意妄爲，必須合乎事物自身發展的條件和規律。

〔四三〕矩范，法式。意謂：因革的道理也是國家必須遵循的法則。

〔四四〕効，驗。此章言因循革化是自然、社會、著書立説，一切事物所要遵循的法則。

〔四五〕從，同縱。南北爲縱，東西爲横。晦明，指人之賢愚。言天道、地道、人道皆有對待，玄取而擬之。易説卦：「立天之道曰陰與陽，立地之道曰柔與剛，立人之道曰仁與義。」

〔四六〕集注本「緯」誤作「經」。此句意謂：陰陽判合，以生萬物；縱横經緯，以成文章；賢愚分别，以識人才。即是説，對立面交互作用，才成其爲事物。

〔四七〕該，兼備。極，盡。此句意謂：陰之與陽，包括了天地間一切事物的道理。

〔四八〕此句意爲：陽無陰，則不能交合以施化；經無緯，則不能成其物誼；明無晦，則不能别其質性。也即是說，没有對立面，對立的一方就不能發揮作用，就不成其爲事物。葉注：「陰陽殊氣，縱横殊勢，晦明殊質，莫不交相用而互相成也。該極，所以包天地之理。所遇，所以襲水土之宜。質性，所以異賢愚之禀。蓋無判不能合，故曰合施；無緯不能成經，故曰成誼；無小人莫辨君子，故曰别德。」

〔四九〕嘖，范注：「情也。」昭，明。這幾句意謂：一陰一陽是出萬物之情的，一縱一横是明天地之理的，一晦一明是昭天下之事的。

〔五〇〕俞樾諸子平議：「揚雄原文本作『抽嘖也，瑩理也，昭事也，君子之道也』。」俞説近是。或作「嘖也抽，理也瑩，事也昭，君子之道也」。「情」字因注文而衍。此章言太玄取法天地人之道而作。

〔五一〕此交首次四贊辭。見交首校釋〔六〕。

〔五二〕馴，順也；又善也。此句意謂：君子内懷中正之心，外有柔順之善行，總是虚懷若谷，謙以待人。

〔五三〕醜，惡。詩小雅：「日有食之，亦孔之醜。」毛傳：「醜，惡也。」左傳文公十八年：「醜類惡物。」杜預注：「醜亦惡也。」好，集韻、正韻：「善也。」此句意爲：不作惡，福則不能轉化爲禍；不爲善，禍也不能轉化爲福。這裏，揚雄看到了，爲善和作惡，是禍福轉化的條件。

〔五四〕亶，同襢，坦也。表，彰明之義。

〔五五〕此句意爲：福極禍始，樂極憂來。老子：「禍兮福之所倚，福兮禍之所伏。」（五十八章）

〔五六〕集注本無「在」字，並曰：「章、許作『其所賤在惡』，丁（謂）作『其所在賤惡』，宋作『其所賤惡』。」以集注本爲近。疑范本衍一「在」字，而後人多從之。

〔五七〕惡福甚，指福而不知謹慎從事，而肆無忌憚，非指不願得福。亢，極。此句意謂：福而不慎，必轉化爲禍。重申「福不醜不能生禍，禍不好不能成福」之義。

〔五八〕散，范注：「猶雜也。」劉斯組云：「晝而陽明，其人也正，得禍常少；夜而陰暗，其人也邪，得禍常多；其晝而淆夜，夜而淆晝，時近於陽明，時近於陰暗，則晝夜散者，禍福也雜。雜而不可稽也，非玄其曷瑩之。」此一章言得福亡禍之道。

太玄數〔一〕

昆侖天地而産蓍〔二〕。參珍睟精三以（榡）〔摖〕數〔三〕，散幽於三重而立家〔四〕，旁擬兩儀則覩事〔五〕，逢遭並合撰繫其名而極命焉〔六〕。精則經疑之事其質乎〔七〕？令曰：假太玄，假太玄孚貞，爰質所疑于神于靈〔八〕。休則逢陽，星時數辭從；咎則逢陰，星時數辭違〔九〕。凡筮有道：不精不筮，不疑不筮，不軌不筮，不以其占不若不筮〔一〇〕。（神靈之）神靈之曜曾越卓〔一一〕。

三十有六而筴視焉〔一二〕。天以三分，終於六成，故十有八策。天不施地不成，因而倍之，地則虛三以扮天〔之〕十八也〔一三〕。別一以挂于左手之小指，中分其餘，以三搜之，并餘於艻〔一四〕。一艻之後（而）〔再〕數，其餘七爲一，八爲二，九爲三〔一五〕。六筭而策道窮也〔一六〕。逢有下中上，下思也，中福也，上禍也〔一七〕。思、福、禍各有下中上〔一八〕。以晝夜別其休咎焉〔一九〕。極一爲二，極二爲三，極三爲推，推三爲嬴贊〔二〇〕；贊嬴入表，表嬴入家〔二一〕，家嬴入部，部嬴入州，州嬴入方，方嬴則玄〔二二〕。一從二從三從，是謂大休。一從二從三違，始中休，終咎。一從二違三違，始休，中終咎。一違二從三從，始咎，中終休。一違二違三從，始中咎，終休。一違二違三違，是謂大咎〔二三〕。占有四：或星，或時，或數，或辭〔二四〕。旦則用經，夕則用緯。觀始中，決從終〔二五〕。

三八爲木〔二六〕，爲東方，爲春，日甲乙〔二七〕，辰寅卯〔二八〕，聲角〔二九〕，色青〔三〇〕，味酸，臭羶〔三一〕，形詘信〔三二〕，生火，勝土〔三三〕，時生〔三四〕，藏脾〔三五〕，侟志〔三六〕，性仁〔三七〕，情喜〔三八〕，事貌，用恭，撝肅〔三九〕，徵旱〔四〇〕，帝太昊，神勾芒〔四一〕，星從其位〔四二〕，類爲鱗〔四三〕，爲雷〔四四〕，爲鼓，爲恢聲〔四五〕，爲新〔四六〕，爲躁〔四七〕，爲户，爲牖〔四八〕，爲嗣，爲承〔四九〕，爲葉，爲緒〔五〇〕，爲赦，爲解〔五一〕，爲多子〔五二〕，爲出〔五三〕，爲予〔五四〕，爲竹，爲草〔五五〕，爲果，爲實〔五六〕，爲魚〔五七〕，爲（䟽）〔疏〕器〔五八〕，（爲規）爲田〔五九〕〔爲規〕〔六〇〕，爲木工〔六一〕，爲矛〔六二〕，爲青怪〔六三〕，爲（鼽）〔鼽〕〔六四〕，爲狂〔六五〕。四九爲金〔六六〕，爲西方，爲秋，日庚辛〔六七〕，辰申酉〔六八〕，聲商〔六九〕，色白〔七〇〕，味辛，臭腥〔七一〕，形革〔七二〕，生水，勝木〔七三〕，時殺〔七四〕，藏肝〔七五〕，侟魄〔七六〕，性誼〔七七〕，情怒〔七八〕，事言，用從，撝乂〔七九〕，徵雨〔八〇〕，帝少昊，神蓐收〔八一〕，星從其位〔八二〕，類爲毛〔八三〕，爲毉，爲巫祝〔八四〕，爲猛〔八五〕，爲舊〔八六〕，爲鳴〔八七〕，爲門〔八八〕，爲山，爲限，爲邊，爲城〔八九〕，爲骨，爲石〔九〇〕，爲環珮，爲首飾爲重寶〔九一〕，（爲大哆）〔九二〕，爲釦器〔九三〕，爲舂〔九四〕，爲椎〔九五〕，爲力〔九六〕，爲縣〔九七〕，爲燧〔九八〕，爲兵，爲械〔九九〕，爲齒，爲角〔一〇〇〕，爲螫，爲毒〔一〇一〕，爲狗〔一〇二〕，爲入〔一〇三〕，爲取〔一〇四〕，爲罕〔一〇五〕，爲（祋）〔寇〕，爲賊〔一〇六〕，爲理〔一〇七〕，爲矩〔一〇八〕，爲金工〔一〇九〕，爲鉞〔一一〇〕，爲白怪〔一一一〕，爲瘖〔一一二〕，爲（譖）〔僭〕〔一一三〕。二七爲火〔一一四〕，爲南方，爲夏，日丙丁〔一一五〕，辰巳午〔一一六〕，聲徵〔一一七〕，色赤〔一一八〕，味苦，臭焦〔一一九〕，形上〔一二〇〕，生土，勝金〔一二一〕，時養〔一二二〕，藏肺〔一二三〕，侟魂〔一二四〕，性禮〔一二五〕，情樂〔一二六〕，事視，用明，撝哲，徵熱〔一二七〕，帝炎帝，神祝融〔一二八〕，星從其位〔一二九〕，類爲羽〔一三〇〕，爲竈〔一三一〕，爲（緜）〔綿〕，爲網，爲索〔一三二〕，爲珠〔一三三〕，爲文，爲駮〔一三四〕，爲印，爲綬〔一三五〕，爲書〔一三六〕，爲輕〔一三七〕，爲高，爲臺〔一三八〕，爲酒〔一三九〕，爲吐〔一四〇〕，爲射〔一四一〕，爲戈〔一四二〕，爲甲〔一四三〕，爲叢〔一四四〕，爲司馬〔一四五〕，（爲禮）〔一四六〕，爲繩〔一四七〕，爲火工〔一四八〕，爲刀〔一四九〕，爲赤怪〔一五〇〕，爲盲〔一五一〕，爲舒〔一五二〕。　一六爲水〔一五三〕，爲北方，爲冬，日壬癸〔一五四〕，辰子亥〔一五五〕，聲羽〔一五六〕，色黑〔一五七〕，味鹹，臭朽〔一五八〕，形下〔一五九〕，生木，勝火〔一六〇〕，時藏〔一六一〕，藏腎〔一六二〕，侟精〔一六三〕，性智〔一六四〕，情悲〔一六五〕，事聽，用聰，撝謀，徵寒〔一六六〕，帝顓頊，神玄冥〔一六七〕，星從其位〔一六八〕，類爲介〔一六九〕，爲鬼〔一七〇〕，爲祠，爲廟〔一七一〕，爲井，爲穴，爲竇〔一七二〕，爲鏡，爲玉〔一七三〕，爲履〔一七四〕，爲遠行〔一七五〕，爲勞〔一七六〕，爲血，爲膏〔一七七〕，爲貪〔一七八〕，爲含〔一七九〕，爲蟄〔一八〇〕，爲火獵〔一八一〕，爲閉〔一八二〕，爲盜〔一八三〕，爲司空〔一八四〕，爲法，爲准〔一八五〕，爲水工〔一八六〕，爲盾〔一八七〕，爲黑怪〔一八八〕，爲聾〔一八九〕，爲急〔一九〇〕。　五五爲土〔一九一〕，爲中央〔一九二〕，爲四維〔一九三〕，日戊（已）〔己〕〔一九四〕，辰辰（戌丑未）〔未戌丑〕〔一九五〕，聲宮〔一九六〕，色黄〔一九七〕，味甘，臭芳〔一九八〕，形殖〔一九九〕，生金，勝水〔二〇〇〕，時該〔二〇一〕，藏心〔二〇二〕，侟神〔二〇三〕，性信〔二〇四〕，情恐懼〔二〇五〕，事思，用（睿）〔睿〕，撝聖，徵風〔二〇六〕，帝黄帝，神后土〔二〇七〕，星從其位〔二〇八〕，類爲（其裸）〔裸〕〔二〇九〕，爲封〔二一〇〕，爲缾〔二一一〕，爲宫，爲宅，爲中霤〔一二〕，爲内事〔一三〕，爲織〔一四〕，爲衣，爲裘〔一五〕，爲繭，爲絮〔一六〕，爲牀，爲薦〔一七〕，爲馴〔一八〕，爲懷〔一九〕，爲腹器〔二〇〕，爲脂〔二一〕，爲漆，爲膠〔二二〕，爲囊，爲包〔二三〕，爲輿〔二四〕，爲轂〔二五〕，爲稼，爲嗇〔二六〕，爲食〔二七〕，爲宍〔二八〕，爲棺，爲（犢）〔櫝〕〔二九〕，爲衢，爲會〔三〇〕，爲都〔三一〕，爲度，爲量〔三二〕，爲土工〔三三〕，爲弓矢〔三四〕，爲黄怪〔三五〕，爲愚〔三六〕，爲牟〔三七〕。五行用事者王〔三八〕，王所生相〔三九〕，故王廢〔四〇〕，勝王囚〔四一〕，王所勝死〔四二〕。

其在聲也，宫爲君，徵爲事，商爲相，角爲民，羽爲物〔四三〕。其以爲律吕，黄鍾生林鍾，林鍾生太蔟，太蔟生南吕，南吕生姑洗，姑洗生應鍾，應鍾生蕤賓，蕤賓生大吕，大吕生夷則，夷則生夾鍾，夾鍾生無射，無射生仲吕〔四四〕。子午之數九，丑未八，寅申七，卯酉六，辰戌五，巳亥四〔四五〕。故律四十二，吕三十六〔四六〕。并律吕之數，或還或否，凡七十有八，黄鍾之數立焉〔四七〕。其以爲度也，皆生黄鍾〔四八〕。甲（已）〔己〕之數九，乙庚八，丙辛七，丁壬六，戊癸五〔四九〕。聲生於日，律生於辰。聲以情質，律以和聲，聲律相協，而八音生〔五〇〕。

九天：一爲中天，二爲羡天，三爲從天，四爲更天，五爲睟天，六爲廓天，七爲減天，八爲沈天，九爲成天〔五一〕。九地：一爲泥沙，二爲澤池，三爲沚崖，四爲下田，五爲中田，六爲上田，七爲下山，八爲中山，九爲上山〔二五二〕。九人：一爲下人，二爲平人，三爲進人，四爲下禄，五爲中禄，六爲上禄，七爲失志，八爲疾瘀，九爲極〔二五三〕。九體：一爲手足，二爲臂脛，三爲股肱，四爲要，五爲腹，六爲肩，七爲㗇[illegible]，八爲面，九爲顙〔二五四〕。九屬：一爲玄孫，二爲曾孫，三爲仍孫，四爲子，五爲身，六爲父，七爲祖父，八爲曾祖父，九爲高祖父。九竅：一六爲前、爲耳，二七爲目，三八爲鼻，四九爲口，五五爲後〔二五五〕。九序：一爲孟孟，二爲孟仲，三爲孟季，四爲仲孟，五爲仲仲，六爲仲季，七爲季孟，八爲季仲，九爲季季。九事：一爲規模，二爲方沮，三爲自如，四爲外他，五爲中和，六爲盛多，七爲消，八爲耗，九爲盡弊〔二五六〕。九年：一爲一十，二爲二十，三爲三十，四爲四十，五爲五十，六爲六十，七爲七十，八爲八十，九爲九十〔二五七〕。

推玄筭：家一置一，二置二，三置三。部一勿增，二增三，三增六。州一勿增，二增九，三增十八。方一勿增，二增二十七，三增五十四〔二五八〕。求表之贊：置玄姓去太始策數，減而九之，增贊〔二五九〕。去玄數半之，則得贊去冬至日數矣〔二六〇〕。偶爲所得日之夜，奇爲所（明）〔得〕日之晝也〔二六一〕。求星：從牽牛始，除筭盡則是其日也〔二六二〕。

校釋

〔一〕數，謂太玄首數及贊數之奇偶。太玄掜云：「數爲品式。」太玄數以五行爲框架，序列奇偶之數所象之事物，并論及占筮斷卦之方法，故曰太玄數。相當於周易説卦傳。

〔二〕昆侖，即渾淪。此句意爲：天地渾淪運行，天精地靈，氣聚而生蓍草於其中。

〔三〕集注本無「三」字，「榡」作「摖」。葉本也作「摖」。摖，同索。參，錯。此句意爲：取法於蓍，造作太玄，參錯其純粹精微之妙，以三起數，而成玄之三方、九州、二十七部、八十一家、二百四十三表、七百二十九贊之數。

〔四〕三重，謂一首九贊之三個階段，一至三贊爲下爲思，四至六爲中爲福，七至九爲上爲禍。下中上又各分爲三重，爲始爲中爲終。此句意謂：以幽深不測之神散布於三重九贊之位，而八十一首之義定。

〔五〕覩，古睹字，説文：「見也。」此句意爲：比擬於天地而預測人事之休咎。

〔六〕許翰曰：「『𢷾』陸作『傃』，宋作『揮』，今諸家皆作『𢷾』。」𢷾，同革，更改之義。名，指太玄八十一首。逢遭，謂筮所遇首之陰陽。此句意指：把筮遇首之陰陽與所處星宿、晝夜時刻、贊之奇偶及贊辭等加以綜合，隨首之不同，以斷其吉凶休咎。也即下文所謂：「休則逢陽，星時數辭從；咎則逢陰，星時數辭違。」以上几句擬易説卦：「昔者聖人之作易也，幽贊於神明而生著，參天兩地而倚數，觀變於陰陽而立卦，發揮於剛柔而生爻。和順於道德而理於義，窮理盡性以至於命。」

〔七〕經，常。質，廣雅：「問也，定也。」此句意謂：玄道精微，常疑之事必卜問確定於玄。

〔八〕范注：「假借太玄信正之道，問己所疑之事於天地神靈也。」

〔九〕范注：「太玄之術，貴陽而賤陰也。陽日陽時而逢陽首，是謂大休。陰日陰時而逢陰首，是謂大咎。陽日陽時而逢陰首，是謂始咎終休也。逢陽若中首也。星若牛一度也。時謂旦、中、夕也。數謂首數之奇偶也。辭謂九贊之辭也。」

〔一〇〕集注本「若」字上，無「不」字。精，精誠。不軌，指行爲不合於道。葉注：「精，專也。不專則無誠，不疑則無事，不軌則無道，皆所不筮以用也。謂不用玄所值勸戒之占辭，不如不筮也。」

〔一一〕集注本「神靈之」不重出。范注：「曜，明也。曾之言則也。」「故太玄神靈之明則卓然越踰，示人遠也。」然則，「神靈之」不當重出。陳本禮曰：「曾，同層。曜曾，高明也。卓越，超邁也。此嘆美玄數之神靈高明而超邁也。」兩説均通。此章言太玄占筮之道。

〔一二〕筴，占筮所用蓍草。此言用太玄占筮，當備蓍草三十六策。

〔一三〕集注本「扮天」下有二「之」字，並曰：「諸本作『扮天十八』，宋有『之』字。」爲佳。扮，音分，並之義。此句意謂：太玄備三十六策，虚三而用三十三策。

〔一四〕芀，同扐。釋文引馬云：「扐，指間也。」高亨周易大傳今注曰：「扐，疑借爲肋。指所掛蓍草之兩旁。」搜，同挍，方言：「求也。」這幾句是説，筮時，從三十三策蓍草中取出一策，掛於左手小指間，是爲「别一」。然後將其餘蓍草隨意分爲兩部分。「中分」之後，將其中一部分，按每三策一組數之，是爲「以三搜之」。搜過之策，仍置於原處。在「三搜」之後，將所餘之蓍草（或一策，或二策，或三策）置於所掛蓍草之旁，是爲「并餘於芀」。

〔一五〕集注本「而」作「再」，爲佳。這幾句是説，筮時，「一芀之後」，再數另一部分，以三搜之，搜過之後，仍置原處。此次「再數」至十以下，所餘者必爲七、八、九策。其餘七策爲一畫，八策爲二畫，九策爲三畫，是爲「定畫」。

〔一六〕集注本、陳本「筭」作「算」。二字通。六算，謂「别一」、「中分」、「三搜」、「并餘」、「再數」、「定畫」等六次策算。經此六算，即可定玄首之一位。至此，揲筮之全過程終結，故曰「六算而策道窮也」。四位而成方、州、部、家，則玄之一首定。以上擬易筮法，而言玄之筮法。　葉注：「物無孤立之理。一不能以終一，故一與一爲二，二與一爲三。自兹以往，乃歷所不能盡。故揚子謂『極一爲二，極二爲三，極三爲推』。故玄以三爲天之本數。二其三則六，故以六成。六其三則爲十八，所以爲天之策也。天苟不施，地則何成？因以天之十八策而加倍，則爲三十六策。然天常有餘，地常不足，故虛地之三以扮并天之十八策，止用三十三策也。揲時别以一策掛於左手小指間，以準易『大衍之數五十，其用四十有九』之義。然後以其餘三十二策以三揲之（按，此下似有脱文），并其欲盡三及二、一之餘數，而艻於左手二指間。一艻之後，將三搜之策又都以三數之，不復中分，數欲盡時，至十已下，得七爲一畫，得八爲二畫，得九爲三畫。其前掛及餘艻不在數限。凡四度畫之而方、州、部、家之位成，而首之名定矣。故自立天地之策爲三十六是一筭，虛三是二筭，掛一是三筭，分搜是四筭，并艻是五筭，數餘是六筭。此一揲之策道窮也。此一節言玄取策數之義與推揲之法。」

〔一七〕謂九贊之位分爲下中上。初一、次二、次三在下，爲思；次四、次五、次六居中，爲福；次七、次八、上九在上，爲禍。占筮之時，必有所遇。

〔一八〕意謂：思、福、禍又各分爲下中上。初一爲思之始，次二爲思之中，次三爲思之成；次四爲福之小，次五爲福之中，次六爲福之隆；次七爲禍之始，次八爲禍之中，上九爲禍之極。也即太玄圖所謂：「夫一也者，思之微者也；四也者，福之資者也；七也者，禍之階者也。三也者，思之崇者也；六也者，福之隆者也；九也者，禍之窮者也。二、五、八，三者之中也。」

〔一九〕此句意思是説，逢陽首則一、三、五、七、九贊爲晝，二、四、六、八贊爲夜；逢陰首則一、三、

五、七、九贊爲夜，二、四、六、八贊爲晝。逢晝則吉，逢夜則凶。

〔二〇〕許翰曰：「章、許及丁別本作『推三爲嬴贊』，『羸』或作『嬴』，蓋通。」羸，滿。此句意爲：一分爲二，一與二配而爲三。玄以三起數，推衍三而成一首九贊，八十一首七百二十九贊之位。

〔二一〕表，太玄一首九贊分爲三表，一五七爲一表，三四八爲一表，二六九爲一表。表以示其吉凶。

〔二二〕范注：「『玄』字或作(云)『去』，去玄相似，轉寫誤耳。陸君云：『去當爲玄。』得其實也。」許翰曰：「今諸家作『玄』，惟宋作『去』。章作『入玄』。」葉本也作「入玄」。這幾句意爲：七百二十九贊歸統於二百四十三表，二百四十三表歸統於八十一家，八十一家歸統於二十七部，二十七部歸統於九州，九州歸統於三方，三方歸統於一玄。自「極一爲二」至「方羸則玄」，間於筮法之中，不知何意。文義不相連屬，疑有錯簡。

〔二三〕葉注：「凡筮分經緯、晝夜、表贊，以占吉凶。經者，謂一二五六七也，旦筮用焉。緯者，三四八九也，夕筮用焉。日中、夜中，雜用一(按，當爲二)經一緯。表者，一五七爲一表，屬經；三四八爲一表，屬緯；二六九爲一表，雜用經緯。凡旦筮者用經，當九贊一五七之表，遇陽家則一五七並爲晝，是謂一從二從三從，始中終皆吉；遇陰家則一五七並爲夜，是謂一違二違三違，始中終皆凶。凡夕筮者用緯，當九贊三四八之表，遇陽家，始休中終咎；遇陰家，始咎中終休。若日中夜中，雜用二經一緯，當九贊二六九也，遇陽家，始中咎終休；遇陰家，始中休終咎。故經謂：『晝夜散者禍福雜。』凡休咎止二端，反覆所值而有是六等也。此一節言占筮所逢之吉凶。」

〔二四〕意爲：占斷吉凶，須綜合星宿、時刻、位數和贊辭而論之。

〔二五〕范注：「凡筮或先違而後從，或先從而後違，或三皆從，或三皆違，必決之者，從終辭也。王莽將有事，以周易筮之，遇『羝羊觸藩』；以太玄筮之，逢干首。干者陰家，其位一五七也，而以七決之。其辭云：『何戟解解。』此從終之義也。」葉注：「不言日中夜中雜經緯者，舉旦夕則中可知也。雖觀始中，當以終爲重也。」此一章言太玄占筮斷卦之法。

〔二六〕漢書五行志：「天以一生水，地以二生火，天以三生木，地以四生金，天以五生土。……然則水之大數六，火七，木八，金九，土十。」依據五行家的説法，一爲水的生數，六爲水的成數；二爲火的生數，七爲火的成數。依次類推。揚雄沿用了五行家的説法，爲五行及其生數和成數，規定了時間和方位，構成了一個以五行爲框架的時間、空間相結合的世界圖式。

〔二七〕淮南子時則訓：孟春、仲春、季春之月「其位東方，其日甲乙，盛德在木」。

〔二八〕辰，指十二時辰。寅卯在東方，故配辰則爲寅卯。淮南子時則訓：「孟春之月，招搖指寅。」

〔二九〕禮記月令、淮南子時則訓皆以春配角聲，曰：「其音角。」

〔三〇〕春爲木，木生其色青，故配色爲青。或曰：春，日行從青道，故春配青色。漢書天文志：「立春、春分，月東從青道。」禮記月令孔疏：「月之行道與日同，故云月爲之佐也。」

〔三一〕禮記月令、淮南子時則訓皆言：春「其味酸，其臭羶」。

〔三二〕尚書洪範：「木曰曲直。」木揉而曲，屈也；木矯而直，伸也。故言形詘信。

〔三三〕木燃爲火，故生火；木耒可掘地，故勝土。

〔三四〕春天萬物生出，故言其時爲生。

〔三五〕禮記月令：「（春季）祭先脾。」

〔三六〕侟，范注：「存也。」春陽萬物日益生長，象人小而立志於將來。故言存志。

〔三七〕春天陽氣施布萬物，象人而惠及萬民，故曰仁。漢書天文志：「歲星曰東方春木，於人五常仁也，五事貌也。」

〔三八〕春天陽氣遍施，萬物蠢動，象人喜氣洋洋，故曰喜。

〔三九〕撝，音灰，發揮、施布之義。易謙卦六四：「撝謙。」程氏易傳：「施布之象。」朱子本義：「發揮也。」肅，敬。撝肅，指貌恭有所發揮即致肅敬。尚書洪範：「五事：一曰貌，二曰言，三曰視，四曰聽，五曰思。貌曰恭。恭作肅。」孔疏引五行傳曰：「貌屬木，言屬金，視屬火，聽屬水，思屬土。」故以貌、恭、肅配入木行。

〔四〇〕徵，驗。木生火，故其驗爲旱。疑此揚雄誤書。尚書洪範：「庶徵：曰雨，曰暘，曰燠，曰寒，曰風，曰時。休徵：曰肅，時雨若；曰乂，時暘若；曰晢，時燠若；曰謀，時寒若；曰聖，時風若。」漢書五行志所引同。洪範孔疏引鄭玄曰：「雨，木氣也。春始施生，故木氣爲雨。暘，金氣也……燠，火氣也；寒，水氣也；風，土氣也。」揚氏下文云：火徵熱，水徵寒，土徵風。皆與洪範一致，惟此「木徵旱」及下「金徵雨」不合，故疑其將此二者誤置。

〔四一〕禮記月令：春「其帝太皞，其神句芒」。

〔四二〕范注：「角、亢、氐、房、心、尾、箕，東方之宿也。」淮南子天文訓：「東方曰蒼天，其星房、心、尾。」

〔四三〕禮記月令：春「其蟲鱗」。

〔四四〕易説卦：「震，東方也。」震爲雷，故東方、春爲雷。

〔四五〕恢，説文：「大也。」雷聲大，故言恢聲。鼓聲也大，如雷，故曰爲鼓。

〔四六〕春天萬物初生，故言新。

〔四七〕易説卦：「震爲決躁。」躁，禮記月令鄭注：「猶動也。」春天萬物蠢動，故爲躁。

〔四八〕室之口爲户，穿壁而成。牖，窗，也穿壁而成，户之類。月令：春「其祀户」。故以春配户牖。

〔四九〕嗣，繼。易説卦：震「爲長子」。長子繼承父業，故爲嗣爲承。

〔五〇〕葉，世也。緒，借爲續，連也，繼也。子繼父業，世世不絶，連續不斷。故言爲葉爲緒。

〔五一〕赦，説文：「釋也。」解，玉篇：「釋也。」廣韻：「脱也。」春天萬物始動，皆蜕枯解甲，故爲赦爲解。

〔五二〕子借爲字，孕也。春天桃李始華，果木皆孕，故言多子。

〔五三〕易説卦：「萬物出乎震。」春天萬物始出，故曰爲出。

〔五四〕淮南子時則訓：孟春之月天子「布德施惠，行慶賞」。有所賜予，故以春爲予。

〔五五〕竹、草皆木類。

〔五六〕木之實爲果，故言爲果爲實。

〔五七〕魚，鱗類。

〔五八〕集注本、陳本「踈」作「疏」。踈即疏字之訛。管子問篇：「大夫疏器。」是其證。禮記月令：孟春「其器疏，以達」。

〔五九〕田，指田官。淮南子天文訓：「何謂五官：東方爲田……」故曰爲田。又禮記月令：孟春之月「王命布農事，命田舍東郊」。鄭注：「田謂田畯，主農事官也。」詩豳風七月：「田畯至喜。」孔疏：「釋言云：『畯農夫也。』孫炎曰：『農夫，田官也。』田畯，大夫，春官。」以其爲春官，故言爲田。

〔六〇〕集注本作「爲田爲規」，並曰：「宋、郭作『爲田爲規』。」當從。下文：「四九爲理，爲矩。」「二七爲司馬，爲繩。」「一六爲司空，爲法，爲準。」是其證。淮南子天文訓：「何謂五星：東方木也。其帝太皞，其佐句芒，執規而治春。」故言爲規。

〔六一〕集注本脱誤。木工治木，故相配。

〔六二〕淮南子時則訓：春「其兵矛」。春天萬物鑽地而出，似矛有鋒鋭。故爲矛。

〔六三〕春木，其色青，現異故言青怪。

〔六四〕「鼽」當從集注本作「鼽」（音求）。説文：「鼽，病寒鼻窒也。」易説卦：「巽爲木，爲風。」鼻孔出氣，似風。故以木爲鼻。鼻病則窒塞，故言爲鼽。淮南子時則訓：「季秋行夏令，則其民多鼽窒。」

〔六五〕漢書五行志：「傳曰：『貌之不恭，是謂不肅，厥咎狂。』」故言爲狂。

〔六六〕漢書五行志：「地以四爲金……然則金（之大數）九。」故四九與金相配。

〔六七〕淮南子時則訓：秋「其位西方，其日庚辛，盛德在金」。

〔六八〕十二辰申酉在西方，故配辰則爲申酉。時則訓：「孟秋之月，招搖指申。仲秋之月，招搖指酉。」

〔六九〕禮記月令、淮南子時則訓皆以秋配商聲，曰：「其音商。」

〔七〇〕秋爲金，金色白，故配色爲白。或曰：秋日行從白道，故秋配白色。漢書天文志：「立秋、秋分，西從白道。」

〔七一〕禮記月令：秋「其味辛，其臭腥」。

〔七二〕尚書洪範：「金曰從革。」金可改鑄，其形變更。故言形革。

〔七三〕金化而爲液體，故言生水。金爲刀而克木，故言勝木。

〔七四〕秋天萬物始衰，故言其時爲殺。

〔七五〕禮記月令：秋「祭先肝」。

〔七六〕魄，形體。秋天萬物成熟，皆成其形體。故言存魄。

〔七七〕誼，猶義。秋天陰氣殺萬物，使之皆成，象人裁制事物使各得其宜。故言誼。漢書天文志：「太白曰西方秋、金，義也，言也。」

〔七八〕秋天陰氣殺物，象人怒氣衝衝，故言怒。

〔七九〕乂，治理。爾雅釋詁：「乂，治也。」尚書洪範：五事：二曰言，言曰從，從作乂。孔疏引五行傳以言屬金。故言、從、乂皆配金。

〔八〇〕金生水，故其驗爲雨。疑此與上文「木……徵旱」誤置。詳見校釋〔四〇〕。

〔八一〕禮記月令：秋「其帝少皞，其神蓐收」。

〔八二〕范注：「奎、婁、胃、昴、畢、觜、參，西方之宿也。」淮南子天文訓：「西方曰顥天，其星胃、昴、畢。」

〔八三〕禮記月令：秋「其蟲毛」。

〔八四〕集注本「毉」作「醫」。二字通。集韻：「醫或作毉。」巫，也即醫。山海經：「開明東有巫彭、巫抵、巫陽、巫履、巫凡、巫相。」注：「皆神醫也。」易説卦：「兑，正秋也。兑爲巫。」故言秋爲巫爲醫。

〔八五〕許翰曰：「唐人避諱，書多改虎爲猛。此猛字疑當作虎，而未有本證定。」似疑之太勇，不足取。金性剛烈，象人之性勇猛，故言爲猛。

〔八六〕秋天萬物已成，故言舊。

〔八七〕金奏有聲，故言鳴。又易説卦：「兑爲口舌。」口舌發聲，故言鳴。

〔八八〕禮記月令：秋「其祀門」。

〔八九〕金堅硬，山、限、邊、城皆以堅固而防範，故與金相配。

〔九〇〕骨、石堅硬，皆剛屬，故配金。

〔九一〕環珮，珮玉。環珮、首飾、重寶皆貴重之物，金也貴重之物，故相配。

〔九二〕俞樾諸子平議云：「許翰曰：『丁、宋無此一句。』今考范望本，此句無注。是范本亦無此一句也。當删。」俞説近是。

〔九三〕器口金飾爲釦器。故與金相配。

〔九四〕春用石，性堅剛，故言爲春。

〔九五〕椎，説文：「鐵椎也。」鐵爲金屬，故言爲椎。

〔九六〕堅强方有力，金堅强，故曰爲力。

〔九七〕縣，讀作懸。懸掛爲鈎之所長，鈎用金，故言爲懸。

〔九八〕燧，以金取火於日爲燧。故以金爲燧。

〔九九〕兵，金屬所制；械，兵器之總稱。故以金爲兵爲械。

〔一〇〇〕齒、角，骨類，堅硬而鋒鋭。金性也堅而鋭，故以金爲齒爲角。

〔一〇一〕螫，説文：「蟲行毒也。」螫毒皆辛氣。詩周頌小毖：「莫予荓蜂，自求辛螫。」金其味辛，故爲螫爲毒。

〔一〇二〕狗，毛類。淮南子時則訓：秋「其畜狗」。

〔一〇三〕秋天賦斂民財，積而聚之，故言爲入。

〔一〇四〕斂聚民財，故言取。

〔一〇五〕罕，網。此指田獵。淮南子時則訓：季秋之月「乃教於田獵，以習五戎」。故秋金爲罕。

〔一〇六〕集注本「𡨥」作「寇」，當從。寇，賊。淮南子時則訓：「季秋行冬令，則多盜賊。」故言爲寇爲賊。

〔一〇七〕理，指大理官，以治獄。禮記月令：孟秋之月「命理瞻傷、察創、視折、審斷決獄，訟必端平」。鄭注：「理，治獄官也，夏曰大理，周曰大司寇。」理爲治秋之官，故言秋爲理。又淮南子天文訓：「何謂五官：……西方爲理。」

〔一〇八〕淮南子天文訓：「西方金也，其帝少昊，其佐蓐收，執矩而治秋。」故秋爲矩。

〔一〇九〕金工治金，故與金相配。

〔一一〇〕淮南子時則訓：秋「其兵戈」。王念孫云：「『戈』當爲『戉』字之誤也。説文：『戉，大斧也。從戈，𠃉聲。』……徐鍇曰：『今作鉞。』藝文類聚、太平御覽引此並作『其兵鉞』，是其證也。」故秋配鉞。

〔一一一〕秋金，其色白，現異故言白怪。

〔一一二〕瘖，説文：「不能言也。」即啞，口病不能發聲。易説卦：「兑爲口舌。」口舌有病，則啞。兑，西方之卦，配秋。故言爲瘖。

〔一三〕集注本「譖」作「僭」，當從。洪範、五行志並作「僭」，是其證。漢書五行志：「傳曰：『言之不從，是謂不艾（師古曰：艾讀曰乂），厥咎僭。』」故言爲僭。

〔一四〕漢書五行志：地以二生火，然則火（之大數）七。故二七與火相配。

〔一五〕淮南子時則訓：孟夏、仲夏之月「其位南方，其日丙丁，盛德在火」。

〔一六〕十二辰巳午在南方，故配辰則爲巳午。淮南子時則訓：「孟夏之月，招搖指巳。仲夏之月，招搖指午。」

〔一七〕禮記月令、淮南子時則訓皆以夏配徵聲，曰：「其音徵。」

〔一八〕夏爲火，火色赤，故配色爲赤。或曰：夏日行從赤道，故夏配赤色。漢書天文志：「立夏、夏至，南從赤道。」

〔一九〕禮記月令：夏「其味苦，其臭焦」。

〔二〇〕尚書洪範：「火曰炎上。」火苗上升，其形狀向上，故言形上。

〔二一〕火滅爲灰，灰聚爲土，故曰生土。火燃可銷金，故言勝金。

〔二二〕夏天萬物皆得其養而盛長，故言其時爲養。

〔二三〕禮記月令：夏「祭先肺」。

〔二四〕精氣爲魂。夏天萬物盛長，精氣充盈。故言存魂。

〔二五〕釋名：「禮，體也，得其事體也。」夏天萬物體幹已具，節文已明，象人長成而明禮節。故言禮。漢書天文志：「熒惑曰南方夏火，禮也，視也。」

〔二六〕夏天陽氣長養萬物，萬物盛長，象人富足而歡樂。故言樂。

〔二七〕尚書洪範：五事：三曰視；視曰明；明作晢；晢，時燠若。晢與哲古通。燠，說文：「熱在中也。」孔疏引五行傳以視屬火。故視、明、晢、熱皆配入火行。

〔二八〕禮記月令：夏「其帝炎帝，其神祝融」。

〔二九〕范注：「井、鬼、柳、星、張、翼、軫，南方之宿也。」淮南子天文訓：「南方曰炎天，其星輿、鬼、柳、七星。」

〔三〇〕禮記月令：夏「其蟲羽」。

〔三一〕禮記月令：夏「其祀竈」。

〔三二〕「絲」當作「絲」。集注本、葉本、陳本皆作「絲」。桑蠶吐絲在夏天。綱、索皆以絲制成。故以夏配絲、綱、索。

〔三三〕易說卦：「離也者，明也。……南方之卦也。」「離爲火……爲蚌。」珠，蚌之所生，光明之物。故言爲珠。

〔三四〕駮，文彩相雜。離爲明，明而顯之。文彩也以顯明其物，故言爲文爲駮。

〔三五〕綬，繫印的絲帶，以文飾彰顯之。印，刻文於上，以明其爲某官之印而信之。印綬皆以文而彰顯，故爲印爲綬。

〔三六〕書，亦文章也。古書用竹，用火烤以防腐蛀，刻文字於上，以絲穿之而成。故言爲書。

〔三七〕火氣上揚，故言爲輕。

〔三八〕淮南子時則訓：仲夏之月「可以居高明，遠眺望，登丘陵，處臺榭」。夏季陽氣宣明升高，人順之而作。故言爲高爲臺。

〔三九〕酒味辛，故曰爲酒。

〔四〇〕吐，增韻：「舒也。」夏天萬物盛長而舒布，故言爲吐。

〔四一〕射鳥之矢必高飛，故言爲射。

〔四二〕戈，説文：「平頭戟也。」淮南子時則訓：孟夏、仲夏之月「其兵戟」。故夏配戈。

〔四三〕易説卦：離「爲甲胄」。離爲火，故火配甲。

〔四四〕夏天萬木枝葉茂盛，故言爲叢。

〔四五〕周禮夏官司馬：「乃立夏官司馬。」又淮南子天文訓：「南方爲司馬。」故言夏爲司馬。

〔四六〕上文已言「性禮」，疑此「爲禮」不當重出。

〔四七〕繩以正直，使夏物不得肆長，故爲繩。此與淮南子天文訓「南方火也，其帝炎帝，其佐朱明，執衡而治夏」所言不同。

〔一四八〕火工治火，故言爲火工。

〔一四九〕以火鍛金而成刀，故言爲刀。

〔一五〇〕夏火，其色赤，現異故爲赤怪。

〔一五一〕易説卦：「離爲目。」目病則盲。故言爲盲。

〔一五二〕舒，遲緩懈惰。漢書五行志：「傳曰：『視之不明，是謂不悊，厥咎舒。』」故言爲舒。

〔一五三〕漢書五行志：「天以一生水……然則水之大數六。」故一六與水相配。

〔一五四〕淮南子時則訓：冬「其位北方，其日壬癸，盛德在水」。

〔一五五〕十二辰子亥在北方，故配辰則爲子亥。時則訓：「孟冬之月，招摇指亥。仲冬之月，招摇指子。」

〔一五六〕禮記月令、淮南子時則訓皆以冬配羽聲，曰：「其音羽。」

〔一五七〕冬爲水，水色黑，故配色爲黑。或曰：冬日行從黑道，故以冬配黑色。漢書天文志：「立冬、冬至，北從黑道。」

〔一五八〕禮記月令：冬「其味鹹，其臭朽」。

〔一五九〕尚書洪範：「水曰潤下。」水之勢下流，故言形下。

〔一六〇〕水養草木，故曰生木。水以滅火，故言勝火。

〔一六一〕冬天萬物閉藏，故言其時爲藏。

〔一六二〕禮記月令：冬「祭先腎」。

〔一六三〕精，謂精妙之氣。冬天微陽始生，其氣精妙。故曰存精。

〔一六四〕冬天萬物潛藏，待時而動，象人用智以屈求伸。故言智。漢書天文志：「辰星曰北方冬水，知也，聽也。」

〔一六五〕冬天陰氣盛，萬物遇難而退藏，象人逢禍而悲傷。故言悲。

〔一六六〕尚書洪範：五事：四曰聽；聽曰聰；聰作謀；謀，時寒若。孔疏引五行傳以聽屬水，故聽、聰、謀、寒配水。

〔一六七〕禮記月令：冬「其帝顓頊，其神玄冥」。

〔一六八〕范注：「斗、牛、女、虛、危、室、壁，北方之宿也。」淮南子天文訓：「北方曰玄天，其星須女、虛、危、營室。」

〔一六九〕介，甲。謂甲殼之類。禮記月令：冬「其蟲介」。

〔一七〇〕鬼，歸也。冬天萬物歸聚，故言鬼。

〔一七一〕祠，也即廟。先祖神靈歸宗廟，如冬天萬物歸聚，故言爲祠爲廟。

〔一七二〕井穴，水之所居。竇，水道，水之所由。淮南子時則訓：冬「其祀井」。易説卦：「坎爲水，爲溝瀆。」坎爲正北方之卦。故以冬水配井、穴、竇。

〔一七三〕水清明，鏡、玉也清明，故爲鏡爲玉。

〔一七四〕水行履地，故言爲履。

〔一七五〕水流江河，其行長遠，故曰爲遠行。

〔一七六〕易説卦：「坎者，水也，正北方之卦也，勞卦也。」坎爲水，水流不止，則勞。故水爲勞。

〔一七七〕膏，謂膏澤，亦血之類。膏血皆滋潤肌體。易説卦：坎「爲血」。血也水類，故言爲血爲膏。

〔一七八〕冬天聚藏萬物。聚藏無度爲貪。故言爲貪。

〔一七九〕懷藏爲含。冬天藏物，故曰爲含。

〔一八〇〕蟄，説文：「藏也。」冬天萬物歸藏蟄伏，故言爲蟄。

〔一八一〕火獵，以火燒草木而田獵。冬天草木枯，昆虫蟄藏，可用火田。故爲火獵。

〔一八二〕冬天萬物閉藏，人也閉門塞户，故曰爲閉。

〔一八三〕易説卦：坎「爲盜」。冬天萬物潛藏，盜爲潛伏隱藏而竊物之人，故言爲盜。

〔一八四〕司空，冬官。淮南子天文訓：「北方爲司空。」故言冬爲司空。

〔一八五〕集注本「准」作「準」，二字通。准，水平儀，用以揆平取正。法，法制，約人使正直。取平用水，故言爲法爲准。此與淮南子天文訓：「北方水也，其帝顓頊，其佐玄冥，執權而治冬。」所言不同。

〔一八六〕水工治水，故與水相配。

〔一八七〕冬天萬物閉藏，以防陰傷。盾所以捍身蔽目，以防兵傷。故曰爲盾。

〔一八八〕冬水，其色黑，現異故爲黑怪。

〔一八九〕易説卦：坎「爲耳病」。坎爲水，耳病則聾，故冬水配聾。

〔一九〇〕漢書五行志：「傳曰：『聽之不聰，是謂不謀，厥咎急。』」故言爲急。

〔一九一〕漢書五行志：天以五生土，然則土（之大數）十。故五五與土相配。

〔一九二〕淮南子時則訓：季夏之月「其位中央。盛德在土」。淮南子天文訓：「中央土也。」

〔一九三〕四維，謂四季。維，指四角。木火金水配春夏秋冬，土無所配，又四時兼主，即寄於季春、季夏、季秋、季冬四季。其辰分别爲辰、未、戌、丑，辰、未、戌、丑又分别在東南方、西南方、西北方、東北方，是謂四維。故言爲四維。

〔一九四〕「已」當作「己」。淮南子時則訓：季夏之月「其日戊己」。

〔一九五〕集注本作「辰辰未戌丑」，並曰：「多作『辰戌丑未』，今從丁、宋本。」俞樾諸子平議云：「許曰：多作『辰戌丑未』，今從丁、宋本。然范注曰：『辰取其延長，未取其冥昧，戌取其悉成，丑之言畜也。』是亦以辰未戌丑爲次。今作辰戌丑未，寫者誤耳，非范本之舊。」俞説是。淮南子時則訓：季春之月，招摇指辰；季夏之月，招摇指未；季秋之月，招摇指戌；季冬之月，招摇指丑。故配辰則爲辰未戌丑。

〔一九六〕禮記月令、淮南子時則訓皆以中央配宮聲，曰：「其音宮。」

〔一九七〕中央土，土色黄，故配色爲黄。或曰：四時之間，日行黄道，故配黄色。禮記月令鄭注：「日之行四時之間從黄道。」

〔一九八〕禮記月令：「中央土……其味甘，其臭香。」

〔一九九〕尚書洪範：「土爰稼穡。」稼，種。殖，也種植長育之義。土上能種植養育萬物，故言形殖。

〔二〇〇〕淘沙以取金，故言生金。屯土以抑水，故曰勝水。

〔二〇一〕該，兼。土治中央，兼主四方四時，故言其時爲該。

〔二〇二〕禮記月令：「中央土……祭先心。」

〔二〇三〕易繫辭上：「陰陽不測之謂神。」易説卦：「神也者，妙萬物而爲言者也。」陰陽流轉，萬物變化莫測即爲神。土兼四方四時，生長萬物，也陰陽迭循，萬物變化神妙不測，故言存神。

〔二〇四〕土應時而生養成藏萬物，象人言而有信，時至則行，故言信。漢書天文志：「填星曰中央季夏土，信也，思心也。」

〔二〇五〕一年四季，陰陽流轉，萬物莫不慎隨其時，象人處世行事，莫不心懷戒懼，因時制誼，隨事而循理，故言恐懼。

〔二〇六〕集注本「睿」作「睿」，當從。「睿」即「睿」之變字。説文：「睿，深明也，通也。」尚書洪範：五事：五曰思；思曰睿；睿作聖；聖，時風若。孔疏引五行志以思屬土。故以思、睿、聖、風配土。

〔二〇七〕禮記月令：「中央土……其帝黄帝，其神后土。」

〔二〇八〕范注：「北極紫宫大角、軒轅之屬，中央之宿也。」淮南子天文訓：「中央曰鈞天，其星角、亢、氐。」

〔二〇九〕「其」涉上「其」字而衍。葉本無「其」字。「裸」爲「裸」字之誤。集注本作「類爲裸」。裸，謂無鱗、甲、毛、羽，指人。禮記月令：「中央土……其蟲倮。」

〔二一〇〕封，聚土以別疆界。封則聚土，故言爲封。

〔二一一〕陶土成缾，故言爲缾。

〔二一二〕中霤，猶中室。宫、宅、室，人之所居，皆土爲之，故與土相配。淮南子時則訓：季夏之月「其祀中霤」。

〔二一三〕易説卦：「坤爲地，爲母。」内事，母之所爲。故言土爲内事。

〔二四〕織爲内事，也母之所爲，故言爲織。

〔二五〕裘，皮衣，也衣之類。易説卦：坤「爲布」。織布而成衣，故言爲衣爲裘。

〔二六〕繭，蠶衣。用以抽絲織布。絮，繭之所成。養蠶抽絲亦皆母婦所爲之事，故言爲繭爲絮。

〔二七〕薦，音見，卧席。牀席皆室中之物，故言爲牀爲薦。

〔二八〕馴，順。易説卦：「坤，順也。」坤爲地，地道柔順，故言爲順。

〔二九〕懷，柔。地道柔順，故曰懷。

〔三〇〕葉本脱「器」字。易説卦：「坤爲腹。」地包容萬物，腹器也能包容衆物，故言爲腹器。

〔三一〕地育養萬物，脂也育養萬物，故言爲脂。

〔三二〕土和金木水火以成百物，膠漆也粘合而成物，故言爲漆爲膠。

〔三三〕釋文：「荀爽九家集解本，坤後有八：『爲牝，爲迷，爲方，爲囊，爲裳，爲黄，爲帛，爲漿。』」地能覆載包容萬物，囊、包也能括囊包裹衆物，故言爲包爲囊。

〔三四〕易説卦：坤「爲大輿」。輿，車。地能載物，車輿載重致遠，故言爲輿。

〔三五〕轂，輪之正中，輻湊貫軸處爲轂。土居中央，轂居輪之中央，故言爲轂。

〔三六〕嗇，同穡，收穫。尚書洪範：「土爰稼穡。」

〔三七〕稼穡則有糧蔬可食，故曰爲食。

〔二八〕宍，古肉字。集韻：「肉古作宍。」土爲脂滋養萬物，肉有脂可食養人畜，故言爲肉。

〔二九〕集注本、陳本「犢」作「櫝」。許翰曰：「宋作槨。」依上下文義作「櫝」爲近。櫝，也即棺。周人瓦棺，陶土之屬。棺藏屍又埋於土，故曰爲棺櫝。又：作「犢」也可通。易説卦：「坤爲子母牛。」子牛即牛犢。淮南子時則訓也云：「季夏之月……其位中央。其畜牛。」故言爲犢。

〔三〇〕衢，道四通。會，猶通。上文言爲順，順即通。故言爲衢爲會。

〔三一〕都，指都官，即官之都總。淮南子天文訓：「何謂五官……中央爲都。」

〔三二〕度，指分、寸、尺、丈、引，用以度長短。量，指龠、合、升、斗、斛，用以量多少。度量，此引申爲治。都居中央以治四方，故言爲度爲量。此與淮南子天文訓「中央土也，其帝黃帝，其佐后土，執繩而制四方」所言不同。

〔三三〕土工治土，故言爲土工。

〔三四〕土居中，矢之發亦居弓之中，故言爲弓矢。

〔三五〕土色黃，現異故言爲黃怪。

〔三六〕土爲思爲心，心病則思愚。

〔三七〕許翰曰：「宋云：『牟當作晵。』」尚書洪範：「睿作聖。」「曰咎徵……曰蒙，恒風若。」漢書五行志：「傳曰：『思心之不睿，是謂不聖，厥咎霿。』」霿，師古注：「音莫豆反。」然則蒙、霿、牟，一聲之轉，故相通假。牟，借爲蒙，昏昧之義。心思有病則昏昧無知，故言爲牟。

〔二三八〕王讀如旺。意謂：在一年四時的變化之中，水火木金土每一行都起作用，這叫做「用事」。某季恰好發生作用的那一行，就爲王。如春天木用事，則木爲王。

〔二三九〕意爲：用事之行所生的那一行，爲相。如春天木爲王，木生火，則火爲相。

〔二四〇〕故，舊。故王，指已經發生作用的那一行。廢，即不再發生作用。此句意爲：已經發生作用的那一行，退出，不再發生作用。如春天，木王則水廢。水於冬已用事，故廢止。

〔二四一〕此句意謂：克勝用事之行的那一行，即被囚禁。如春天木王，金勝木，則金被囚。

〔二四二〕此句意謂：用事之行所勝的那一行，則死。如春天木王，木勝土，則土死。淮南子墬形訓：「木壯，水老，火生，金囚，土死。火壯，木老，土生，水囚，金死。土壯，火老，金生，木囚，水死。……」這幾句意思是說，在一年四時的變化中，五行依據其機械性能而起不同的作用。

此章言太玄所配五行之數及其時間方位的世界圖式。

〔二四三〕此句以五聲配君、相、民、事、物。漢書律曆志：「夫聲者……以君臣民事物言之。則宮爲君，商爲臣，角爲民，徵爲事，羽爲物。」

〔二四四〕此段意思是說，以十二律之律呂配太玄之數所表示的一年四季十二個月，則如文。依據漢書律曆志：黄鍾爲十一月之律。鍾者，種也。言陽氣施種於黄泉，滋萌萬物。黄鍾之管長九寸，三分損一，下生林鍾六寸。林鍾爲六月之吕。林者，君也。言陰氣受任，助陽種物使長大茂盛。林鍾之管三分益一，上生太蔟八寸。太蔟爲正月之律。蔟，奏也。言陽氣大，進地而達物。太蔟三分損一，下生南吕五寸又三分寸之一。南吕爲八月之吕。南，任也。吕，旅也。言陰氣旅助陽任成萬物。南吕三分益一，上生姑洗七寸又九分寸之一。姑洗爲三月之律。姑，故也。洗，絜也。言陽氣養生，去舊絜新。姑洗三分損一，下生應鍾四寸又二十七分寸之二十。應鍾爲十月之吕。言陰氣應陽氣，藏該萬物而作種。應鍾三分益一，上生蕤賓六寸又八十一分寸之二十六。蕤賓爲五月之律。蕤，繼也。賓，導也。言陽氣始導陰氣使繼養萬物。蕤賓三分益一，上生大吕八寸二百四十三分寸之一百零四。大吕爲十二月之吕。言陰大，旅助黄鍾宣氣而芽物。大吕三分損一，下生夷則五寸又七百二十九分寸之四百五十一。夷則爲七月之律。夷，傷也。則，法也。言陽氣正法度於上，陰氣傷物於下。夷則三分益一，上生夾鍾七寸又二千一百八十七分寸之一千七百零五。夾鍾爲二月之吕。言陰氣夾助太蔟，宣四方之氣而出種物。夾鍾三分損一，下生亡射四寸又六千五百六十一分寸之六千五百二十四。亡射爲九月之律。射，厭也。言陽氣究物而使陰氣畢剥落之，終而復始，亡厭已。亡射三分益一，上生中吕六寸又一萬九千六百八十三分寸之一萬二千九百七十四。中呂爲四月之呂。言微陰始起地中，旅助陽氣齊萬物。

〔二四五〕葉注：「子一陽生，午一陰生，氣生一分則數虛一分，故子午之數虛一而止九。丑二陽生，未二陰生，而丑未之數虛二而止八。馴而至於六陽六陰之月，而巳亥之數虛六而止四。皆自十而逆除也。九陽盛，爲數之統，此玄之所以爲用也。子午虛一而無位，此玄之所以爲體也。」

〔二四六〕律呂，即陰陽，律爲陽，呂爲陰。陽數九、七、五和爲二十一，倍之則爲四十二。陰數八、六、四和爲十八，倍之則爲三十六。

〔二四七〕黄鍾之數八十一，虛三以爲玄之起數，則七十八。此律呂之數和爲七十八，故曰黄鍾之數立焉。

〔二四八〕意爲：度量衡皆出於黄鍾。依漢書律曆志：以黑黍穀籽大小中者九十粒之長，爲黄鍾之長，計九十分。一爲一分，十分爲寸，十寸爲尺，十尺爲丈，十丈爲引。度由此而生。以黑黍籽之中者實黄鍾之龠管，計一千二百粒，是謂一龠。合龠爲合，十合爲升，十升爲斗，十斗爲斛，量由此而生。一龠一千二百粒黍重十二銖，兩之，二十四銖爲兩，十六兩爲斤，三十斤爲鈞，四鈞爲石，權衡由此而生。

〔二四九〕「已」當作「己」。葉注：「説與支同。」（見校釋〔二四五〕）范注：「子之數九，甲爲子幹，（己）

爲甲妃，故俱稱九也。丑之數八，乙丑之幹，乙妃於庚，故俱八也。寅之數七，丙爲寅幹，辛爲丙妃，故俱七也。卯之數六，丁爲卯幹，丁爲壬妃，故俱六也。辰之數五，戊爲辰幹，癸爲戊妃，故俱五也。」

〔二五〇〕質，正。儀禮士冠禮：「質明行事。」注：「質，正也。」禮記月令：「黑黄倉赤莫不質良。」鄭注：「所染者當得真采正善也。」協，和。此句意謂：甲乙爲角，丙丁爲徵，庚辛爲商，壬癸爲羽，戊己爲宫。推十二辰以生十二律。聲以正人之情性，律以調聲之清濁。聲律相和，則金、石、絲、竹、匏、土、革、木之八音生。八音諧而樂成，以去邪正性，移風易俗。此章言太玄所配聲律干支之數。

〔二五一〕太玄八十一首，每九首爲一「天」，表示一年四季的變化過程。而以每九首之第一首的首名命名。

〔二五二〕沚，爾雅釋水：「小洲曰陼。小陼曰沚。」崖，説文：「高邊也。」指岸。以勢之不同，分爲九等。此下幾條，硬把紛繁復雜的事物局限於以九爲基數的框架之中，未免失於牽强和主觀臆斷。

〔二五三〕許翰曰：「宋作瘀疾。」疾瘀，指遇禍凶之人。極，指遇極禍之人。

〔二五四〕要，同腰。嘏咕，音遐胡，咽喉。頞，額。方言：「中夏謂之頟，東齊謂之頞。」

〔二五五〕一六爲水，水性漸進，故曰爲前。易以坎爲水，爲耳，故一六爲耳。二七爲火，易以離爲火，爲目，故二七爲目。三八爲木，易以巽爲木，爲風，故三八爲風。四九爲秋，易以兑爲正秋之卦，爲口，故四九爲口。五五爲土，土爲萬物所依，後也可依，故曰爲後。

〔二五六〕這是把人的每一行爲作事分爲九個階段：第一階段，開始規劃行爲的終始。第二階段，反復思索，疑而未定。第三階段，思慮成熟，定下决心。第四階段，發於行事。第五階段，作事恰到好處，而取得相當成功。第六階段，成功達到最高峰；至此已發展到極點。極則反，所以第七、第八、第九階段，則消耗而進於窮盡敗毁。這裏，揚雄認爲，人的作爲也是一個發展變化的過程。

〔二五七〕這是把人的一生分爲九个階段。　此章言天地人事之九个階段。

〔二五八〕集注本、陳本「筭」作「算」，二字通。下同。這段話意思是説，筮得一首，而不知其次第、奇偶，無法占斷吉凶休咎，必須推求該玄首之次第。其法如下：家爲一畫則置數一，爲二則置數二，爲三則置數三；部爲一畫則不在所得家數之上加數，部爲二則在家數之上加三，部爲三則加六；州爲一畫，則不在所得部、家和數之上加數，州爲二則在部、家和數之上加九，州爲三則加十八；方爲一畫，則不在所得州、部、家和數之上加數，方爲二則加二十七，爲三則加五十四。其總和數即爲所求玄首之次第。

〔二五九〕太始，最初的開始。此指太玄第一首中首。此句意謂：求玄贊之次第，以所得玄首次第之數減一，再乘以九（求表之次則乘以三），然後加該首之贊次，即所求玄贊之次第。如應首距中首爲四十一，四十一減一，再乘以九，得三百六十；求應首第一贊則加一，得三百六十一，求應首第二贊則加二，得三百六十二，即所求之贊次。

〔二六〇〕此句意謂：以所得贊次之數除以二，有餘則進一，是爲該贊距冬至之日數。如應首第一贊之次爲三百六十一，除以二得一百八十餘一，進一則爲一百八十一。應首第一贊則距冬至一百八十一日。

〔二六一〕集注本「明」作「得」，並曰：「許、黄作『明』，宋、郭作『得』。」依上文和實際推算，當作「得」。意爲：求得玄贊之次爲偶，則爲所得日之夜；贊次爲奇，則爲所得日之晝。

〔二六二〕推一歲之曆，從冬至牽牛一度開始，日行一度，一歲三百六十五日又四分日之一而周天，二十八宿之度數盡。故從牽牛始。此句意謂：推求玄贊之日所處星宿度數，減盡前此所隨星宿之度數，即得其日所在星度。　此章言推求太玄首、贊次第及日、星之法。

太玄文〔一〕

罔直蒙酋冥〔二〕。罔，北方也，冬也，未有形也〔三〕。直，東方也，春也，質而未有文也〔四〕。蒙，南方也，夏也，物之脩長也，皆可得而（載）〔戴〕也〔五〕。酋，西方也，秋也，物皆成象而就也〔六〕。有形則復於無形，故曰冥〔七〕。故萬物罔乎北，直乎東，蒙乎南，酋乎西，冥乎北。故罔者，有之舍也〔八〕。直者，文之素也〔九〕。蒙者，亡之主也〔一〇〕。酋者，生之府也〔一一〕。冥者，明之藏也〔一二〕。罔舍其氣〔一三〕，直觸其類〔一四〕，蒙極其脩〔一五〕，酋考其（親）〔就〕〔一六〕，冥反其奥〔一七〕。罔蒙相極，直酋相勑〔一八〕。出冥入冥，新故更代〔一九〕。陰陽迭循，清濁相廢〔二〇〕。將來者進，成功者退〔二一〕。已用則賤，當時則貴〔二二〕。天文地質，不易厥位〔二三〕。

罔直蒙酋冥。言出乎罔，行出乎罔，禍福出乎罔。罔之時，玄矣哉〔二四〕。行則有蹤，言則有聲，福則有膊，禍則有形，之謂直〔二五〕。有直則可蒙也。有蒙則可酋也。可酋則反乎冥矣〔二六〕。是故罔之時則可制也〔二七〕。八十一家由罔者也〔二八〕。天炫炫出於無畛，熿熿出於無垠。故罔之時，玄矣哉〔二九〕。是故天道虚以藏之，動以發之，崇以臨之，刻以制之，終以幽之，淵乎其不可測也，曜乎其不可高也〔三〇〕。故君子藏淵足以禮神〔三一〕，發動足以振衆〔三二〕，高明足以覆照〔三三〕，制刻足以竦懝〔三四〕，幽冥足以隱塞〔三五〕。君子能此五者，故曰罔直蒙酋冥〔三六〕。

或曰：「昆侖旁薄，幽」，何爲也〔三七〕？曰：賢人天地，思而包羣類也〔三八〕。昆諸中未形乎外，獨居而樂，獨思而憂，樂不可堪，憂不可勝，故曰「幽」〔三九〕。「神戰于玄」，何爲也〔四〇〕？曰：小人之心雜，將形乎外，陳陰陽以戰其吉凶者也〔四一〕。陽以戰乎吉，陰以戰乎凶。風而識虎，雲而知龍。賢人作，而萬類同〔四二〕。「龍出乎中」，何爲也？曰：龍德始著也〔四三〕。陰不極則陽不生，亂不極則德不形〔四四〕。君子脩德以俟時，不先時而起，不後時而縮。動止微章，不失其法者，其唯君子乎？故「首尾可以爲庸也」〔四五〕。「庳虛無因，大受性命，否」，何爲也？曰：小人不能懷虛處乎下，庳而不可臨，虛而不可滿，無而能有，因而能作。故「大受性命」而無辭辟也，故「否」〔四六〕。「日正于天」，何爲也？曰：君子乘位，爲車爲馬，車軨馬駖，可以周天下。故「利其爲主也」〔四七〕。「月闕其（博）〔摶〕〔四八〕，不如開明于西」，何爲也？曰：小人盛滿也。自虛毀者，水息淵，木消（林）〔枝〕，山殺瘦，澤增肥。賢人覩而衆莫知〔四九〕。「酋酋之包」，何爲也？曰：仁疾乎不仁，誼疾乎不誼〔五〇〕。君子寬裕足以長衆，和柔足以安物〔五一〕。天地無不容也。不容乎天地者，其唯不仁不誼乎！故「水包貞」。「黃不黃」，何爲也？曰：小人失刑中也〔五二〕。諸一則始，諸三則終，二者得其中乎〔五三〕。君子在玄則正，在福則沖，在禍則反〔五四〕。小人在玄則邪，在福則驕，在禍則窮〔五五〕。故君子得位則昌，失位則良〔五六〕。小人得位則横，失位則喪〔五七〕。八雖得位，然猶「覆秋常」乎〔五八〕。「顛靈，氣形反〔五九〕」，何爲也？曰：絶而極乎上也。極上則運，絶下則顛，靈已顛矣，氣形惡得在而不反乎〔六〇〕？君子年高而極時者也歟〔六一〕。陽極上，陰極下，氣形乖，鬼神阻〔六二〕。賢者懼，小人怙〔六三〕。「昆侖旁薄」，大容也〔六四〕。「神戰于玄」，相攻也〔六五〕。「龍出于中」，事從也〔六六〕。「庳虚之否」，不公也〔六七〕。「日正于天」，光通也〔六八〕。「月闕其（博）〔摶〕」，損羸也〔六九〕。「酋酋之包」，法乎則也〔七〇〕。「黄不黄」，失中經也〔七一〕。「顛靈之反」，窮天情也〔七二〕。「罔直蒙酋」，贊羣冥也〔七三〕。「昆侖旁薄」，資懷無方〔七四〕。「神戰于玄」，邪正兩行〔七五〕。「龍出于中」，法度文明。「庳虚之否」，臣道不當〔七六〕。「日正于天」，乘乾之剛〔七七〕。「月闕其（博）〔摶〕」，以觀消息〔七八〕。「酋酋之包」，（揩）〔能〕任乎形德〔七九〕。「黄不黄」，不可與即〔八〇〕。「顛靈之反」，時則有極〔八一〕。「罔直蒙酋」，乃窮乎神域〔八二〕。

天地之所貴曰生，物之所尊曰人，人之大倫曰治，治之所因曰辟〔八三〕。崇天普地，分羣偶物，使不失其統者，莫若乎辟〔八四〕。夫天辟乎上，地辟乎下，君辟乎中〔八五〕。

仰天而天不惓，俯地而地不怠，惓不天怠不地，惓怠而能乎其事者，古今未諸〔八六〕。是以聖人仰天則常，窮神掘變，極物窮情〔八七〕，與天地配其體，與鬼神即其靈，與陰陽（挻）〔埏〕其化，與四時合其誠〔八八〕。視天而天，視地而地，視神而神，視時而時；天地神時皆馴而惡入乎逆〔八九〕。

校釋

〔一〕文，太玄掜云：「文爲藻飾。」太玄文反復闡釋「罔直蒙酋冥」玄之五德，并選釋中首贊辭九條，以文飾太玄時間、空間相結合的世界圖式，故謂之太玄文。相當於周易文言傳。

〔二〕范注：「此五者，太玄之德，猶易『元亨利貞』也。」

〔三〕罔，爾雅釋言：「無也。」此指無形。太玄數：「一六爲水，爲北方，爲冬。」冬天陽氣未發，萬物潛藏，未有形兆，故言罔。

〔四〕直，猶伸。孟子滕文公下：「枉尺而直尋。」趙岐注：「欲使孟子屈己信道。」太玄數云：「三八爲木，爲東方，爲春。」春天陽氣育物，萬物孚甲始出，枝葉未舒，素而未有華文，故曰直。

〔五〕集注本「載」作「戴」，爲佳。説文：「分物得增益曰戴。」蒙，覆冒之義。太玄數云：「二七爲火，爲南方，爲夏。」夏天萬物盛長，枝葉增益而茂盛，皆得覆蔽，故曰蒙。

〔六〕酋，成熟。方言：「河北燕趙之間久熟曰酋。」廣雅：「酋，熟也。」太玄數云：「四九爲金，爲西方，爲秋。」秋天萬物皆成熟，故言酉。

〔七〕冥，冥昧。言秋天已過，冬天又至，萬物又潛藏於地中，無形可見，故曰冥昧。　這幾句是以「罔直蒙酋冥」這些概念配以四方、四時，構造成一個時間、空間相結合的宇宙間架，以陰陽二氣在其中的消長運行，説明事物從發生到消滅的過程。表示了揚雄喜造新詞的學風。但其實質并没有絲毫改變，不過是從另外的角度，進一步闡發太玄的世界圖式而已。

〔八〕舍，説文：「居也。」有形出於無形，故曰有之所居。

〔九〕質素可繪文彩，故言爲文之素。

〔一〇〕夏天萬物盛極，開始走向衰亡，故言爲亡之主。

〔一一〕秋天萬物成熟結籽，來年春陽滋生，故言爲生之府。

〔一二〕有形可見者反於無形，故曰明之藏。

〔一三〕冬至之時，陽氣潛藏於北方而始萌。

〔一四〕觸，猶遇。春天萬物鑽地而出，同類皆相遇。

〔一五〕夏天萬物盛長，枝葉茂盛而極長。

〔一六〕集注本「親」作「就」，並曰：「范注：『考物使咸成就。』而正文作「親」，蓋寫者誤。宋、郭作『就』。」循上下文義，以「就」爲長。考，成。秋天萬物皆成就。

〔一七〕奥，范注：「秘也。」冬天萬物皆反於無形，潛藏地中。

〔一八〕集注本「勑」作「勅」。二字通。勑，音赤，約束警誡。此句意謂：冬天陰盛陽萌，夏天陽極陰生，故言相極。春天陽氣生物，秋天陰氣殺物，故言相約誡。

〔一九〕此句意爲：一年四季，萬物從無形到有形，從發生到消失，循環往復，然而往復不一，新質不斷代替舊質。以上兩句表明，揚雄認爲：由於對立面的相互對待、相互作用和相互流轉，新事物不斷代替舊事物。

〔二〇〕清濁，即指陰陽。陽輕而清，陰重而濁。廢，指不再發生作用。意爲：一年四季，陽極陰生，陰極陽生，循環迭至，消長運行，更相休廢，輪流爲用。

〔二一〕將來者，成功者，皆指陰陽。一年之中，陰陽凡初生之時謂將來者，到達極盛謂之成功者。如陽氣冬至潛萌而始生，不斷上長，故曰進；到夏至達到極盛，盛極而衰，開始轉向消亡，故曰退。

〔二二〕此句意謂：陰陽二氣在一年四時之中，輪流發生作用，已經發生作用者，則消退而廢，開始發生作用者則上升而尊貴。以上兩句表明，揚雄重視新生事物，主張鼓勵新生事物的成長，促進其發展。他認爲，處於上升階段的正在發展的東西，盡管它看來很微弱，却是有生命力的、可寶貴的東西；處於下降階段的正在衰退的東西，盡管它看來很强盛，却是走向滅亡的、應該廢止的東西。表現了一種積極進取的態度。

〔三三〕厥，其。此句意謂：天動於外，地安於內，其位置不可改變。　此章以天道闡釋太玄之五德。

〔三四〕人之言行皆出於心思，心思無形可見，故曰罔。言行既出，禍福隨之，故亦言出乎罔。心思謀慮未發之時，則神妙不測。

〔三五〕集注本「膞」作「膊」。膞，脯，即肉乾。指有厚禄。形，同刑，指遭損害。意謂：行有踪跡可見，言有聲音可聞，福有厚禄可享，禍有其害難忍，皆有形而見，故曰直。

〔三六〕這幾句意思是説，凡有形的東西皆可長大，盛長而必有所成就，成必有毁滅而又復歸於無形。

〔三七〕范注：「言物無形之時，裁制也。」即言事物尚未成形之時，易於控制，人當謹之於始，慎之於微。老子六十四章：「其安易持，其未兆易謀……爲之於未有，治之於未亂。」

〔三八〕太玄八十一家，從筮法説皆由一玄推衍而成，玄神妙莫測，無有形兆，故言由乎罔。從所配時間方位來説，起始於冬至、北方，罔爲北方爲冬，故言由乎罔。

〔三九〕炫，光耀。熿，同煌，輝煌。畛，界。垠，限。此句意爲：天之所以光耀輝煌，在於其高遠無極，没有界限，辨不清形體。以其無形可辨，則神妙莫測。

〔三〇〕此句意謂：天之道以其中虚則能包容萬物，周運不已則能發生萬物，高遠無極則能君臨萬物，剥割損殺則能裁制萬物，終而復始則能幽隱萬物。所以天道之功效甚大，深不可測，高不可加。

〔三一〕禮，釋名：「體也。」此句意謂：賢人君子效法天道，虚懷若谷，懷藏萬物，則可以神爲體，達到神妙的境界。

〔三二〕振，動。君子效天，自强不息，則可以號令萬民。

〔三三〕君子高明不暗，則可以治理天下，使百姓皆得其恩澤。

〔三四〕竦，説文：「敬也。從立從束。束，自申束也。」㦬，音愛，説文：「惶也。」警懼之義。此句意爲：君子爲政，齊之以法，則可以使萬民警懼約束，而不爲亂。

〔三五〕意爲：君子無爲而治，則可以閉塞事端，而安定天下。

〔三六〕此章以人事闡釋太玄之五德。

〔三七〕此引中首初一贊辭。人有不解其意而問之。昆侖，即渾淪。旁薄，即磅礴，廣博之義。爲，借作謂（下同）。

〔三八〕此句意謂：賢人君子效法天地，心懷天下，思慮養育萬類。

〔三九〕昆，同混。混同之義。堪，勝。此句意爲：君子思慮未熟，疑惑不定，存於心而未現於外，故曰幽隱難知。

〔四〇〕此引中首次二贊辭（以下依次引次三、次四……上九之贊辭，不另注）。

〔四一〕陳，讀作陣。陽爲吉，陰爲凶。此句意爲：小人之心，善惡混雜，將發於行事，兩者相爭，以别其善惡。

〔四二〕易文言：「雲從龍，風從虎。聖人作而萬物覩。」此句意爲：萬物各從其類。賢人有所作爲，則萬民效法而附從。

〔四三〕集注本「也」字上有「者」字。龍，指陽氣。著，明。此句意謂：陽氣長養萬物之功用開始顯著。

〔四四〕德，正韻：「凡言德者，善美、正大光明、純懿之稱也。」玉篇：「福也。」此句意謂：陰不發展到極點，陽氣就不能發生；禍亂不達到極點，福順善美就不能表現出來。揚雄在這裏看到了對立事物的相互轉化，并以「極」爲其條件。

〔四五〕「首尾可以爲庸也」，爲中首次三之測辭。這幾句是説，君子進德修業，以待時機；時機未到，不事先動作；時機已到，不退縮不前。或動或止，或微或彰，皆順其法則，不失時機，只有君子才能做到。如此，則可以大有功效。

〔四六〕集注本無「辭」字，並曰：「諸本作『無辭辟也』，丁、章無『辭』字。」庳，下。臨，居高視下曰臨。辟，同避。此句意爲：小人不能懷虛謙之心，處庳下之位。不能處下而不自高，虛懷而不自滿；不能無而使有，因舊創新。不具此四種美德，受大命而不迴避，必致敗毀。

〔四七〕軨，音鈴，車前之横木。骱，音介，説文：「系馬尾也。」此句意爲：君子得位，有良車好馬，利於周歷天下，以治其事。故言利其爲人主。

〔四八〕集注本「博」作「摶」，爲是（下同）。

〔四九〕集注本「林」作「枝」，近是。范注有「木以材茂故消其枝」句，證范本原作「枝」，後人誤寫作「林」。此句意爲：水以處於淵而不斷增長；澤以庳下，膏脂流歸，而增其肥美，皆自虛而受益。木以材茂而消其枝；山以高峻，膏脂流失，而殺其瘦，皆盛滿而自毁。這個道理賢人君子都十分清楚，而普通人則不知曉。

〔五〇〕誼，同義。疾，病。此用作動詞，即以爲病。此句意爲：仁以不仁爲病，義以不義爲病。

〔五一〕長，養育。此句意爲：君子有寬裕之財，則可以育養萬民；有柔和之德，則可以安定萬物。

〔五二〕刑，同行。行，猶道。王引之曰：「爾雅：『行，道也。』天行謂天道也。晉語：『歲在大梁，將集天行。』韋昭注曰：『集，成也。行，道也。言公將成天道也。』」此句意爲：小人失去中道。

〔五三〕諸一，指太玄每首九贊之初一、次四、次七。九贊每三贊爲一組，分爲下中上三個階段，初

一、次四、次七分别爲下中上之始，故言一。諸三，指九贊之次三、次六、上九，分别爲下中上之終。二，指九贊之次二、次五、次八，分别爲下中上之中。

〔五四〕玄，幽隱之義，此指不得志而處下位。沖，虚。反，指反身自責。此句意謂：賢人君子被埋没，則能行爲正當，不妄爲亂行；有富貴之位，則常自謙虚，而下於人；遇禍難則能反身自責，修進德行。

〔五五〕窮，困。此句意謂：小人處下位則邪惡妄行，有富貴之位則驕横傲慢，遇禍難則窮困無着。

〔五六〕意爲：君子得位則能昌盛發達，失位則能善良順世。

〔五七〕意爲：小人得位則蠻横殘暴，失位則如喪考妣。

〔五八〕意爲：次八贊雖得上之中位，然當黄不黄，失於中道，又處禍之中，故仍敗覆秋之常道，不能有所成就。

〔五九〕此引中首上九贊辭。以下又反復引中首贊辭，加以解説。

〔六〇〕靈，指陰氣。這句話意謂：人死，形成其精神的陽氣極上，歸於天；形成其形體的陰氣極下，歸於地（詳見中首校釋〔一五〕）。

〔六一〕指人年事已高，壽數將盡之時。

〔六二〕鬼神，指陰陽二氣，鬼爲陰，神爲陽。阻，隔礙。

〔六三〕怗，恃。范注：「言賢者懼將衰落，小人怗老以恣慾也。」

〔六四〕言天地無所不包容。

〔六五〕謂陰陽相攻伐。

〔六六〕謂發於行事，順暢而大有可爲。

〔六七〕公，同功。不公，猶言無功。

〔六八〕言光明通達普照。

〔六九〕言盛滿則虧損。

〔七〇〕集注本「則」作「貞」。謂進退行止，皆依法則。

〔七一〕經，道之常。言失中道之常。

〔七二〕謂陽極陰生，陰極陽生，陰陽消長運行，萬物各歸其根。此自然之道，窮極則反。

〔七三〕贊，説文：「見也。」謂佐助萬物生長成熟，使無形而爲有形，鮮明彰顯。

〔七四〕言聖賢效法天地，無所不容，無所不念懷。

〔七五〕謂善惡並行，相互斥争。

〔七六〕當，恰當。意謂：爲人臣而無「庳虛無因」四種美德，不能受大命，故曰其道不當。

〔七七〕乾，天。謂君子效法天之德性，剛健中正，自强不息。易文言：「大哉乾乎，剛健中正……」

〔七八〕言以此知自然事物消長運行，發展變化的規律。

〔七九〕集注本「揩」作「能」，並曰：「監本作『揩』，黄無『能』字，諸本否。」集注本爲佳。任，用。形，同刑。

〔八〇〕即，爾雅釋詁：「尼也。」郭璞注：「尼，近也。」邢昺疏：「相近也。」謂失於中道，則不可與之相近。

〔八一〕言處於窮極之時。

〔八二〕神域，指事物變化之全過程。謂「罔直蒙酋」則窮盡事物的神妙變化。此章反復解釋中首九贊之辭及太玄五德之義。

〔八三〕治，治理，指人治理自然和社會的作用。辟，君。

〔八四〕普，廣博。此用作動詞，謂了解地之廣博。此句意謂：認識天之高遠，地之廣博，區分開萬物的種類，使萬物相互配合，而又能加以控制，没有比得上君的。

〔八五〕此句意謂：天、地、人君各主其事，而人君能贊天地之化育，控制自然。

〔八六〕集注本「末」作「未」。惓，通作倦。惓、怠，皆懈惰之義。此句意爲：天不懈怠，運行不止；地不懈惰，長養萬物；君子效法天地，自强不息，勤於從事。懈怠而能勝任其事的，古今從來没有。

〔八七〕集注本「仰」作「卬」，古通。掘，范注：「盡也。」極，窮盡。此句意爲：聖人能順應自然規律，窮究事物的神妙變化，盡知萬物之情狀。

〔八八〕集注本「挻」作「埏」，葉本、陳本作「同」。以「埏」爲佳。埏，以水和土爲埏。此取其和義。此句意爲：聖人能像天地一樣，包容覆載萬物，使皆安其生得其養；像鬼神一樣顯示其靈明，賞罰無不當；像陰陽一樣生殺萬物，德刑兼舉；像四時運行一樣不失其序，政令有時。

〔八九〕視，觀察，此引申爲探究。馴，順。惡，何。逆，違背。此句意思是説，聖人探究自然，就能掌握自然變化的規律，從而引導、控制自然的變化，使人與自然界相互諧調。法言問神：「或問神。曰，心。請問之。曰，潛天而天，潛地而地。天地，神明而不測者也。心之潛也，猶將測之，況於人乎？況於事倫乎？」正與此相發明。易文言：「夫大人者，與天地合其德，與日月合其明，與四時合其序，與鬼神合其吉凶。先天而天弗違，後天而奉天時。天且弗違，而況於人乎？況於鬼神乎？」揚氏之義本此。此章言聖人能窮神知化，與天地相調諧。

太玄（棿）〔掜〕〔一〕

玄之贊辭也，或以氣，或以類，或以事之骫卒〔二〕。謹問其性，而審其家〔三〕，觀其所遭遇，劘之於事，詳之於數，逢神而天之，觸地而田之，則玄之情也得矣〔四〕。故首者，天性也〔五〕。衡，對其正也〔六〕。錯，綷也〔七〕。測，所以知其情〔八〕。攡，張之〔九〕。瑩，明之〔一〇〕。數爲品式〔一一〕。文爲藻飾〔一二〕。（棿）〔掜〕，擬也〔一三〕。圖，象也〔一四〕。告，其所由往也〔一五〕。

維天肇降生民，使其貌動、口言、目視、耳聽、心思，有法則成，無法則不成〔一六〕。誠有不威〔一七〕。（棿）〔掜〕，擬之經〔一八〕。垂（消）〔綃〕爲衣，襞幅爲裳，衣裳之（示）〔制〕，以示天下〔一九〕。（棿）〔掜〕，擬之三八〔二〇〕。比札爲甲，冠矜爲戟，被甲何戟，以威不恪〔二一〕。（棿）〔掜〕，擬之四九〔二二〕。尊尊爲君，卑卑爲臣，君臣之制，上下以際〔二三〕。（棿）〔掜〕，擬之二（漆）〔七〕〔二四〕。鬼神耗荒，想之無方〔二五〕；無冬無夏，祭之無度，故聖人著之以祀典〔二六〕。（棿）〔掜〕，擬之一六〔二七〕。時天時，力地力，維酒維食，爰作稼穡〔二八〕。（棿）〔掜〕，擬之五五〔二九〕。古者寶龜而貨貝，後世君子易之以金（弊）〔幣〕，國家以通，萬民以賴〔三〇〕。（棿）〔掜〕，擬之思（慮）〔三一〕。建侯開國，渙爵般秩，以引百禄〔三二〕。（棿）〔掜〕，擬之福〔三三〕。越隕不令，維用五刑〔三四〕。（棿）〔掜〕，擬之禍〔三五〕。秉圭戴璧，臚湊羣辟〔三六〕。（棿）〔掜〕，擬之八十一首〔三七〕。（棟）

〔棘〕木爲杼，削木爲柚，杼柚既施，民得以燠〔三八〕。（棿）〔掜〕，擬之經緯〔三九〕。剛割匏、竹、革、木、土、金，擊石彈絲，以和天下〔四〇〕。（棿）〔掜〕，擬之八風〔四一〕。陰陽相錯，男女不相射，人人物物，各由厥彙〔四二〕。（棿）〔掜〕，擬之虛嬴〔四三〕。日月相斛，星辰不相觸；音律差列，奇偶異氣；父子殊面，兄弟不孿，帝王莫同〔四四〕。（棿）〔掜〕，擬之歲〔四五〕。嘖以牙者童其角；撣以翼者兩其足；無角無翼，材以道德〔四六〕。（棿）〔掜〕，擬之九日平分〔四七〕。存見知隱，由邇擬遠，推陰陽之荒，考神明之隱〔四八〕。（棿）〔掜〕，擬之晷刻〔四九〕。一明一幽，跌剛跌柔，知陰者逆，知陽者流〔五〇〕。（棿）〔掜〕，擬之晝夜〔五一〕。上索下索，遵天之度；往述來述，遵天之術；無或改造，遵天之醜〔五二〕。（棿）〔掜〕，擬之天元〔五三〕。天地神胞法易，久而不已；當往者終，當來者始〔五四〕。（棿）〔掜〕，擬之罔直蒙酋冥〔五五〕。故擬水於川，水得其馴〔五六〕；擬行於德，行得其中〔五七〕；擬言於法，言得其正〔五八〕。言正則無擇，行中則無爽，水順則無敗〔五九〕。無敗故久也，無爽故可觀也，無擇故可聽也。可聽者，聖人之極也〔六〇〕；可觀者，聖人之德也；可久者，天地之道也。是以昔者羣聖人之作事也，上擬諸天，下擬諸地，中擬諸人〔六一〕。天地作函，日月固明，五行該醜，五嶽宗山，四瀆長川，五經括矩〔六二〕。

天違地違人違，而天下之大事悖矣〔六三〕。

校釋

〔一〕集注本「梲」作「挩」，近是（下同）。漢書揚雄傳：「有首、衝、錯、測、攡、瑩、數、文、挩、圖、告十一篇，皆以解剝玄體，離散其文。」也作「挩」，是其證。挩，下文云：「擬也。」比擬，模仿之義。太玄挩解説太玄之作皆有所比擬、模仿，「苟非其事，文不虛生」（揚雄傳）。故謂之太玄挩。也相當於周易繫辭傳。

〔二〕骫，音委，曲。漢書淮南厲王傳：「骫天下之正法。」師古注：「骫，古委字。謂曲也。」卒，終。此句意謂：太玄九贊之辭皆有所依據。或以陰陽之氣的消長運行，五行之氣的生克；或以同類事物的相從相應；或以人之行事的委曲終始立論，闡述其道理。

〔三〕集注本、葉本、陳本「性」作「姓」。此句意爲：細致地審察太玄八十一首各自的陰陽剛柔之性及其具體情況。

〔四〕所遭遇，指太玄七百二十九贊各自所處下中上之位，所遇晝夜、經緯，以及所配星宿、所逢節氣等。劘，切磨，即研討。事，指贊所述之事。數，謂玄贊奇偶陰陽之數。神，指陽。地，指陰，地氣爲陰。觸，遇。這幾句意思是説，詳慎地審察太玄各首之陰陽剛柔之性，視各贊之所遭遇，研討其辭之所述，詳盡其奇偶之數，逢陽而尊，遇陰而卑，則玄之所測吉凶休咎之情皆可得而知之。

〔五〕首，指太玄八十一首之辭，即太玄首。太玄首，用以表現一年四時陰陽消長運行、萬物萌長盛衰的自然變化過程。

〔六〕衝，指太玄衝。謂太玄衝皆兩首相對成文，以解説太玄八十一首之次序。

〔七〕錯，指太玄錯。絣，雜。漢書揚雄傳：「絣之以象類。」晉灼注：「絣，雜也。」謂太玄錯解釋八十一首之意義，不依其順序，錯綜交雜而説之。

〔八〕測，指太玄七百二十九贊之測辭，即太玄測。謂太玄測用以説明太玄各贊之義藴。

〔九〕攡，指太玄攡。謂太玄攡用以張舒太玄之大要。

〔一〇〕瑩，指太玄瑩。謂太玄瑩用以論述太玄所闡明的事物及其道理。

〔一一〕數，指太玄數。謂太玄數用以闡述太玄之框架結構。

〔一二〕文，指太玄文。謂太玄文用以文飾太玄的框架結構。

〔一三〕掜，指太玄掜。謂太玄掜用以闡發太玄所模仿、取象之事物。

〔一四〕圖，指太玄圖。謂太玄圖用以闡釋太玄所象自然及人事變化的過程。

〔一五〕告，指太玄告。謂太玄告用以揭示太玄所論天地人物生滅興衰、運動變化的根本道理。此章解説太玄各篇之義藴。

〔一六〕集注本、葉本「肈」作「肇」，古通。肇，始。法，指禮義法度。此句意謂：天始生衆民，使其能動、言、視、聽、思，然而須有禮法約束。否則，與禽獸無異，不成其爲人。法言：「學者，所以修性也。視聽言貌思，性所有也。學則正，否則邪。人而不學，雖無憂，如禽何？學者，所以求爲君子也。」（學行）「由於情欲，入自禽門；由於禮義，入自人門。」（修身）也即此義。

〔一七〕集注本「不威」作「不誠」，並曰：「范、宋作『誠有不威』，丁作『不畏』，黄作『不誠』。」似以范本爲佳。威，讀作畏。此句意爲：視聽言貌思皆依禮義，則無所畏懼。

〔一八〕經，指太玄經。此句意爲：模擬上述現象而作有經。

〔一九〕集注本、陳本「消」作「䘯」，「之示」作「之制」，並曰：「諸本『制』作『示』，宋但云『衣裳以示天下』，近監本作『制』。」爲佳。䘯，音稍，衣衿。襞，音必，疊衣也。襞幅，摺疊裙幅，使其相錯。

〔二〇〕三八，指太玄所謂三八之説。三八爲木，木枝葉可覆被物，象衣裳可覆蔽人體。此句意爲：模擬衣裳之制，而作有太玄三八之説。

〔二一〕札，甲葉爲札。比札，排列連綴甲葉。矜，方言：「矜謂之杖。」説文：「矛柄也。」恪，爾雅釋詁：「敬也。」

〔二二〕四九，指太玄所謂四九之說。四九爲金，可制甲兵，故相比擬。此句意爲：模擬甲兵之威，而作有太玄四九之說。

〔二三〕際，交接。此句意謂：君尊爲上，臣卑爲下，上下交接，形成君以制臣，臣以奉君的相互關係。

〔二四〕集注本「漆」作「七」，是。作「七」，上下文「三八」、「一六」……方可一致。二七，指太玄所謂二七之說。二七爲火爲禮，禮莫大於尊卑上下之分。此句意爲：模擬君臣上下之相互關係，而作有太玄二七之說。

〔二五〕耗，空。荒，虛。此句意爲：鬼神空虛無形，視之不見，没有方所。王充論衡論死：「荒忽不見，故謂之鬼神。……鬼者，歸也。神者，荒忽無形者也。」

〔二六〕謂聖人制定了祭祀制度，使春夏秋冬各有所祭。

〔二七〕一六，指太玄所謂一六之說。一六爲水爲北方，北方太陰，幽冥之地。又爲鬼爲祠爲廟，有祭祀之象，故相比擬。此句意爲：模擬祭祀之事，而作有太玄一六之說。

〔二八〕此句意謂：奉天之時，盡地之力，種植五穀，以養衆人。

〔二九〕五五，指太玄所謂五五之說。五五爲土，種穀養人，非土莫屬，故相比擬。此句意爲：模擬種穀養人之象，而作有太玄五五之說。

〔三〇〕集注本、葉本、陳本「弊」作「幣」，爲佳。意謂：金屬鑄幣發明以後，交流暢通，國家民衆皆得其利。

〔三一〕集注本無「慮」字，並曰：「諸本皆作『思慮』，『慮』字蓋衍。」是。太玄數云：「下思也，中福也，上禍也。」是其證。思，指太玄以每首九贊之初一、次二、次三爲思。思即思國家富足，萬民以安。此句意爲：模擬發明鑄幣之事，而列有太玄所謂思。

〔三二〕涣，散。爵，爵位，指公、侯、伯、子、男、卿、大夫、士等。涣爵，即分封爵位。般，同班，爾雅釋言：「賦也。」即賜予。秩，官職。般秩，謂賞賜官職。禄，説文：「福也。」此句意謂：稱王建國，分封爵位，賞賜官職，以導引而入百福。

〔三三〕福，指太玄以九贊之次四、次五、次六爲福。此句意爲：模擬封爵引福之事，而列有太玄所謂福。

〔三四〕越隕，顛墜之義。左傳僖公八年：「恐隕越於下。」注：「隕越，顛墜也。」令，善。詩大雅卷阿：「令聞令望。」鄭箋：「令，善也。」此句意謂：顛墜而入於不善，只能以刑治之。

〔三五〕禍，指太玄以九贊之次七、次八、上九爲禍。此句意爲：模擬刑罰治罪之事，而列有太玄所謂禍。

〔三六〕秉，執持。臚，爾雅釋言：「叙也。」玉篇：「陳也。」序列之義。湊，説文：「聚也。」羣辟，指諸侯。秉圭戴璧，指諸侯執持圭璧。此句意爲：諸侯執圭持璧朝見君王。

〔三七〕此句意爲：模擬諸侯百官朝見君王之象，而作太玄八十一首。一玄統八十一首，象一君而率羣臣。

〔三八〕集注本「棘」作「棘」，「柚」作「軸」。以「棘」「柚」爲佳。杼柚，織布器具。杼持緯，柚受經，相錯而成織。燠，爾雅釋言：「煖也。」

〔三九〕經緯，指太玄以一、二、五、六、七贊爲經，三、四、八、九贊爲緯。此句意爲：模擬杼柚成織之象，而作有太玄經緯之説。

〔四〇〕許翰曰：「丁無『剛』字，別本唯『割』字。章作『刻』。（林瑀）釋文作『則』，音喧，云一作『割』。宋、許、黄作『剛割』。」范注：「匏，笙也。革，鼓也。竹，簫篪也。木，柷敔。土，塤也。金，鍾也。石，磬也。絲，琴瑟也。移風易俗，莫善於樂。故和天下也。」

〔四一〕八風，指太玄所配音律。禮記樂記：「八風從律而不姦。」此句意爲：模擬器樂之象，而作有太玄配音律之説。

〔四二〕射，有射傷之義。不相射，即不相傷害，而相親。謂親密相交。彙，類。此句意謂：陰陽交錯而萬物化生；男女相親，而人類化成。造化既成，人人物物，各歸其類。

〔四三〕虚羸，指太玄陰陽消息之説。陽實而陰虚。太玄測：「虚羸踦踦，禪無已也。」太玄攡：「虚實盪，故萬物纏。」此句意爲：模擬陰陽交錯化生萬物之象，而作有太玄陰陽消息之説。

〔四四〕斛，猶觸犯。觸，觸犯。相斛，謂日月相會。俞樾諸子平議：「御覽八百三十引風俗通曰：『斛者，角也。』廣雅釋言曰：『角，觸也。』然則相斛猶相角，相角猶相觸也。日月歲十二會，故相斛。星辰不相干犯，故不相觸。斛與觸變文以成句耳，其義一也。」此句意謂：日月不同行，月月相會；星辰不相犯，流轉運行。音律次第排列，相配以和聲；陰陽相異，節氣相續。父子殊面，事業以繼；兄弟不重生，家道以興；帝王不同制，國家日新。

〔四五〕歲，指太玄所配歲月節氣。歲月流轉，節氣更替，周而復始，年年不同，故相比擬。此句意爲：模擬天地人世物不齊同則流轉相繼之象，而作有太玄配歲月節氣之説。

〔四六〕嘖，疑借爲呲。音同可通。揮，同揮。材，借爲裁。嘖以牙者，指食肉動物。揮以翼者，指禽類。無角無翼，指人類。此句意謂：食肉動物則無角，飛禽之類則兩足，人類雖無角翼，却能裁制以道德。皆言物不可兼足。

〔四七〕九日平分，指太玄以兩首配九日。一首不能配足日，故相擬。此句意爲：模擬物無兼足之象，而作有太玄兩首配九日之説。

〔四八〕存，爾雅釋詁：「察也。」見，讀作現。擬，説文：「度也。」荒，大也，空也。此句意謂：察現知隱，以近度遠，則可推度陰陽無所不在，考究變化莫測之幾。

〔四九〕晷刻，晷以測日星度數，刻以紀辰時。此指太玄所配日星辰時。此句意爲：模擬現以知隱，近以驗遠之事，而作有太玄所配日星辰時之説。

〔五〇〕跌，疑借爲迭。易説卦：「分陰分陽，迭用柔剛。」幽明、剛柔，皆指晝夜。知，主，晝主陽，夜主陰。逆，謂艱難。流，謂順利。此句意謂：晝之做事易，夜之做事難。

〔五一〕晝夜，指太玄以晝夜別其休咎之説。此句意爲：模擬晝夜做事難易分明之象，而作有太玄以晝夜別其休咎之説。

〔五二〕索，探求，引申爲闡發。醜，類。此句意謂：闡發天地的情況，必須遵循天地之度數；叙述天地的往來運行，必須遵循天體運行之規律，不能妄加改變，以遵循自然之種類。

〔五三〕天元，推算曆法的起始時刻。此指太玄所表示的曆法。制定曆法必須遵循天體運行的規律，不能隨意改變，故相比擬。此句意爲：模擬研究天體進行著述的情況，而把太玄構造成一部特殊的曆法。

〔五四〕神胞，指天地孕育萬物，生生不窮，變化莫測。此句意謂：天地孕育萬物，生長成藏，變法易度，循環往復，生生不已。

〔五五〕罔直蒙酋冥，指太玄五德之説。此句意爲：模擬天地萬物生長成藏，循環不已的過程，而作有太玄五德之説。

〔五六〕擬，通作抑，控制引導之義。馴，順。

〔五七〕揚雄崇尚儒家「中」的觀念，以「中」爲至德。法言先知曰：「龍之潛亢，不獲其中矣。是以過中則惕，不及則躍。其近於中乎？聖人之道，譬猶日之中矣。不及則未，過則昃。」此句意謂：控制行爲，使符合「中」之至德。

〔五八〕謂使言歸於禮法，則言正而無失。

〔五九〕爽，過錯。孝經卿大夫：「非法不言，非道不行。口無擇言，身無擇行。」老子七十八章：「天下莫柔弱於水，而攻堅强者莫之能勝。」

〔六〇〕極，指中道。漢書律曆志：「極，中也。」周易集解引鄭玄注「太極」曰：「極中之道，淳和未分之氣也。」

〔六一〕此句意謂：古代聖賢有所著述，皆對客觀事物進行模擬，上模擬於天，下模擬於地，中模擬於人而作。也即易繫辭傳所説：「古者包犧氏之王天下也，仰則觀象於天，俯則觀法於地，觀鳥獸之文與地之宜，近取諸身，遠取諸物，於是始作八卦。」「聖人有以見天下之賾，而擬諸其形容，象其物宜，是故謂之象。」

〔六二〕五嶽，謂中嶽嵩山，東嶽泰山，西嶽華山，南嶽衡山，北嶽恒山。五嶽以泰山爲宗。四瀆，爾雅釋水：「江河淮濟爲四瀆。四瀆者，發源注海者也。」四瀆以江爲長。五經，謂易、書、詩、春秋、禮等經典。括，概括。矩，法。此句意謂：天地包容萬物，日月有其固有的光明，五行兼有衆類，五嶽宗有泰山，四瀆長先大江，五經對這些客觀情況及其規律加以概括。

〔六三〕悖，説文：「亂也。」此句意爲：一部著作或一項政治措施，如果違背了自然和社會的客觀情況及其規律，就會引起混亂，遭受失敗。以上幾句强調模擬客觀世界，遵循客觀情況及其規律，表現了揚雄堅持依據客觀世界的本來面貌認識、反映客觀現實的唯物主義態度。也是對太玄瑩「貴其有循而體自然」説的進一步闡發。此章解説太玄皆模擬天地人事而作。

太玄圖〔一〕

一玄都覆三方，方同九州，枝載庶部，分正羣家〔二〕。事事其中〔三〕。則陰質北斗，日月畛營，陰陽沈交，四時潛處，五行伏行〔四〕。六合既混，七宿軫轉，馴幽推歷，六甲内馴〔五〕。九九實有，律呂孔幽，歷數匿紀，圖象玄形，贊載成功〔六〕。始哉「中羨從」〔七〕：百卉權輿，乃訊感天〔八〕。雷椎𢧹章，（輿）〔與〕物旁震〔九〕。寅贊柔微，拔（报）〔根〕于元〔一〇〕。東動青龍，光離于淵〔一一〕。摧上萬物，天地輿新〔一二〕。中哉「更睟廓」〔一三〕：象天重明，雷風炫焕，與物時行〔一四〕。陰酋西北，陽尚東南〔一五〕。内雖有應，外觝亢貞〔一六〕。龍幹于天，長類無疆〔一七〕。南征不利，遇崩光〔一八〕。終哉「減沈成」〔一九〕：天根還向，成氣收精〔二〇〕。閲入庶物，咸首艱鳴〔二一〕。深合黄純，廣含羣生〔二二〕。泰柄雲行，時監地營〔二三〕。邪謨高吸，乃馴神靈〔二四〕。旁該終始，天地人功咸酋貞〔二五〕。

天甸其道，地杝其緒，陰陽雜厠，有男有女〔二六〕。天道成規，地道成矩〔二七〕。規動周營，矩静安物〔二八〕。周營故能神明，安物故能類聚〔二九〕。類聚故能富，神明故至貴〔三〇〕。夫玄也者，天道也，地道也，人道也，兼三道而天名之〔三一〕。君臣、父子、夫妻之道。

玄有（一）〔二〕道〔三二〕：一以三起，一以三生。以三起者，方州部家也〔三三〕。以三生者，參分陽氣以爲三重〔三四〕，極爲九營〔三五〕，是爲同本離（生）〔末〕〔三六〕，天地之經也。旁通上下，萬物并也〔三七〕。九營周流，終始貞也〔三八〕。始於十一月，終於十月，羅重九行，行四十日〔三九〕。誠有内者存乎「中」〔四〇〕，宣而出者存乎「羨」〔四一〕，雲行雨施存乎「從」〔四二〕，變節易度存乎「更」〔四三〕，珍光淳全存乎「睟」〔四四〕，虛中弘外存乎「廓」〔四五〕，削退消部存乎「減」〔四六〕，降隊幽藏存乎「沈」〔四七〕，考終性命存乎「成」〔四八〕。是故一至九者，陰陽消息之計邪〔四九〕。反而陳之〔五〇〕。子則陽生於十一月，陰終十月，可見也；午則陰生於五月，陽終於四月，可見也〔五一〕。生陽莫如子，生陰莫如午。西北則子美盡矣，東南則午美極矣〔五二〕。故思心乎一，反復乎二，成意乎三，條暢乎四，著明乎五，極大乎六，敗損乎七，剝落乎八，殄絶乎九〔五三〕。生神莫先乎一〔五四〕，中和莫盛乎五，倨勮莫困乎九〔五五〕。夫一也者，思之微者也；四也者，福之資者也；七也者，禍之階者也〔五六〕。三也者，思之崇者也；六也者，福之隆者也；九也者，禍之窮者也〔五七〕。二五八，三者之中也〔五八〕。福則往而禍則承也〔五九〕。九虛設闢，君子小人所爲宫也〔六〇〕。自一至三者，貧賤而心勞〔六一〕。四至六者，富貴而尊高〔六二〕。七至九者，離咎而犯菑〔六三〕。五以下作息，五以上作消〔六四〕。數多者見貴而實索，數少者見賤而實饒〔六五〕。息與消（紀）〔糺〕，貴與賤交〔六六〕。〔福至而禍逝，〕禍至而福逃〔六七〕。幽潛道卑，（元）〔亢〕極道高〔六八〕。晝夜相承，夫婦繫也〔六九〕。終始相生，父子繼也〔七〇〕。日月合離，君臣義也〔七一〕。孟季有序，長幼際也〔七二〕。兩兩相闔，朋友會也〔七三〕。一晝一夜，然後作一日。一陰一陽，然後生萬物。晝數多夜數少，象月（闕）〔闕〕而日溢〔七四〕。君行光而臣行滅，君子道全，小人道缺〔七五〕。一與六共宗，二與七共明，三與八成友，四與九同道，五與五相守〔七六〕。

玄有一規、一矩、一繩、一準〔七七〕，以從横天地之道，馴陰陽之數，擬諸其神明，闡諸其幽昏，則八方平正之道可得而察也〔七八〕。玄有六九之數〔七九〕，策用三六，儀用二九〔八〇〕。玄其十有八用乎！泰積之要〔八一〕，始於十有八策，終於五十有四。并始終策數，半之爲泰中〔八二〕。泰中之數三十有六策，以律七百二十九贊，凡二萬六千二百四十四策，爲太積〔八三〕。七十二策爲一日，凡三百六十四日有半，踦滿焉，以合歲之日而律歷行〔八四〕。故自子至辰，自辰至申，自申至子，冠之以甲，而章會統元與月蝕俱没，玄之道也〔八五〕。

校釋

〔一〕圖，太玄掜云：「象也。」太玄圖主要闡釋太玄所表示的自然及人事的變化過程，并圖畫太玄之形象。故曰太玄圖。范望解贊之時，似其圖尚存。范注：「圖畫四重，以成八十一家。」「如圖之形者也。」是其證。然而至宋司馬光集注之時已不可見。太玄圖也相當於周易繫辭傳。

〔二〕都，總。覆，蓋。都覆，猶言總括。同，猶聚。庶，衆。此句意謂：一玄總括三方，方有三州，共聚九州，州有三部，九州二十七部，如木有枝別，部又分而爲三，一部三家，共計八十一家。

〔三〕范注：「包有萬事在玄之中。」葉注：「此總言玄之方州部家無所不該也。」

〔四〕集注本無「則」字，並曰：「章、許及丁別本『陰質』上有『則』字，丁、宋皆無。」質，正。眇，界。營，韻會：「周迴爲營。」沈，猶隱。五行伏行，謂五行更相用事。此句意謂：太玄包含有以北斗所指定時，日月依其軌道周行，陰陽二氣相交，四時季節更替，五行更相用事等知識。

〔五〕集注本「推歷」從宋、陸本作「曆微」。六合，天地四方。六合既混，指渾淪的天體。七宿，指二十八宿。四方舉一，故只言七。軫，轉。六甲，時日干支。此句意謂：太玄包含有天體渾淪，星宿運轉，推求曆法，時日配干支等方面的知識。

〔六〕九九，指太玄八十一首。孔，甚。幽，微。此句意謂：太玄八十一首包含有律呂、曆法的知識。太玄一玄三方九州二十七部八十一家，概括總結了上述天文、曆法的知識，則太玄之形象了然可見，七百二十九贊所述確然而明。葉注：「此備言玄配合乎斗、日、陰陽、四時、五行、六合、七宿、六甲，莫不俱於八十一首之中，以至律吕、曆數亦莫不藏其紀度，所以玄圖莫不傳著而昭列焉。」

〔七〕太玄把一年分爲九個階段，稱爲「九天」。這是初始的「三天」，稱爲天玄。葉注：「揚子取『九天』之名，『中羨從』其『三天』之名也。每『一天』主四十日半，『三天』通主一百二十一日半。『中天』起冬至，故曰始。凡『中羨從』共直十一、十二、正、二月四個月。」

〔八〕卉，説文：「草之總名。」權輿，始生。訊，爾雅釋詁：「告也。」感，動。天，指陽氣。此句意謂：百卉始生，而告知陽氣已動。

〔九〕集注本「椎」作「推」，「窜」作「竄」，皆因形近而誤。俞樾諸子平議：「丁謂本作『與』，是也。下文云『與物時行』，正與此句一律。涉上下文而誤。」俞説是。與，衆。椎，説文：「擊也。」猶言動。欿窜，指地之深處。太玄釋文：「欿，口感切。窜，徒感切。」震，動。此句意謂：雷動於内，萬物也皆震驚而動。

〔一〇〕集注本、趙本、葉本、陳本「挭」作「根」。疑范本形近而傳寫誤。寅，指正月建寅之時。贊，助。元，指元氣。此特指陽氣。此句意謂：正月建寅之時，萬物尚微弱柔脆，得陽氣之助養而挺舉。

〔一一〕青龍，指陽氣。易傳以龍喻陽氣。易文言：「潛龍勿用，陽氣潛藏。」春爲東方，蒼龍宿在東方，故言東動青龍。此句意爲：春天陽氣發動，而漸出於幽深之地。

〔一二〕摧，同催，催促之義。意爲：陽氣促萬物出於地上，天地之間莫不始新而欣欣向榮。葉注：「權輿，始也。訊，通問也。雷椎，言其始發聲也。輿物，衆物也。柔微，言物尚弱細也。拔根於元，言得元氣而挺舉也。青龍，東方七宿也。光離於淵，言陽氣漸出於幽深之地也。摧上，言推而上也。輿新，言衆物莫不新也。此形容其陽氣之始，萬物漸生之時也。」

〔一三〕這是太玄居中的「三天」，稱爲地玄。葉注：「此亦『三天』之名，亦通主一百二十一日半。『更天』起穀雨，故曰中。凡『更睟廓』共直三、四、五、六四個月。」

〔一四〕范注：「主睟則入四月，純乾用事，故曰象天重明。」「春夏之時，震巽用事，故曰雷風。光曜萬物故炫煥，隨天而行之也。」

〔一五〕酋，魁、長、帥之名。此句意謂：西北是陰氣最盛的方位，東南是陽氣最盛的方位。特言此時陽氣盛滿於東南方。

〔一六〕內應，謂陰氣始萌於內，而與外陽相應。觝，至也。亢，極高極盛之義。易乾卦：「亢龍有悔。」集解引王肅曰：「極高曰亢。」孔疏：「上九亢陽之至大而極盛，故曰亢龍。」外亢，指陽氣在外已極盛。

〔一七〕陳本「幹」作「翰」，並曰：「舊訛幹。」龍幹於天，猶易乾卦：「飛龍在天。」喻陽氣盛。此句意爲：陽氣盛，無所不及，萬物觸類而長。

〔一八〕南征，謂陽氣自東南方再向南方運行。崩光，指陽氣開始衰落。陽氣至東南方已達到極盛，盛極則衰，故再向南運行則不利。陰生於午，南方。陽氣至南方則遇陰，此時已開始衰落，故曰遇崩光。葉注：「重明，純陽也。炫煥，光明貌。酋，就也。蓋四月六陽已極，五月一陰始萌。內應，謂陰萌也。觝，觸也。外亢，謂陽極也。南征不利，謂陰生於南方。遇崩光，爲衰謝之始也。此形容其陽極生陰，物盛將衰之時也。」

〔一九〕這是太玄末終的「三天」，稱爲人玄。葉注：「此亦『三天』之名，亦通主一百二十一日半。總『九天』共計三百六十四日半，爲一歲之日數。『減天』起處暑，故曰終。凡『減沈成』共直七、八、九、十四個月。」

〔二〇〕天根還向，謂人觀測天一年之運行，自十一月冬至始於北方，日移一度，至七月復向北方。成氣收精，指秋天陰氣聚斂，萬物皆成熟。

〔二一〕集注本「艱」作「囏」。「艱」之古字。閱，檢數之義。首，始。此句意謂：萬物衰殺，檢數入藏，皆始艱苦而悲鳴。

〔二二〕黃純，黃泉之純氣。指潛藏於地中的陽氣。此句意爲：冬天萬物潛藏於地中，會合潛陽之氣，待時而生。

〔二三〕泰柄，指北斗之柄。營，營域。此句意謂：斗柄所指，隨時運行，視地之營域而分十二辰，以定歲時。

〔二四〕邪，謂餘分。史記曆書：「歸邪於終。」韋昭注：「邪，餘分也。」謨，謀求。吸，同繫。高吸，謂歸餘分於閏。神靈，指天地運行之道。太玄攡云：「天神而地靈。」此句意謂：謀求餘分，歸之於閏，以順天地運行之道。

〔二五〕旁該，猶言兼通。終始，謂一年之終始。此句意爲：太玄包括了一年之中陰陽消長運行，萬物生長盛衰的情況，而天地人道之功業皆就正於此。葉注：「此一節揚子以一歲分爲三節看，故分『九天』爲三節，曰始、中、終。然年有四時，作三節終是牽强費力，且春一月入於夏，冬一月入於秋，又無冬一時，殊不成意義，不若易作兩節、邵子作四節看，之與造化自然合也。」此章言太玄概括了天文、曆法等知識，用以表示一年的自然變化過程。

〔二六〕甸，通作奠，置也。俞樾諸子平議：「甸通作敶。天甸其道者，天陳其道也。」椸，猶施。緒，業。厠，雜。此句意謂：天奠其道於上，地施其業於下，陰陽之氣交雜相錯，萬物以生，男女以形。也即太玄攡所謂：「天地奠位，神明通氣，有一有二有三。」易序卦：「有天地然後有萬物，有萬物然後有男女。」

〔二七〕天體圓故成規，地體方故成矩。

〔二八〕規圓而動則運轉周巡，矩方而静則使物得安。

〔二九〕天循環運轉則神妙而光明，地使物得安則萬類皆聚。

〔三〇〕萬物皆聚故地富有大業，神妙光明故天有至貴之德。葉注：「甸，治也。杝，即詩『析薪杝矣』之杝，言順其紋理而析之也。天包乎地而統治其道，地承乎天而順理其緒，陰陽之氣互施而男女之形分質矣。天體圓故成規，地體方故成矩。規則動而周運於外，矩則静而安物於中。周運則生長收藏之變備，所以成神明之德。安物則飛潛動植之性分，所以就類聚之功。類聚則無物不備，故能富。神明則無化可先，故能貴。此一節極言天地之功用而兼統乎人也。」

〔三一〕此句意謂：玄總括天道、地道、人道，一以貫之，以天的特點命名。易文言：「天玄而地黄。」此章言玄兼含三才之道。

〔三二〕集注本、陳本「一」作「二」，是。下文云：「一以三起，一以三生。」則爲二道。是其證。

〔三三〕此句意謂：一玄按三分法展開，分爲三方；一方爲三州，三方爲九州；一州三部，九州爲二十七部；一部三家，二十七部爲八十一家。

〔三四〕三分陽氣以爲三重，指一玄分爲三種符號⚊、⚋、𝌀，分配於方州部家四個層次，以成八十一首；把象徵一年變化過程的八十一首分而爲三，稱爲天、地、人三玄；三玄又各分爲三，爲「九天」；把一首分爲三，爲下中上；復分爲三，爲九贊。

〔三五〕九營，九位。極爲九營，以九位爲極限。這是説，每首分爲九贊之位，八十一首分爲九個階段，每九首爲「一天」，共「九天」。太玄以九位和「九天」象徵事物的消長和一年節氣變化的過程。

〔三六〕集注本「生」作「末」，爲佳。范注有「本同末離」句，是范所見亦爲「末」字。本，指玄。末，指八十一首、七百二十九贊。同本離末，是説同出於一本，而分化爲各種不同的支節。

〔三七〕旁通上下，謂貫通於上下左右。萬物并，指萬物相互聯繫。

〔三八〕此句意爲：周流於九位，一年之終始循環就確定了。葉注：「一則玄之體也，三則玄之用也。三起者，三其方爲九州，三其九爲二十七部，三其二十七爲八十一家，皆以三起而成四位也。三生者，分思福禍以爲三重，而思福禍又復各自爲三而爲九贊之營位也。同本，謂皆始於一。離生，謂家極於八十一，贊極於七百二十九也。雖其數同出異生，莫不本於天地之常也。是以推之於上下則其理無不備，運之於九營則始終無不正。故可以備占筮而知吉凶也。此一節言玄之爲數爲理出於自然，無不該也。」

〔三九〕始，謂陽氣始動；終，謂陰氣終結。羅，羅列。九行，一年分爲「九行」，即「九天」。每「行」

主四十日半，舉其整數故曰四十日。這幾句意思是説，一年之中，陰陽運行的情況是，陽氣始動於十一月，陰氣終於十月；羅列於「九天」之中，每「天」主四十日半。八十一首主三百六十四日半，以表示一年之中陰陽二氣消長運行的過程。葉注：「此承上文言『中天』始於十一月，『成天』終於十月。每羅布重數『九天』而行，其行計四十日半，不言半者，舉其成數也。下文復釋『九天』之義。」

〔四〇〕誠有内，謂陽氣實有於内。中，即「中天」，指十一月。此句意謂：「中天」之時，陽氣確實潛藏於地中。

〔四一〕宣，揚。羡，即「羡天」，指十二月至正月。意謂：「羡天」之時，萬物萌生，出於地上。

〔四二〕從，即「從天」，指正月至二月。意謂：「從天」之時，雲行雨降，滋潤萬物。

〔四三〕更，即「更天」，指從三月初旬至四月上旬。此句意謂：「更天」之時，萬物生長迅速，變化繁多。

〔四四〕珍光淳全，謂華實純茂。睟，即「睟天」，指從四月中旬至五月下旬。意謂：「睟天」之時，植物茂盛結實。

〔四五〕弘，爾雅釋詁：「大也。」廓，即「廓天」，指從五月下旬至七月上旬。意謂：「廓天」之時，陽氣尚壯大於外，陰氣弱潛於内。

〔四六〕部，猶言分散。減，即「減天」，指從七月上旬至八月中旬。意謂：「減天」之時，萬物衰退消散。

〔四七〕隊，讀作墜。沈，即「沈天」，指從八月中旬至九月下旬。意謂：「沈天」之時，植物成熟降落而覆藏。

〔四八〕考，成。成，即「成天」，指九月下旬至十一月朔。意謂：「成天」之時，陰陽二氣一年的運行終結，萬物之生命完成結束。葉注：「自『睟天』之前，無非狀其陽氣之生，馴而至於極盛之時。自『睟天』之後，無非狀其陰氣之萌，馴而至於極衰之日。以爲一歲始終之運也。」

〔四九〕一至九，指一至五爲生息，六至九爲消亡。此句意爲：從一到九是陰陽消長的過程。

〔五〇〕反，反復。反而陳之，即反復陳述。

〔五一〕這兩句意思是説，陽生於子、十一月朔旦、冬至，在正北方；極盛於巳、四月，東南方。盛極而衰，開始消亡，故稱終。陰生於午、五月、夏至，在正南方；極盛於亥、十月，西北方。極盛則始衰，故言終。淮南子天文訓：「陽生於子，陰生於午。陽生於子，故十一月日冬至。……陰生於午，故五月爲小刑……」

〔五二〕子午，指陽氣與陰氣。陽生於子，陰生於午，故以子午言之。這句話意思是説，陽氣運行至亥位，十月，西北方，完全不發生作用，而陰氣極盛。陰氣運行至巳位，四月，東南方，完全不發生作用，而陽氣極盛。葉注：「反，復也。言再陳之也。西北亥位，亥爲十月，卦氣屬坤。午雖陰生，而陽尚壯，至亥則純陰而陽氣盡矣。東南巳位，巳爲四月，卦氣屬乾。子雖陽生，而陰尚盛，至巳則純陽而陰氣盡矣。故西北、東南之隅陰陽之美俱盡。此推『九天』以爲一歲之消息。」

〔五三〕剥落，猶墜落。殄，滅絶。此句是講人事盛衰的九個階段。意思是説，人之行爲作事，第一階段開始萌發一定的念頭，第二階段反復考慮，第三階段形成一定的決心，第四階段「條暢」而發於行事，第五階段則「著明」而獲相當的成功，第六階段成功達到頂點。極則反，所以到第七階段即開始「敗損」，再進到第八、第九階段，則衰落而滅絶。葉注：「此推九贊以爲一家之消息。」

〔五四〕生神，謂發生神妙的作用。

〔五五〕倨，通作據，猶處也。劇，同劇，艱難。倨劇，猶言處於艱難之境。

〔五六〕資，憑借、依託之義。此句意爲：一爲思心，故曰有思慮之苗頭；四爲順於行事，故言託福於此；七爲敗損，故曰致禍之階。

〔五七〕此句意爲：三爲成意，故曰思之高；六爲極大，故曰得福之盛；九爲滅絶，故言禍之窮極。

〔五八〕三者之中，謂二爲思之中，五爲福之中，八爲禍之中。

〔五九〕集注本「承」作「丞」。意謂：福轉化爲禍，福退而禍繼之而生。

〔六〇〕九虛，九位。所爲宫，所以爲居處。意謂：九位既設，則君子小人之道莫不存乎其中。

〔六一〕一至三爲思，故曰心勞。事業未成，禄位尚無，故言貧賤。

〔六二〕四至六爲福，故曰富貴。功成名就，位高勢重，故言尊高。

〔六三〕離，通作罹，遭受之義。菑，災之異字。七至九爲禍，故言遭受災凶。葉注：「此分九贊作三截以看盛衰。」

〔六四〕謂一至五爲生息，六至九爲消亡。葉注：「此分九贊作兩截以看盛衰。」

〔六五〕數多者，指六至九。數少者，指一至五。索，蕭條、空虚之義。饒，豐足、充實之義。此句意思是説，自六至九表面看來居於高上之位，但正在走向衰退，其實是個空架子。自一至五，表面看來處於卑下之位，但正在上升，實際上却很充實。葉注：「揚子此數語雖因數及理，於看世變盛衰互相倚伏，至爲精當。天地生物之理亦然。外面枝葉茂盛而本根已虚，外面枝葉彫枯而本根反生息矣。天地盈消亦然。」

〔六六〕集注本、葉本、趙本、陳本「紀」作「糺」。疑范本形近而傳寫誤。范注有「言消息相糺錯」句，證范所見原爲「糺」。糺，同糾，絞、合之義。此句意爲：消息糾合，貴賤交錯，相互倚伏，相互更代。

〔六七〕集注本此句上有「福至而禍逝」，當從。此句意謂：當福到來時，禍就消失；當禍到來時，福就避逃。福轉化爲禍，禍轉化爲福。

〔六八〕「元」當從集注本作「亢」。此句意謂：處極卑下就要升高，高到極端就要衰落。幽潛與亢極，卑之與高，互相轉化。以上幾句皆言對立面相互倚伏，相互流轉。葉注：「幽潛，謂初以上。亢極，謂九以下。道卑，謂謙。道高，謂驕。此言造化互相倚伏，通結上文數節之義。凡物到盛極便有衰的意思。」

〔六九〕意謂：晝夜相對相承，以成時日。夫妻相別相繫，以成家室。

〔七〇〕意謂：終始相生，歲事以成。父子相繼，家業以興。

〔七一〕意謂：日月有合有離，則歲月更替。君臣有合有離，則邦國常新。

〔七二〕孟季有序，則次第分。長幼接續，則家道明。

〔七三〕相闔，即相合。兩兩相合，謂一與六合，二與七合，三與八合，四與九合，五與五合。意謂：兩兩相合，五行之數立。朋友相會，志同道合者共。以上幾句皆言對立面相互對待，相互聯結，以構成事物，自然、社會概莫能外。

〔七四〕闚，疑當作「闕」。月闕，即月虧虛。如此方與「日溢」相對成文而義暢。葉本「日」誤作「月」。晝數多，夜數少，謂太玄八十一首七百二十九贊，象徵一年三百六十四日半，則爲晝者三百六十五，爲夜者三百六十四，晝數多於夜數。此句意謂：太玄七百二十九贊爲晝者多，爲夜者少，象徵月虧虛而日盈滿。

〔七五〕行，猶道。光，光大。滅，猶隱匿。

〔七六〕集注本「共明」作「共朋」，葉本、陳本作「爲朋」。疑或作「并明」。如此則字不重出，而「共」字乃「并」字之倒誤。然無確證，姑不妄改。此即太玄數所謂：三八爲木，爲東方；四九爲金，爲西方；二七爲火，爲南方；一六爲水，爲北方；五五爲土，爲中央，爲四維。也皆兩兩相配，以成事物。這種排列至宋被劉牧發展爲洛書，朱熹則視爲河圖，以圖表之如下：

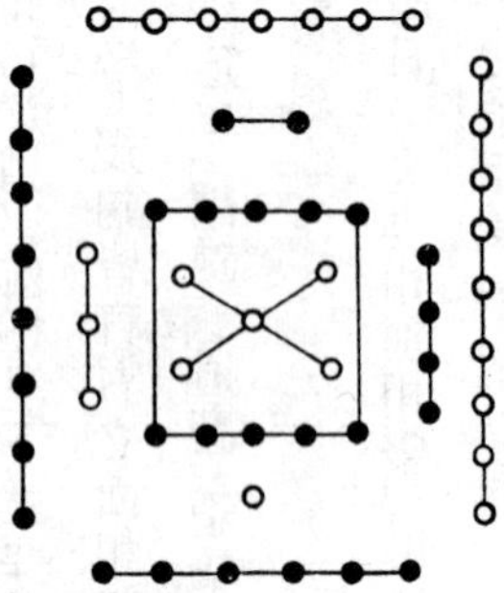

河圖

此章言太玄八十一首表示一年之中陰陽二氣消長運行、萬物盛衰消長以及人行爲謀事的變化過程。

〔七七〕太玄數云：三八爲規，四九爲矩，二七爲繩，一六爲準。

〔七八〕此句意謂：太玄以其圖式概括了天地之道，陰陽之數，模擬天地之神明，闡發陰陽之奧妙，則天下之道皆可得而察。葉注：「規謂天圓。矩謂地方。繩謂南北爲經而直。準謂東西爲緯而平。由玄具此理，所以從横天地陰陽之道，擬闡神明幽昏之奧，故天下之道莫不得而察焉。」

〔七九〕六九之數，指五十四。太玄數云：「天以三分，終於六成，故十有八策。」天數十八，地配天，其數也爲十八。人象天地，其數也爲十八。玄兼三道，總其實爲五十四。故曰玄有六九之數。

〔八〇〕三六、二九，皆言玄以十又八策爲宗。陳本禮曰：「二者不殊而分策儀而爲二者，蓋策以三而衍，儀以兩而配也。」

〔八一〕泰積，指太玄七百二十九贊之總策數。

〔八二〕泰中，即易所謂太極。此指太玄筮法所用策數，也即太玄一贊之策數。劉歆：「太極元氣，函三爲一。極，中也。元，始也。」（漢書律曆志）太玄筮法，「三十有六策而筴視焉」，虛三而用三十三。易大衍之數五十，其用四十有九。揚雄以五十爲太極，象太玄之三十六。變其文義，稱之爲泰中。此句意爲：始數十八，終數五十四，并合得七十二，折半得太玄筮法所用三十六策，爲泰中。

〔八三〕律，法。謂以三十六策爲一贊之法。七百二十九贊乘以三十六策，則得二萬六千二百四十四策，爲太積之數。

〔八四〕踦滿，指踦嬴兩贊。以七十二策爲一日，除二萬六千二百四十四，得三百六十四日半，尚不足歲法之數，外補踦嬴兩贊，以合一歲三百六十五日又四分日之一（顓頊曆），或三百六十五日又一千五百三十九分日之三百八十五（太初曆），則恰與律曆相配而行。

〔八五〕許翰曰：「丁、宋作『與月食没，具玄道也』，章作『與月蝕没，俱玄之道也』。」依據三統曆（即太初曆）：以朔旦、冬至恰好是甲子日的夜半那個時刻，作爲推算曆法的開始。一章等於十九年（七閏月），也即二百三十五月。在這個周期，朔旦、冬至又在同一天，無餘分。一統等於三會、八十一章、一千五百三十九年，又等於一萬九千零三十五月、五十六萬二千一百二十日。在這個周期，朔旦、冬至又在同一天的夜半，無餘分。一元等於三統、四千六百一十七年。在這個周期，朔旦、冬至又在甲子日這一天的夜半，無餘分。按照實際推算，第一統以甲子日開始，第二統、第三統必然以甲辰日、甲申日開始；三統以後，又回到以甲子日開始。太玄以三統曆爲基礎，編制了一個特殊的曆法，包括了其中的道理，故言玄之道也。此章言太玄兼三統曆法，以闡發天地陰陽變化之妙。

太玄告〔一〕

玄生神象二，神象二生規，規生三摹，三摹生九據〔二〕。玄一摹而得乎天，故謂之有天；再摹而得乎地，故謂之有地；三摹而得乎人，故謂之有人〔三〕。天三據而乃成，故謂之始中終。地三據而乃形，故謂之下中上。人三據而乃著，故謂之思福禍〔四〕。下欱上欱，出入九虚〔五〕。小索大索，周行九度〔六〕。

玄者，神之魁也〔七〕。天以不見爲玄，地以不形爲玄，人以心腹爲玄〔八〕。天奥西北，鬱化精也；地奥黄泉，隱魄榮也；人奥思慮，含至精也〔九〕。天穹隆而周乎下，地旁薄而向乎上，人藷藷而處乎中〔一〇〕。天渾而擢，故其運不已；地隤而静，故其生不遲；人馴乎天地，故其施行不窮〔一一〕。

天地相對，日月相劇；山川相流，輕重相浮；陰陽相續，尊卑不相黷〔一二〕。是故地坎而天巖，月遄而日湛〔一三〕。五行迭王，四時不俱壯〔一四〕。日以昱乎晝，月以昱乎夜；昴則登乎冬，火則發乎夏〔一五〕。南北定位，東西通氣，萬物錯離乎其中〔一六〕。玄一德而作五生，一刑而作五剋〔一七〕。五生不相殄，五克不相逆〔一八〕。不相殄乃能相繼也，不相逆乃能相治也〔一九〕。相繼則父子之道也，相治則君臣之寶也〔二〇〕。

玄日書斗書而月不書，常滿以御虛也〔二一〕。歲寧（恙）〔悉〕而年病，十九年七閏，天之償也〔二二〕。陽動吐，陰静翕；陽道常饒，陰道常乏，陰陽之道也〔二三〕。天彊健而僑躆，一晝一夜自復而有餘〔二四〕。日有南有北，月有往有來。日不南不北，則無冬無夏；月不往不來，則望晦不成。聖人察乎朓（朒）側匿之變，而律乎日月雄雌之序，經之於無（巳）〔已〕也〔二五〕。故玄鴻綸天元，婁而拑之於將來者乎〔二六〕。大無方，易無時，然後爲神鬼也〔二七〕。神遊乎六宗，魂魂萬物，動而常沖〔二八〕。故玄之辭也〔二九〕，沈以窮乎下，浮以際乎上；曲而端，散而聚；美也不盡於味，大也不盡其彙。上連下連，非一方也；遠近無常，以類行也；或多或寡，事適乎明也〔三〇〕。故善言天地者以人事，善言人事者以天地〔三一〕。明晦相推而日月逾邁，歲歲相盪而天地彌陶，之謂神明不窮〔三二〕。原本者難由，流末者易從〔三三〕。故有宗祖者則稱乎孝，序君臣者則稱乎忠，實告大訓〔三四〕。

校釋

〔一〕告，太玄掜云：「其所由往也。」太玄告申明太玄圖式的形成及其所蘊含的天地、人事的道理，以告示太玄所要達到的根本目的。故曰太玄告。也相當於繫辭傳。

〔二〕玄，指渾淪之一，即易傳所謂太極，指太玄筮法所用三十六策。神象二，即易傳所謂兩儀，天變化莫測稱神，地有定形稱象，故以神象言。指太玄筮法之「中分」，分而爲二以象兩儀。規，指太玄的三種符號⚊、⚋、𝌀，即筮法「七爲一，八爲二，九爲三」。規，圓，圓徑一而周三，故以規言。三摹，指天、地、人三玄。摹，謀索之義。三次謀索而得之，故以摹言。九據，指「九天」。此句意謂：以玄之三十六策，揲筮出三種符號，以三種符號相配合構成三玄九天八十一首。就世界觀的意義説，此句意爲：渾淪之氣分化出天地，天繞地劃出圓形的軌道，天圓轉於外，地靜居於內，天地之氣相通，而天地人萬物俱備，各有其盛衰消長的過程。太玄攡：「天地奠位，神明通氣，有一有二有三。」意同。此本於易繫辭上「易有太極，是生兩儀」一章。葉注：「玄一理也。神兼理言，象以氣言，規言神氣二者圓而不滯也。規者徑一圍三，已具三數，故生三摹。摹者，言其形象可摹索也。九據，九贊之位可依據也。此雖改名换説，不過一生二，二生三，三生九之理耳。」

〔三〕集注本「有」皆作「九」，並曰：「諸本作『有』，宋作『九』。」這幾句意思是説，經過三次謀索，而構成天、地、人三玄九天八十一首。

〔四〕始中終、下中上、思福禍，皆指太玄一首之九贊。初一、次二、次三爲始爲下爲思，次四、次五、次六爲中爲中爲福，次七、次八、上九爲終爲上爲禍。

〔五〕欿，猶合。下欿上欿，謂五位相得而各有合。九虛，指九位。此句意謂：「五行伏行」（太玄圖），出入於九位之中。

〔六〕小指陰，大指陽。九度，指九位。此句意謂：「陰陽沈交」（太玄圖），循環運行於九位之中。葉注：「此承上文推言九贊之相合，陰陽家之相錯也。上下相合，謂初一與次六，次二與次七，次三與次八，次四與上九也。九虛，九贊之位也，即易言『六虛』。小謂陰，指陰家。大謂陽，指陽家。玄以九贊當四日半，合陰家陽家，通得九日，一日即一度也。」此章言太玄圖式的形成，兼言宇宙之形成。

〔七〕玄，指太玄書。神，指萬物的神妙變化。魁，藏（詳見中首校釋〔三〕）。

〔八〕玄，神妙莫測之義。此句意爲：天之高遠，不可得而分明；地之廣博，不可以形別；人之心思，不可忖知，皆神妙莫測者也。

〔九〕鬱，爾雅釋言：「氣也。」又積也。含有氣積聚之義。魄，形體。這幾句意思是説，西北純陰用事，陽氣聚積於地中，化育萬物之精；十一月之時，陽氣潛萌於黃泉之中，萬物之形體皆藏始於此而後榮；人有思慮，是因爲其形體中含有精。此有本於管子內業：「凡人之生也，天出其精，地出其形，合此以爲人。」淮南子精神訓：「煩氣爲蟲，精氣爲人。是故精神天之有也；而骨骸者，地之有也。」葉注：「魁，始也，首也。玄者，妙萬物而無不在，萬物莫不本之以始也。西北純陰，萬化未兆，故不見。黄泉潛氣，萬物未生，故不形。思慮入神，未致其用，故在心腹。鬱化精，氣之所由生。隱魄榮，體之所由藏。含至精，理之所由出。」

〔一〇〕萶萶，音泯泯，范注：「衆多之貌也。」這句話意思是説，天渾淪而包於地外，地廣博而在其中，人物衆多皆生於地上。

〔一一〕撣，許翰曰：「宋作『揮』。」同揮，動之義。隤，柔順貌。易繫辭下：「夫坤，隤然示人簡矣。」釋文引馬云：「隤，柔貌也。」王引之曰：「隤字兼有順義。」這幾句意思是説，天渾圓而轉動，運行不止；地柔順而安静，生物適時；人效法天地，自强不息。此章言人效法天地之道，而太玄兼而有之。

〔一二〕劌，音貴，范注：「會也。」黷，音杜，親近。這幾句意爲：天地上下對立，日月有時相互遮掩；川自山下流出，輕者浮於上，重者沈於下；陰陽相互推移更代，尊卑不能相親。揚雄在這裏肯定了對立的普遍性和對立面的相互轉化，但又認爲天尊地卑之間没有相互轉化的關係，表現了其辯證思維的不徹底性和階級局限性。葉注：「劇，割也。言其相侵蝕也。此言物必對待成體，無孤立之理，所以成變化也。」

〔一三〕坎，穴。猶言卑。嚴，猶言尊。遄，疾。湛，遲。月日行十三度，故曰疾；日日行一度，故言遲。

〔一四〕王，讀如旺。此句意謂：五行更迭用事，時有休廢，物無並盛之理。太玄數：「五行用事者王，王所生相，故王廢，勝王囚，王所勝死。」與此互相發明。葉注：「遄，速也。湛，遲也。多險阻故地坎。不可升故天嚴。一日行十三度十九分度之七，故月速。一日止行一度，故日遲。迭王，功成者退。不俱壯，物無並盛之理。朱子曰：『天地之間，無兩立之理。非陰勝陽，則陽勝陰。』」

〔一五〕集注本「發」作「登」。昱，明。昴，指昴星，十一月昏在中天。火，指恒星中的「大火」，即心宿，特指心宿二。夏小正：「五月初昏，大火中。」淮南子時則訓：「季夏之月，昏心中。」是其證。書堯典：「日永星火，以正仲夏。……日短星昴，以正仲冬。」這幾句意謂：日以明晝，月以顯夜；昴星在中天則成冬，大火在中天則爲夏。蓋言日月以分晝夜，中星以定四時。

〔一六〕此句意爲：一年四時之中，五行的方位已定，其氣相通，則萬物錯綜，生於其中。

〔一七〕集注本「剋」作「克」，並曰：「丁、宋『一刑』上有『玄』字。」玄，指太玄書。此句意思是説，五行相生表示玄之德，五行相剋表示玄之刑。

〔一八〕殄，説文：「絶也。」克與剋通。

〔一九〕此句意謂：五行相生，所以能相繼而不絶；五行相剋，所以能相治而順理。

〔二〇〕此句意謂：五行相生相繼體現了父子之道；五行相剋相治，體現了君臣之理。這表明，揚雄尚未完全擺脱董仲舒把五行倫理化的影響。此章言天人之道皆相對待而成體。

〔二一〕常滿，謂日行有常而無虧虚，斗柄所指有常法。虚，指月有贏有虚，遲疾無常。故太玄以日躔宿度和北斗所指方向來説明一年二十四節氣的變化。葉注：「滿，謂日斗所行所指有常，故可書。虚，謂月所行不常，故不可書。此蓋以有常而御無常也。」

〔二二〕集注本、陳本「寧恙」作「寧悉」。許翰曰：「諸本皆作『能悉』，唯張顥本作『寧悉』。」俞樾諸子平議：「日躔黄道一周，歷春夏秋冬四時，共三百六十五日有奇，是爲一歲。月離白道一周，歷朔弦望晦，後追及日而合朔。十二合朔，共三百五十四日有奇，是爲一年。歲與年較，多十一日弱，所謂氣盈也。年與歲較，少十一日弱，所謂朔虚也。『歲寧悉』，即氣盈之謂。『年病』，即朔虚之謂。『寧』，乃語詞。諸本或作『能』，亦語詞也。『悉』者，盡也。自立春至大寒，而歲實始盡。然正月朔日立春，至十二月晦日，尚未至大寒，是『年病』也。

『病』者，病其不足也。於是三年必置閏焉。故下文曰：『十九年七閏，天之償也。』」俞説甚精。葉注：「恙，憂也。寧恙，言無憂也。蓋節氣爲歲，月朔爲年。歲道常舒而有餘，故無憂。年道常縮而不足，故有病。是以十九年而置七閏，以償還其不足之數也。」

〔三三〕許翰曰：「宋作『陽動而吐，陰静而翕；陽之道也常饒，陰之道也常乏。』」此句意謂：陽氣動主發散，生育萬物，故曰富饒；陰氣静主收斂，衰殺萬物，故言貧乏。此即陰陽之道。葉注：「此蓋言二氣之爲體。邵子曰：『陽主闢而出，陰主翕而入。』饒乏，謂晝多夜少，日滿月虚之類。」

〔三四〕僑蹻，范注：「猶動作也。」此句意謂：天剛健而運轉，一晝一夜繞地一周又過一度，故曰自復而有餘（古人不知運行者爲地球及行星，而誤認爲運行者爲天體，日月星辰皆附屬於天，隨之旋轉。故有此説）。

〔三五〕集注本、陳本「朓」字下有「朒」字。許翰曰：「諸本無『朒』字，宋作『朓朒』，校張顥本亦然。」當從。朓朒，音條紐，説文：「晦而月見西方謂之朓。」「朔而月見東方謂之朒（朒）。」朓側匿，失正行之義。朓月行疾，朒月行遲，故言側匿。此句意謂：聖人考察日月運行之情況，以把握日月變會之次序及其循環無窮之法則。

〔三六〕許翰曰：「『乎』或作『也』。」鴻，大。綸，釋文引王肅云：「綸，纏裹也。」婁，音吕，繫也。天元，指曆法的開始時刻。此句意謂：太玄囊括了過去、未來的一切變化。即易繫辭下所謂：「夫易彰往而察來。」

〔二七〕許翰曰：「宋作『大無方無時，然後爲鬼神』，下無『也』字。」神鬼，言變化莫測。此句意爲：太玄包絡了萬物的神妙變化，其大無常方，變易無定時。

〔二八〕神遊乎六宗，言玄變化往來神妙萬物而不測。魂魂，衆多貌。沖，虚。此句意謂：太玄屈伸往來，變動不居，神妙萬物，而又常自沖虚。葉注：「言其變化大無定體，變無定時，始見其屈伸往來功用之妙也。六宗，天地四時也。魂魂，即老子：『夫物芸芸。』義同。言物盛多也。言神遊行天地四時，生成衆多之萬物，而其動未嘗不沖和也。此言天地功用之妙。」

〔二九〕此指太玄之贊辭。

〔三〇〕集注本「沈」作「沉」，二字同。葉本「適」誤作「邇」。這幾句意思是說，玄之贊辭高深精微而又淳美，包羅萬象而又明乎事理。蓋言玄之贊辭之神妙。葉注：「窮下際上，言極其高深。曲端散聚，言極其精一。不盡於味、不盡其彙，書不盡言也。非一方、以類行，觸類而長也。是以或多或寡，事理務近乎明達而已。此言贊辭旨意之深。」

〔三一〕此句意謂：善於談論天地的必有徵於人事，善於談論人事的必驗之以天地。法言問神：

「君子之言，幽必有驗乎明，遠必有驗乎近，大必有驗乎小，微必有驗乎著。無驗而言之謂妄。」荀子性惡：「善言古者必有節於今，善言天者必有徵於人。」葉注：「天地人事，其理一也。」

〔三二〕尚書泰誓：「日月逾邁。」孔疏：「逾，益。邁，行也。言日月益爲疾行。」彌，益。陶，方言：「養也。」神明，指天地的功能和作用。太玄攡云：「夫天宙然示人神矣，夫地他然示人明矣。」此句意謂：明晦相互推移，則日月運行不息，歲歲相互推盪，則天地日益生化育養萬物，這就叫做神明不窮。葉注：「逾邁，逾往也。彌陶，愈化也。由其神明不窮，所以造化亘古亘今而不息也。承上文言天地之道。」

〔三三〕原本者，指天地之道。流末者，謂從俗之末流。

〔三四〕訓，道。詩大雅烝民：「古訓是式。」毛傳：「訓，道也。」爾雅郭序疏：「訓，道也。道物之貌以告人也。」此句意謂：太玄實實在在告教於人的，乃忠孝仁義之大道。此太玄最末一句，收篇歸總，結出太玄創書立論之宗旨，也即法言問道所謂：「玄何爲？曰：爲仁義。」此章言太玄的神妙功用及作玄之宗旨。

附録

一、太玄賦

揚雄

觀大易之損益兮，覽老氏之倚伏。省憂喜之共門兮，察吉凶之同域。皦皦著乎日月兮，何俗聖之暗燭？豈愒寵以冒災兮，將噬臍之不及。若飄風不終朝兮，驟雨不終日。雷隱隱而輒息兮，火猶熾而速滅。自夫物有盛衰兮，況人事之所極？奚貪婪於富貴兮，迄喪躬而危族。豐盈禍所棲兮，名譽怨所集。薰以芳而致燒兮，膏含肥而見焫。翠羽媺而殃身兮，蚌含珠而擘裂。聖作典以濟時兮，驅蒸民而入甲。張仁義以爲綱兮，懷忠貞以矯俗。指尊選以誘世兮，疾身殁而名滅。豈若師由聃兮，執玄静於中谷。納僞禄於江淮兮，揖松喬於華嶽。升崑崙以散髮兮，踞弱水而濯足。朝發軔於流沙兮，夕翱翔於碣石。忽萬里而一頓兮，過列仙以託宿。役青要以承戈兮，舞馮夷以作樂。聽素女之清聲兮，觀宓妃之妙曲。茹芝英以禦飢兮，飲玉醴以解渴。排閶闔以窺天庭兮，騎騂騩以踟躕。載羨門與儷游兮，永覽周乎八極。

亂曰：甘餌含毒，難數嘗兮。麟而可羈，近犬羊兮。鸞鳳高翔，戾青雲兮。不掛網羅，固足珍兮。斯錯位極，離大戮兮。屈子慕清，葬魚腹兮。伯姬曜名，焚厥身兮。孤竹二子，餓首山兮。斷跡屬婁，何足稱兮。辟斯數子，智若淵兮。我異於此，執太玄兮。蕩然肆志，不拘攣兮。

（録自嚴可均輯全漢文，據古文苑）

二、揚雄傳　班固

揚雄字子雲，蜀郡成都人也。其先出自有周伯僑者，以支庶初食采於晉之揚，因氏焉，不知伯僑周何别也。揚在河、汾之間，周衰而揚氏或稱侯，號曰揚侯。會晉六卿争權，韓、魏、趙興而范、中行、知伯弊。當是時，偪揚侯，揚侯逃於楚巫山，因家焉。楚漢之興也，揚氏遡江上，處巴江州。而揚季官至廬江太守。漢元鼎間避仇復遡江上，處崏山之陽曰郫，有田一壥，有宅一區，世世以農桑爲業。自季至雄，五世而傳一子，故雄亡它揚於蜀。

雄少而好學，不爲章句，訓詁通而已，博覽無所不見。爲人簡易佚蕩，口吃不能劇談，默而好深湛之思，清静亡爲，少耆欲，不汲汲於富貴，不戚戚於貧賤，不修廉隅以徼名當世。家産不過十金，乏無儋石之儲，晏如也。自有大度，非聖哲之書不好也；非其意，雖富貴不事也。顧嘗好辭賦。

先是時，蜀有司馬相如，作賦甚弘麗温雅，雄心壯之，每作賦，常擬之以爲式。又怪屈原文過相如，至不容，作離騷，自投江而死，悲其文，讀之未嘗不流涕也。以爲君子得時則大行，不得時則龍蛇，遇不遇命也，何必湛身哉！乃作書，往往摭離騷文而反之，自崏山投諸江流以弔屈原，名曰反離騷；又旁離騷作重一篇，名曰廣騷；又旁惜誦以下至懷沙一卷，名曰畔牢愁。畔牢愁、廣騷文多不載，獨載反離騷。（其辭略）

孝成帝時，客有薦雄文似相如者，上方郊祠甘泉泰畤、汾陰后土，以求繼嗣，召雄待詔承明之庭。正月，從上甘泉，還奏甘泉賦以風。（其辭略）

甘泉本因秦離宮，既奢泰，而武帝復增通天、高光、迎風。宮外近則洪厓、旁皇、儲胥、弩阹，遠則石關、封巒、枝鵲、露寒、棠梨、師得，遊觀屈奇瑰瑋，非木摩而不彫，牆塗而不畫，周宣所考，般庚所遷，夏卑宮室，唐虞棌椽三等之制也。且爲其已久矣，非成帝所造，欲諫則非時，欲默則不能已，故遂推而隆之，乃上比於帝室紫宮，若曰此非人力之所爲，黨鬼神可也。又是時趙昭儀方大幸，每上甘泉，常法從，在屬車間豹尾中。故雄聊盛言車騎之衆，參麗之駕，非所以感動天地，逆釐三神。又言「屏玉女，卻虙妃」，以微戒齊肅之事。賦成奏之，天子異焉。

其三月，將祭后土，上乃帥羣臣横大河，湊汾陰。既祭，行遊介山，回安邑，顧龍門，覽鹽池，登歷觀，陟西岳以望八荒，迹殷周之虚，眇然以思唐虞之風。雄以爲臨川羨魚不如歸而結罔，還，上

河東賦以勸。（其辭略）

其十二月羽獵，雄從。以爲昔在二帝三王，宫館臺榭沼池苑囿林麓藪澤財足以奉郊廟，御賓客，充庖厨而已，不奪百姓膏腴穀土桑柘之地。女有餘布，男有餘粟，國家殷富，上下交足，故甘露零其庭，醴泉流其唐，鳳皇巢其樹，黄龍游其沼，麒麟臻其囿，神爵棲其林。昔者禹任益虞而上下和，中木茂；成湯好田而天下用足；文王囿百里，民以爲尚小；齊宣王囿四十里，民以爲大：裕民之與奪民也。武帝廣開上林，南至宜春、鼎胡、御宿、昆吾，旁南山而西，至長楊、五柞，北繞黄山，瀕渭而東，周袤數百里。穿昆明池象滇河，營建章、鳳闕、神明、馺娑，漸臺、泰液象海水周流方丈、瀛洲、蓬萊。游觀侈靡，窮妙極麗。雖頗割其三垂以贍齊民，然至羽獵田車戎馬器械儲偫禁禦所營，尚泰奢麗誇詡，非堯、舜、成湯、文王三驅之意也。又恐後世復修前好，不折中以泉臺，故聊因校獵賦以風。（其辭略）

明年，上將大誇胡人以多禽獸，秋，命右扶風發民入南山，西自褒斜，東至弘農，南敺漢中，張羅罔罝罘，捕熊羆豪豬虎豹狖玃狐菟麋鹿，載以檻車，輸長楊射熊館。以罔爲周阹，縱禽獸其中，令胡人手搏之，自取其獲，上親臨觀焉。是時，農民不得收斂。雄從至射熊館，還，上長楊賦，聊因筆墨之成文章，故藉翰林以爲主人，子墨爲客卿以風。（其辭略）

哀帝時丁、傅、董賢用事，諸附離之者或起家至二千石。時雄方草太玄，有以自守，泊如也。

或嘲雄以玄尚白，而雄解之，號曰解嘲。其辭曰：

客嘲揚子曰：「吾聞上世之士，人綱人紀，不生則已，生則上尊人君，下榮父母，析人之圭，儋人之爵，懷人之符，分人之禄，紆青拕紫，朱丹其轂。今子幸得遭明盛之世，處不諱之朝，與羣賢同行，歷金門上玉堂有日矣，曾不能畫一奇，出一策，上説人主，下談公卿。目如燿星，舌如電光，壹從壹衡，論者莫當，顧而作太玄五千文，支葉扶疏，獨説十餘萬言，深者入黄泉，高者出蒼天，大者含元氣，纖者入無倫，然而位不過侍郎，擢纔給事黄門。意者玄得毋尚白乎？何爲官之拓落也？」

揚子笑而應之曰：「客徒欲朱丹吾轂，不知一跌將赤吾之族也！往者周罔解結，羣鹿爭逸，離爲十二，合爲六七，四分五剖，並爲戰國。士無常君，國亡定臣，得士者富，失士者貧，矯翼厲翮，恣意所存，故士或自盛以橐，或鑿坏以遁。是故騶衍以頡亢而取世資，孟軻雖連蹇，猶爲萬乘師。

「今大漢左東海，右渠搜，前番禺，後陶塗。東南一尉，西北一候。徽以糾墨，制以質鈇，散以禮樂，風以詩書，曠以歲月，結以倚廬。天下之士，雷動雲合，魚鱗雜襲，咸營于八區，家家自以爲稷契，人人自以爲咎繇，戴縰垂纓而談者皆擬於阿衡，五尺童子羞比晏嬰與夷吾；當塗者入青雲，失路者委溝渠，旦握權則爲卿相，夕失勢則爲匹夫；譬若江湖之雀，勃解之鳥，乘雁集不爲之多，雙鳧飛不爲之少。昔三仁去而殷虚，二老歸而周熾，子胥死而吴亡，種、蠡存而粤伯，五羖入而秦喜，樂毅出而燕懼，范雎以折摺而危穰侯，蔡澤雖噤吟而笑唐舉。故當其有事也，非蕭、曹、子房、平、勃、樊、霍則不能安；當其亡事也，章句之徒相與坐而守之，亦亡所患。故世亂，則聖哲馳騖而不足；世治，則庸夫高枕而有餘。

「夫上世之士，或解縛而相，或釋褐而傅；或倚夷門而笑，或横江潭而漁；或七十説而不遇，或立談間而封侯；或枉千乘於陋巷，或擁帚彗而先驅。是以士頗得信其舌而奮其筆，窒隙蹈瑕而無所詘也。當今縣令不請士，郡守不迎師，羣卿不揖客，將相不俛眉；言奇者見疑，行殊者得辟，是以欲談者宛舌而固聲，欲行者擬足而投迹。鄉使上世之士處虖今，策非甲科，行非孝廉，舉非方正，獨可抗疏，時道是非，高得待詔，下觸聞罷，又安得青紫？

「且吾聞之，炎炎者滅，隆隆者絶；觀雷觀火，爲盈爲實，天收其聲，地藏其熱。高明之家，鬼瞰其室。攫挐者亡，默默者存；位極者宗危，自守者身全。是故知玄知默，守道之極；爰清爰静，游神之廷；惟寂惟寞，守德之宅。世異事變，人道不殊，彼我易時，未知何如。今子乃以鴟梟而笑鳳皇，執蝘蜓而謿龜龍，不亦病乎！子徒笑我玄之尚白，吾亦笑子之病甚，不遭臾跗、扁鵲，悲夫！」

客曰：「然則靡玄無所成名乎？范、蔡以下何必玄哉？」

揚子曰：「范雎，魏之亡命也，折脅拉髂，免於徽索，翕肩蹈背，扶服入橐，激卬萬乘之主，界涇陽抵穰侯而代之，當也。蔡澤，山東之匹夫也，顉頤折頞，涕涶流沫，西揖彊秦之相，搤其咽，炕其氣，附其背而奪其位，時也。天下已定，金革已平，都於雒陽，婁敬委輅脱輓，掉三寸之舌，建不拔之策，舉中國徙之長安，適也。五帝垂典，三王傳禮，百世不易，叔孫通起於枹鼓之間，解甲投戈，遂作君臣之儀，得也。甫刑靡敝，秦法酷烈，聖漢權制，而蕭何造律，宜也。故有造蕭何律於唐虞之世，則誖矣；有作叔孫通儀於夏殷之時，則惑矣；有建婁敬之策於成周之世，則繆矣；有談范、蔡之説於金、張、許、史之間，則狂矣。夫蕭規曹隨，留侯畫策，陳平出奇，功若泰山，嚮若阺隤，唯其人之贍知哉，亦會其時之可爲也。故爲可爲於可爲之時，則從；爲不可爲於不可爲之時，則凶。夫藺先生收功於章臺，四皓采榮於南山，公孫創業於金馬，票騎發迹於祁連，司馬長卿竊訾於卓氏，東方朔割炙於細君。僕誠不能與此數公者並，故默然獨守吾太玄。」

雄以爲賦者，將以風也，必推類而言，極麗靡之辭，閎侈鉅衍，競於使人不能加也，既乃歸之於正，然覽者已過矣。往時武帝好神仙，相如上大人賦，欲以風，帝反縹縹有陵雲之志。繇是言之，賦勸而不止，明矣。又頗似俳優淳于髡、優孟之徒，非法度所存，賢人君子詩賦之正也，於是輟不復爲。而大潭思渾天，參摹而四分之，極於八十一。旁則三摹九据，極之七百二十九贊，亦自然之道也。故觀易者，見其卦而名之；觀玄者，數其畫而定之。玄首四重者，非卦也，數也。其用自天元推一晝一夜陰陽數度律曆之紀，九九大運，與天終始。故玄三方、九州、二十七部、八十一家、二百四十三表、七百二十九贊，分爲三卷，曰一二三，與泰初曆相應，亦有顓頊之曆焉。揲之以三策，關之以休咎，絣之以象類，播之以人事，文之以五行，擬之以道德仁義禮知。無主無名，要合五經，苟非其事，文不虛生。爲其泰曼漶而不可知，故有首、衝、錯、測、攡、瑩、數、文、掜、圖、告十一篇，皆以解剝玄體，離散其文，章句尚不存焉。玄文多，故不著；觀之者難知，學之者難成。客有難玄大深，衆人之不好也，雄解之，號曰解難。其辭曰：

客難揚子曰：「凡著書者，爲衆人之所好也，美味期乎合口，工聲調於比耳。今吾子乃抗辭幽說，閎意眇指，獨馳騁於有亡之際，而陶冶大鑪，旁薄羣生，歷覽者兹年矣，而殊不寤。亶費精神於此，而煩學者於彼，譬畫者畫於無形，弦者放於無聲，殆不可乎？」

揚子曰：「俞。若夫閎言崇議，幽微之塗，蓋難與覽者同也。昔人有觀象於天，視度於地，察法於人者，天麗且彌，地普而深，昔人之辭，乃玉乃金。彼豈好爲艱難哉？勢不得已也。獨不見夫翠虯絳螭之將登虖天，必聳身於倉梧之淵；不階浮雲，翼疾風，虛舉而上升，則不能撠膠葛，騰九閎。日月之經不千里，則不能燭六合，燿八紘；泰山之高不嶕嶢，則不能浡滃雲而散歊烝。是以宓犧氏之作易也，緜絡天地，經以八卦，文王附六爻，孔子錯其象而彖其辭，然後發天地之臧，定萬物之基。典謨之篇，雅頌之聲，不温純深潤，則不足以揚鴻烈而章緝熙。蓋胥靡爲宰，寂寞爲尸；大味必淡，大音必希；大語叫叫，大道低回。是以聲之眇者不可同於衆人之耳，形之美者不可棍於世俗之目，辭之衍者不可齊於庸人之聽。今夫弦者，高張急徽，追趨逐耆，則坐者不期而附矣；試爲之施咸池，揄六莖，發簫韶，詠九成，則莫有和也。是故鍾期死，伯牙絶弦破琴而不肯與衆鼓；獿人亡，則匠石輟斤而不敢妄斲。師曠之調鍾，竢知音者之在後也；孔子作春秋，幾君子之前睹也。老聃有遺言，貴知我者希，此非其操與！」雄見諸子各以其知舛馳，大氐詆訾聖人，即爲怪迂，析辯詭辭，以撓世事，雖小辯，終破大道而或衆，使溺於所聞而不自知其非也。及太史公記六國，歷楚漢，訖麟止，不與聖人同，是非頗謬於經。故人時有問雄者，常用法應之，譔以爲十三卷，象論語，號曰法言。法言文多不著，獨著其目：

天降生民，倥侗顓蒙，恣于情性，聰明不開，訓諸理。譔學行第一。

降周迄孔，成于王道，終後誕章乖離，諸子圖微。譔吾子第二。

事有本真，陳施於億，動不克咸，本諸身。譔修身第三。

芒芒天道，在昔聖考，過則失中，不及則不至，不可姦罔。譔問道第四。

神心曶怳，經緯萬方，事繫諸道德仁誼禮。譔問神第五。

明哲煌煌，旁燭亡疆，遜于不虞，以保天命。譔問明第六。

假言周于天地，贊于神明，幽弘横廣，絶于邇言。譔寡見第七。

聖人㥁明淵懿，繼天測靈，冠于羣倫，經諸范。譔五百第八。

立政鼓衆，動化天下，莫上於中和，中和之發，在於哲民情。譔先知第九。

仲尼以來，國君將相卿士名臣參差不齊，壹槩諸聖。譔重黎第十。

仲尼之後，訖于漢道，德行顔、閔，股肱蕭、曹，爰及名將尊卑之條，稱述品藻。譔淵騫第十一。

君子純終領聞，蠢迪檢押，旁開聖則。譔君子第十二。

孝莫大於寧親，寧親莫大於寧神，寧神莫大於四表之驩心。譔孝至第十三。

贊曰：雄之自序云爾。初，雄年四十餘，自蜀來至游京師，大司馬車騎將軍王音奇其文雅，召以爲門下史，薦雄待詔，歲餘，奏羽獵賦，除爲郎，給事黄門，與王莽、劉歆並。哀帝之初，又與董賢同官。當成、哀、平間，莽、賢皆爲三公，權傾人主，所薦莫不拔擢，而雄三世不徙官。及莽篡位，談説之士用符命稱功德獲封爵者甚衆，雄復不侯，以耆老久次轉爲大夫，恬於勢利乃如是。實好古而樂道，其意欲求文章成名於後世，以爲經莫大於易，故作太玄；傳莫大於論語，作法言；史篇莫善於倉頡，作訓纂；箴莫善於虞箴，作州箴；賦莫深於離騷，反而廣之；辭莫麗於相如，作四賦：皆斟酌其本，相與放依而馳騁云。用心於内，不求於外，於時人皆曶之；唯劉歆及范逡敬焉，而桓譚以爲絶倫。

王莽時，劉歆、甄豐皆爲上公，莽既以符命自立，即位之後欲絶其原以神前事，而豐子尋、歆子棻復獻之。莽誅豐父子，投棻四裔，辭所連及，便收不請。時雄校書天禄閣上，治獄使者來，欲收雄，雄恐不能自免，乃從閣上自投下，幾死。莽聞之曰：「雄素不與事，何故在此？」間請問其故，乃劉棻嘗從雄學作奇字，雄不知情。有詔勿問。然京師爲之語曰：「惟寂寞，自投閣；爰清静，作符命。」

雄以病免，復召爲大夫。家素貧，耆酒，人希至其門。時有好事者載酒肴從游學，而鉅鹿侯芭常從雄居，受其太玄、法言焉。劉歆亦嘗觀之，謂雄曰：「空自苦！今學者有禄利，然尚不能明易，又如玄何？吾恐後人用覆醬瓿也。」雄笑而不應。年七十一，天鳳五年卒，侯芭爲起墳，喪之三年。

時大司空王邑、納言嚴尤聞雄死，謂桓譚曰：「子嘗稱揚雄書，豈能傳於後世乎？」譚曰：「必傳。顧君與譚不及見也。凡人賤近而貴遠，親見揚子雲禄位容貌不能動人，故輕其書。昔老聃著虚無之言兩篇，薄仁義，非禮學，然後世好之者尚以爲過於五經，自漢文景之君及司馬遷皆有是言。今揚子之書文義至深，而論不詭於聖人，若使遭遇時君，更閲賢知，爲所稱善，則必度越諸子矣。」諸儒或譏以爲雄非聖人而作經，猶春秋吴楚之君僭號稱王，蓋誅絶之罪也。自雄之没至今四十餘年，其法言大行，而玄終不顯，然篇籍具存。

（録自漢書揚雄傳）

三、太玄圖解

太玄擬卦日星節候圖

宋　王薦

首擬卦名橫看 / 贊配日星	中（中孚）	周（復）	礥（屯）
一	晝一日 冬至 十一月中 牛一 蚯蚓結	夜	晝十日 女二
二	夜	晝六日 牛六度	夜
三	晝二日 牛二度	夜	晝十一日 女三
四	夜	晝七日 牛七	夜
五	晝三日 牛三度	夜	晝十二日 女四
六	夜	晝八日 牛八	夜
七	晝四日 牛四度	夜	晝十三日 女五
八	夜	晝九日 女一度	夜
九	晝五日 牛五度	夜	晝十四日 女六

閑（屯）	少（謙）	戾（睽）	上（升）	干（升）	狩（臨）
夜	晝十九日 女十一	夜	晝二十八日 虛八	夜	晝三十七日 危七
晝十五日 女七	夜	晝二十四日 虛四	夜	晝三十三日 危三	夜
夜	晝二十日 女十二	夜	晝二十九日 虛九	夜	晝三十八日 危八
晝十六日 小寒十二月 女八 雁北鄉	夜	晝二十五日 虛五	夜	晝三十四日 危四	夜
夜	晝二十一日 虛一 鵲始巢	夜	晝三十日 虛十	夜	晝三十九日 危九
晝十七日 女九	夜	晝二十六日 虛六 雉始雊	夜	晝三十五日 危五	夜
夜	晝二十二日 虛二	夜	晝三十一日 大寒 十二月中 危一 雞始乳	夜	晝四十日 危十
晝十八日 女十	夜	晝二十七日 虛七	夜	晝三十六日 危六 鷙戾疾	夜
夜	晝二十三日 虛三	夜	晝三十二日 危二	夜	晝四十一日 危十一 水澤腹堅

羡（過小）	差（過小）	童（蒙）	增（益）	鋭（漸）	達（泰）
夜	晝四十六日 立春正月 危十六 東風解凍	夜	晝五十五日 室八	夜	晝六十四日 壁一
晝四十二日 危十二	夜	晝五十一日 室四 蟄蟲始振	夜	晝六十日 室十三	夜
夜	晝四十七日 危十七	夜	晝五十六日 室九 魚上冰	夜	晝六十五日 壁二
晝四十三日 危十三	夜	晝五十二日 室五	夜	晝六十一日 雨水正月中 室十四 獺祭魚	夜
夜	晝四十八日 室一	夜	晝五十七日 室十	夜	晝六十六日 壁三 鴻雁來
晝四十四日 危十四	夜	晝五十三日 室六	夜	晝六十二日 室十五	夜
夜	晝四十九日 室二	夜	晝五十八日 室十一	夜	晝六十七日 壁四
晝四十五日 危十五	夜	晝五十四日 室七	夜	晝六十三日 室十六	夜
夜	晝五十日 室三	夜	晝五十九日 室十二	夜	晝六十八日 壁五

交（泰）	耎（需）	傒（需）	從（隨）	進（晉）	釋（解）	格（壯大）
夜	晝七十三日 奎一	夜	晝八十二日 奎十 倉庚鳴	夜	晝九十一日 婁三	夜
晝六十九日 壁六	夜	晝七十八日 奎六	夜	晝八十七日 奎十五 鷹化鳩	夜	晝九十六日 婁八
夜	晝七十四日 奎二	夜	晝八十三日 奎十一	夜	晝九十二日 春分二月中 婁四乙鳥至	夜
晝七十日 壁七	夜	晝七十九日 奎七	夜	晝八十八日 奎十六	夜	晝九十七日 婁九 雷乃發聲
夜	晝七十五日 奎三	夜	晝八十四日 奎十二	夜	晝九十三日 婁五	夜
晝七十一日 壁八 草木萌動	夜	晝八十日 奎八	夜	晝八十九日 婁一度	夜	晝九十八日 婁十
夜	晝七十六日 奎四	夜	晝八十五日 奎十三	夜	晝九十四日 婁六	夜
晝七十二日 壁九	夜	晝八十一日 奎九	夜	晝九十日 婁二	夜	晝九十九日 婁十一
夜	晝七十七日 驚蟄二月 奎五桃始華	夜	晝八十六日 奎十四	夜	晝九十五日 婁七	夜

夷(大壯)	樂(豫)	争(訟)	務(蠱)	事(蠱)	更(革)
晝一百日 婁十二	夜	晝一百九日 胃九	夜	晝一百十八日 昴四	夜
夜	晝一百五日 胃五	夜	晝一百十四日 胃十四	夜	晝一百二十三日 昴九
晝一百一日 胃一	夜	晝一百十日 胃十	夜	晝一百十九日 昴五	夜
夜	晝一百六日 胃六	夜	晝一百十五日 昴一	夜	晝一百二十四日 昴十
晝一百二日 胃二 始電	夜	晝一百十一日 胃十一	夜	晝一百二十日 昴六	夜
夜	晝一百七日 胃七 清明三月	夜	晝一百十六日 昴二	夜	晝一百二十五日 昴十一
晝一百三日 胃三	夜	晝一百十二日 胃十二 田鼠化駕	夜	晝一百二十一日 昴七	夜
夜	晝一百八日 胃八	夜	晝一百十七日 昴三 虹始見	夜	晝一百二十六日 畢一
晝一百四日 胃四	夜	晝一百十三日 胃十三	夜	晝一百二十二日 昴八 萍始生	夜

斷（夬）	毅（夬）	裝（旅）	衆（師）	密（比）
晝一百二 十七日 畢二 鳴鳩拂羽	夜	晝一百三 十六日 畢十一	夜	晝一百四 十五日 參二
夜	晝一百三 十二日 畢七 戴勝降桑	夜	晝一百四 十一日 畢十六	夜
晝一百二 十八日 畢三	夜	晝一百三 十七日 立夏四月 畢十二 螻蟈鳴	夜	晝一百四 十六日 參三
夜	晝一百三 十三日 畢八	夜	晝一百四 十二日 觜一 蚯蚓出	夜
晝一百二 十九日 畢四	夜	晝一百三 十八日 畢十三	夜	晝一百四 十七日 參四 王瓜生
夜	晝一百三 十四日 畢九	夜	晝一百四 十三日 觜二	夜
晝一百三 十日 畢五	夜	晝一百三 十九日 畢十四	夜	晝一百四 十八日 參五
夜	晝一百三 十五日 畢十	夜	晝一百四 十四日 參一	夜
晝一百三 十一日 畢六	夜	晝一百四 十日 畢十五	夜	晝一百四 十九日 參六

親（比）	斂（小畜）	彊（乾）	睟（乾）	盛（大有）
夜	晝一百五十四日井二	夜	晝一百六十三日井十一小暑至	夜
晝一百五十日參七	夜	晝一百五十九日井七	夜	晝一百六十八日井十六堂郎生
夜	晝一百五十五日井三	夜	晝一百六十四日井十二	夜
晝一百五十一日參八	夜	晝一百六十日井八	夜	晝一百六十九日井十七
夜	晝一百五十六日井四	夜	晝一百六十五日井十三	夜
晝一百五十二日參九	夜	晝一百六十一日井九	夜	晝一百七十日井十八
夜	晝一百五十七日井五	夜	晝一百六十六日井十四	夜
晝一百五十三日小滿五月井一苦菜秀	夜	晝一百六十二日井十	夜	晝一百七十一日井十九
夜	晝一百五十八日井六靡草死	夜	晝一百六十七日井十五	夜

居(人家)	法(井)	應(咸)	迎(咸)	遇(姤)
晝一百七 十二日 井二十	夜	晝一百八 十一日 井二十九	夜	晝一百九 十日 柳一
夜	晝一百七 十七日 井二十五	夜	晝一百八 十六日 鬼一	夜
晝一百七 十三日 井二十一 鵙始鳴	夜	晝一百八 十二日 井三十	夜	晝一百九 十一日 柳二
夜	晝一百七 十八日 井二十六 反舌無聲	夜	晝一百八 十七日 鬼二	夜
晝一百七 十四日 井二十二	夜	晝一百八 十三日 夏至五月中 井三十一 鹿角解	夜	晝一百九 十二日 柳三
夜	晝一百七 十九日 井二十七	夜	晝一百八 十八日 鬼三 蜩始鳴	夜
晝一百七 十五日 井二十三	夜	晝一百八 十四日 井三十二	夜	晝一百九 十三日 柳四 半夏生
夜	晝一百八 十日 井二十八	夜	晝一百八 十九日 鬼四	夜
晝一百七 十六日 井二十四	夜	晝一百八 十五日 井三十三	夜	晝一百九 十四日 柳五

竈（鼎）	大（豐）	廓（豐）	文（涣）	禮（履）
夜	晝一百九十九日 柳十	夜	晝二百八日 星四 鷹學習	夜
晝一百九十五日 柳六	夜	晝二百四日 柳十五	夜	晝二百十三日 張二
夜	晝二百日 柳十一	夜	晝二百九日 星五	夜
晝一百九十六日 柳七	夜	晝二百五日 星一	夜	晝二百十四日 張三 腐草化螢
夜	晝二百一日 柳十二	夜	晝二百十日 星六	夜
晝一百九十七日 柳八	夜	晝二百六日 星二	夜	晝二百十五日 張四
夜	晝二百二日 柳十三	夜	晝二百十一日 星七	夜
晝一百九十八日 柳九 温風至	夜	晝二百七日 星三	夜	晝二百十六日 張五
夜	晝二百三日 柳十四 蟋蟀居壁	夜	晝二百十二日 張一	夜

逃（遯）	唐（遯）	常（恒）	度（節）	永（節）
晝二百十 七日 張六	夜	晝二百二 十六日 張十五	夜	晝二百三 十五日 翼六
夜	晝二百二 十二日 張十一	夜	晝二百三 十一日 翼二	夜
晝二百十 八日 張七	夜	晝二百二 十七日 張十六	夜	晝二百三 十六日 翼七
夜	晝二百二 十三日 張十二	夜	晝二百三 十二日 翼三	夜
晝二百十 九日 張八 土潤溽暑	夜	晝二百二 十八日 張十七	夜	晝二百三 十七日 翼八
夜	晝二百二 十四日 張十三 大雨時行	夜	晝二百三 十三日 翼四	夜
晝二百二 十日 張九	夜	晝二百二 十九日 立秋七月 張十八 涼風至	夜	晝二百三 十八日 翼九
夜	晝二百二 十五日 張十四	夜	晝二百三 十四日 翼五 白露降	夜
晝二百二 十一日 張十	夜	晝二百三 十日 翼一	夜	晝二百三 十九日 翼十 寒蟬鳴

昆（人同）	減（損）	唫（否）	守（否）	翕（巽）
夜	晝二百四 十四日 處暑 翼十五 鷹祭鳥	夜	晝二百五 十三日 軫六	夜
晝二百四 十日 翼十一	夜	晝二百四 十九日 軫二 天地始肅	夜	晝二百五 十八日 軫十一
夜	晝二百四 十五日 翼十六	夜	晝二百五 十四日 軫七 禾乃登	夜
晝二百四 十一日 翼十二	夜	晝二百五 十日 軫三	夜	晝二百五 十九日 白露八月 軫十二 鴻雁來
夜	晝二百四 十六日 翼十七	夜	晝二百五 十五日 軫八	夜
晝二百四 十二日 翼十三	夜	晝二百五 十一日 軫四	夜	晝二百六 十日 軫十三
夜	晝二百四 十七日 翼十八	夜	晝二百五 十六日 軫九	夜
晝二百四 十三日 翼十四	夜	晝二百五 十二日 軫五	夜	晝二百六 十一日 軫十四
夜	晝二百四 十八日 軫一	夜	晝二百五 十七日 軫十	夜

視（觀）	疑（賁）	飾（賁）	積（畜大）	聚（萃）
晝二百八 十日 亢四	夜	晝二百七 十一日 角七	夜	晝二百六 十二日 軫十五
夜	晝二百七 十六日 角十二	夜	晝二百六 十七日 角三	夜
晝二百八 十一日 亢五	夜	晝二百七 十二日 角八	夜	晝二百六 十三日 軫十六 乙鳥歸
夜	晝二百七 十七日 亢一	夜	晝二百六 十八日 角四 羣鳥養羞	夜
晝二百八 十二日 亢六	夜	晝二百七 十三日 角九	夜	晝二百六 十四日 軫十七
夜	晝二百七 十八日 亢二	夜	晝二百六 十九日 角五	夜
晝二百八 十三日 亢七	夜	晝二百七 十四日 秋分角十 雷收聲	夜	晝二百六 十五日 角一
夜	晝二百七 十九日 亢三	夜	晝二百七 十日 角六	夜
晝二百八 十四日 亢八 水始涸	夜	晝二百七 十五日 角十一	夜	晝二百六 十六日 角二

沈（妹歸）	內（妹歸）	去（妄无）	晦（夷明）	瞢（夷明）
夜	晝二百八 十九日 氐四	夜	晝二百九 十八日 氐十三	夜
晝二百八 十五日 亢九	夜	晝二百九 十四日 氐九	夜	晝三百三日 房三
夜	晝二百九 十日 寒露九月 氐五 鴻雁來賓	夜	晝二百九 十九日 氐十四	夜
晝二百八 十六日 氐一	夜	晝二百九 十五日 氐十雀入 大水化蛤	夜	晝三百四日 房四
夜	晝二百九 十一日 氐六	夜	晝三百日 氐十五 菊有黃華	夜
晝二百八 十七日 氐二	夜	晝二百九 十六日 氐十一	夜	晝三百五日 霜降房五 豺祭獸
夜	晝二百九 十二日 氐七	夜	晝三百一日 房一	夜
晝二百八 十八日 氐三	夜	晝二百九 十七日 氐十二	夜	晝三百六日 心一
夜	晝二百九 十三日 氐八	夜	晝三百二日 房二	夜

窮（困）	割（剥）	止（艮）	堅（艮）	成（既濟）
晝三百七日 心二	夜	晝三百十六日 尾六	夜	晝三百二十五日 尾十五 地始凍
夜	晝三百十二日 尾二	夜	晝三百二十一日 尾十一	夜
晝三百八日 心三	夜	晝三百十七日 尾七	夜	晝三百二十六日 尾十六
夜	晝三百十三日 尾三	夜	晝三百二十二日 尾十二	夜
晝三百九日 心四	夜	晝三百十八日 尾八	夜	晝三百二十七日 尾十七
夜	晝三百十四日 尾四	夜	晝三百二十三日 尾十三	夜
晝三百十日 心五	夜	晝三百十九日 尾九	夜	晝三百二十八日 尾十八
夜	晝三百十五日 尾五 蟄蟲咸俯	夜	晝三百二十四日 尾十四	夜
晝三百十一日 尾一	夜	晝三百二十日 尾十 水始冰	夜	晝三百二十九日 箕一

闞（噬嗑）	失（大過）	劇（大過）	馴（坤）	將（未濟）
夜	晝三百三 十四日 箕六	夜	晝三百四 十三日 斗四	夜
晝三百三 十日 箕二雉入 大水化蜃	夜	晝三百三 十九日 箕十一	夜	晝三百四 十八日 斗九
夜	晝三百三 十五日 小雪箕七 虹藏不見	夜	晝三百四 十四日 斗五	夜
晝三百三 十一日 箕三	夜	晝三百四 十日 斗一天氣 騰地氣降	夜	晝三百四 十九日 斗十
夜	晝三百三 十六日 箕八	夜	晝三百四 十五日 斗六 閉塞成冬	夜
晝三百三 十二日 箕四	夜	晝三百四 十一日 斗二	夜	晝三百五 十日 斗十一
夜	晝三百三 十七日 箕九	夜	晝三百四 十六日 斗七	夜
晝三百三 十三日 箕五	夜	晝三百四 十二日 斗三	夜	晝三百五 十一日 大雪十一月 斗十二
夜	晝三百三 十八日 箕十	夜	晝三百四 十七日 斗八	夜

難（蹇）	勤（蹇）	養（頤）	踦一	羸二
晝三百五十二日斗十三	夜	晝三百六十一日斗二十二荔挺出	半日之半四分度之一	半日半度
夜	晝三百五十七日斗十八	夜		
晝三百五十三日斗十四	夜	晝三百六十二日斗二十三		
夜	晝三百五十八日斗十九	夜		
晝三百五十四日斗十五	夜	晝三百六十三日斗二十四		
夜	晝三百五十九日斗二十	夜		
晝三百五十五日斗十六	夜	晝三百六十四日斗二十五		
夜	晝三百六十日斗二十一	夜		
晝三百五十六日斗十七	夜	晝三百六十五日斗二十六度半		

（録自元胡一桂周易啓蒙翼傳外篇，據元圖發微）

太玄方州部家八十一首圖

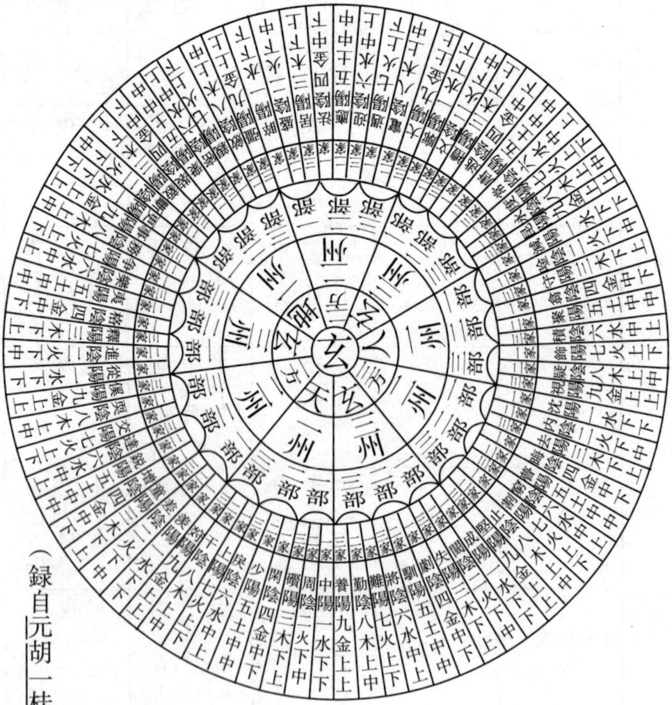

（録自元胡一桂周易啓蒙翼傳外篇）

一玄都覆三方圖

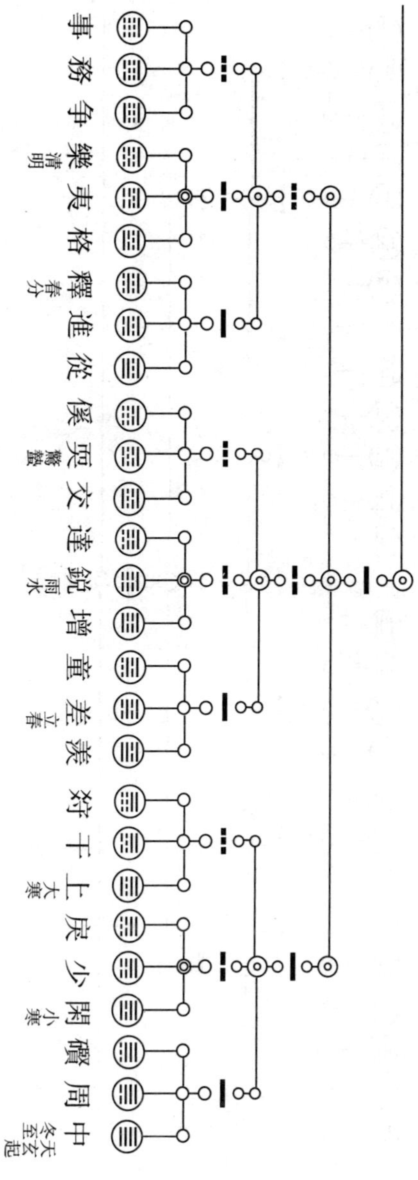

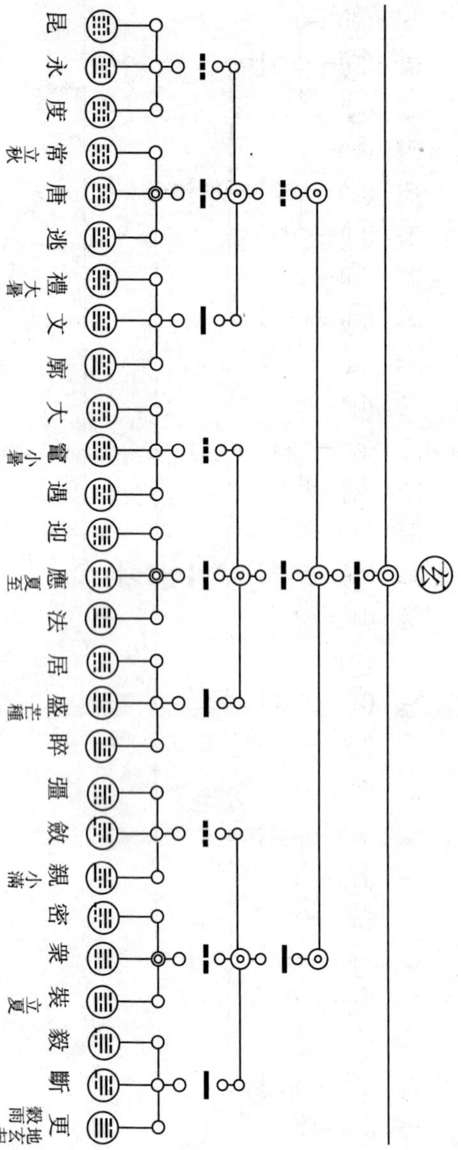
玄
昆
永
度
常
立秋
唐
逃
禮
大暑
文
廓
大
竈
小暑
遇
迎
應
夏至
法
居
盛
芒種
睟
彊
斂
親
小滿
密
衆
裝
立夏
毅
斷
更
地玄
穀雨
起

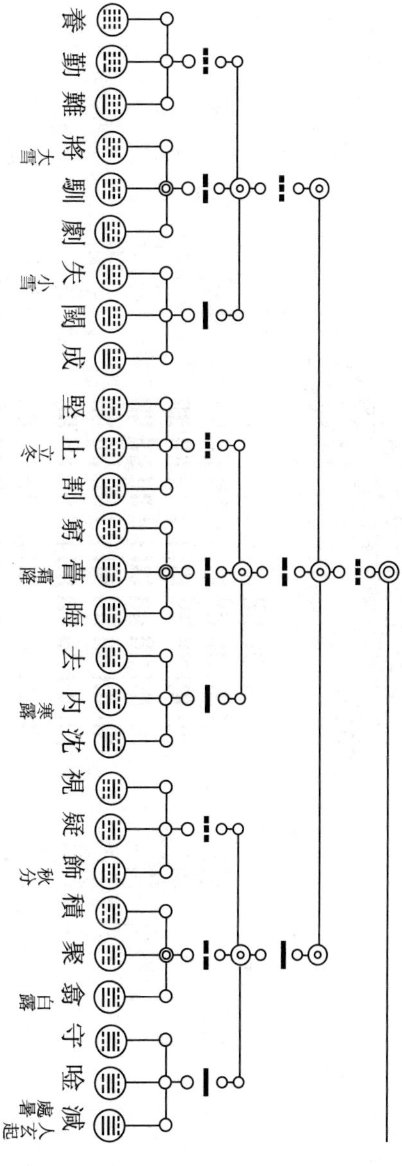

右按，玄圖云：「一玄都覆三方，方同九州，枝載庶部，分正羣家。」所謂玄生三方，三方生九州，九州生二十七部，二十七部生八十一家者也。此則自上而下生也。

（録自明葉子奇太玄本旨卷首）

方圓一氣圖

清　陳本禮

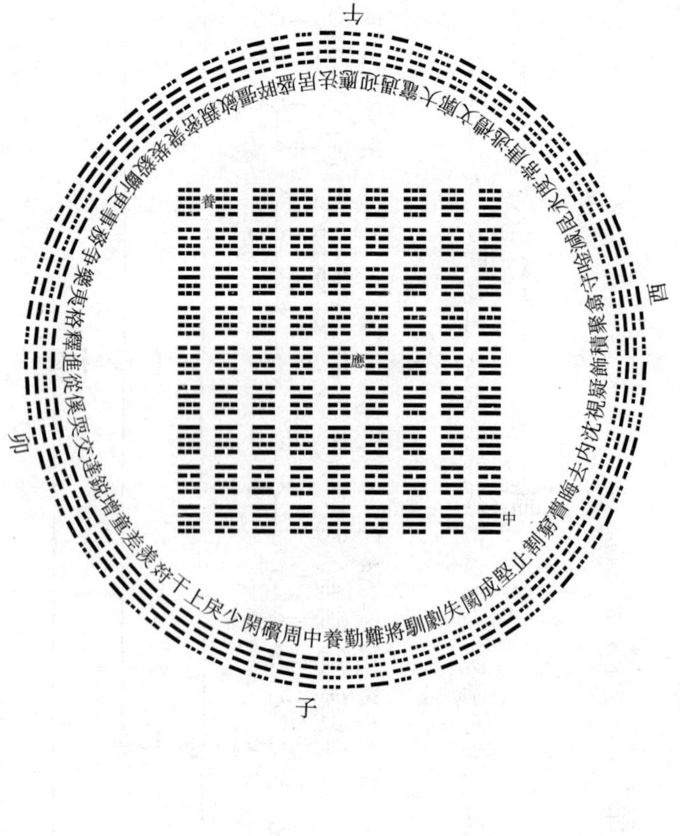

中則陽始，應則陰生。西北亥位。陽生於子而盡於亥。東南巳位。陰生於午而盡於巳。養首無對，界於陰極陽生之中，以爲吉凶動静之機，君子小人於此判焉。

禮按：宋衷、陸績古注本只有方州部家四畫，載於每首之下，而無所謂圖者。後儒因子雲玄圖之文有「一玄都覆三方，方同九州，枝載庶部，分正羣家」之語，遂製有圓圖、横圖及日星卦氣等圖，不過排纂日星，分配卦氣而已。而於子雲隱而未發之旨，固未能探索而闡明之也。間嘗細繹中首之詞，曰：「陽氣潛萌於黄宫，信無不在其中。」土爲宫姓，其色黄，故言潛萌於黄宫。水色玄，玄爲天。天在地外，天玄地黄。是以爲經之首。又初一之贊詞曰：「昆侖旁薄，幽。」昆侖，天之象。旁薄，地之形。天渾淪而包乎地，地彭魄而位乎中。則是子雲草玄之始已具有此圖之義於胸中，特未畫而傳之於世耳。考易本義首載希夷所傳宓羲方圓圖云：「其圓布者，乾盡午中，坤盡子中，離盡卯中，坎盡酉中。陽生於子而極於午，陰生於午而極於子。其陽在南，其陰在北。方布者，乾始於西北，坤盡於東南。其陽在北，其陰在南。」理與太玄恰合。因竊取其義，製爲斯圖。其圓布於外者，始於中首，終於養首。以冬至起牽牛初度，以夏至節交井宿三十一度。七宿軫轉，六甲内馴。一氣流行，終而復始。此太玄之所以「鴻綸天元，婁而拑之於將來者乎」！其方布於中者，西北亥位，亥爲十月，卦氣屬坤。午雖陰生，而陽尚壯，至亥則純陰而陽氣盡矣。東南巳位，巳爲四月，卦氣屬乾。子雖陽生，而陰氣尚盛，至巳則純陽而陰氣盡矣。故西北東南爲乾坤消息之方。况以圓包方，圓爲天，方爲地。天地正位則君臣大義以明，象數既呈則吉凶之克應不爽。蓋陰陽造化之妙，盈虚消息之理，一毫不能以人力勉强。彼亂臣賊子豈能攘奪簒竊於其間耶。特爲補撰此圖，以發作者未洩之祕。

（録自清陳本禮太玄闡祕卷首）

四、古代學者論玄舉要

桓譚論玄

揚雄作玄書，以爲玄者，天也，道也。言聖賢制法作事，皆引天道以爲本統，而因附續萬類、王政、人事、法度，故宓羲氏謂之易，老子謂之道，孔子謂之元，而揚雄謂之玄。玄經三篇，以紀天地人之道，立三體有上中下，如禹貢之陳三品。三三而九，因以九九八十一，故爲八十一卦。以四爲數，數從一至四，重累變易，竟八十一而徧，不可損益。以三十五（按，當作六）蓍揲之。玄經五千餘言，而傳十二（按，當作一）篇也。

（録自後漢書張衡傳注）

今揚子之書文義至深，而論不詭於聖人，若使遭遇時君，更閲賢知，爲所稱善，則必度越諸子矣。

（録自漢書揚雄傳）

王充論玄

陽成子長作樂經，揚子雲作太玄經，造於眇思，極窅冥之深，非庶幾之才，不能成也。孔子作春秋，二子作兩經，所謂卓爾蹈孔子之跡，鴻茂參貳聖之才者也。王公問於桓君山以揚子雲，君山對曰：「漢興以來，未有此人。」君山差才，可謂得高下之實矣。

（録自論衡超奇篇）

易之「乾坤」，春秋之「元」，揚氏之「玄」，卜氣號不均也。……陽成子張作樂，揚子雲造玄。二經發於臺下，讀於闕掖，卓絶驚耳，不述而作，材疑聖人。

（録自論衡對作篇）

張衡論玄

吾觀太玄，方知子雲妙極道數，乃與五經相擬，非徒傳記之屬，使人難論陰陽之事，漢家得天下二百歲之書也。復二百歲，殆將終乎？所以作者之數，必顯一世，常然之符也。漢四百歲，玄其興矣！

（録自後漢書張衡傳）

陸績述玄

績昔嘗見同郡鄒邠字伯岐與邑人書，嘆揚子雲所述太玄，連推求玄本，不能得也。鎮南將軍劉景升遣梁國成奇脩好鄙州，奇將玄經自隨。時雖幅寫一通，年尚暗稚，甫學書、毛詩，王誼人事未能深，索玄道真故不爲也。後數年專精讀之，半歲間粗覺其意，於是草創注解，未能也。章陵宋仲子爲作解詁。後奇復銜命尋盟，仲子以所解付奇與安遠將軍彭城張子布，績得覽焉。仲子之思慮誠爲深篤，然玄道廣遠，淹廢歷載，師讀斷絶，難可一備，故往往有違本錯誤。績智意豈能弘裕？顧聖人有所不知，匹夫誤有所達，加緣先王詢于芻蕘之誼，故遂卒有所述，就以仲子解爲本，其合於道者，因仍其説；其失者，因釋而正之。所以不復爲一解，欲令學者瞻覽彼此，論其曲直，故合聯之爾。

夫玄之大義，揲蓍之謂，而仲子失其旨歸，休咎之占靡所取定，雖得文間義説，大體乖矣。書曰：「若綱在綱，有條而弗紊。」今綱不正，欲弗紊不可得已。績不敢苟好著作以虛譽也，庶合道真，使玄不爲後世所尤而已。

昔揚子雲述玄經，而劉歆觀之，謂曰：「雄空自苦！今學經者有祿利，然尚不能明易，又如玄何？吾恐後人用覆醬瓿。」雄笑而不應。雄卒，大司空王邑、納言嚴尤聞雄死，謂桓譚曰：「子嘗稱揚雄書，豈能傳於後世乎？」譚曰（自「子」至「譚曰」，依文淵閣四庫全書本補）：「必傳。顧君與譚不及見也。」班固贊序雄事曰：「凡人貴遠賤近，親見揚雄禄位容貌不能動人，故輕其書。揚子雲之言文誼至深，論不詭於聖人，若使遭遇時君，更閲賢智，爲所稱善，則必度越諸子矣（按，以上乃桓譚語，陸氏誤爲班氏所言。參見漢書揚雄傳）。自雄之没，至今四十餘年，其法言大行，而玄終未顯。」又張平子與崔子玉書曰：「乃者以朝駕明日披讀太玄經，知子雲特極陰陽之數也。以其滿汎故，故時人不務。此非特傳記之屬，心實與五經擬。漢家得二百歲卒乎？所以作興者之數，其道必顯一代，常然之符也。玄四百歲其興乎？竭己精思，以揆其義，更使人難論陰陽之事。足下累世窮道極微，子孫必命世不絶，且幅寫一通藏之，以待能者。」績論數君所云，知揚子雲太玄無疆也。歆云經將覆没，猶法言而今顯揚。歆之慮尋於是爲漏。固曰「法言大行而玄終未顯」，固雖云終不必其廢，有愈於歆。譚云「必傳，顧譚與君不見也」，而玄果傳。譚所思過固遠矣。平子云漢之「四百（歲）其興乎」，漢元至今四百年矣，其道大顯，處期甚效厥迹速。其最復優乎？且以歆曆譜之隱奥，班固漢書之淵弘，桓譚新論之深遠，尚不能鏡照玄經廢興之數，況夫王邑、嚴尤之倫乎？覽平子書，令子玉深藏以待能者。子玉爲世大儒，平子嫌不能理，但令深藏，益明玄經之爲乎驗。雖（疑雖乃唯字之誤）平子焯亮其道，處其熾興之期。人之材意，相倍如此。

雄難曰：「師曠之調鍾，俟知音之在後；孔子作春秋，冀君子之將睹。」信哉斯言，於是乎驗。雄受氣純和，韜真含道，通敏叡達，鉤深致遠，建立玄經，與聖人同趣。雖周公繇大易，孔子修春秋不能是過。論其所述，終年不能盡其美也。考之古今，宜曰聖人。昔孔子在衰周之時，不見深識，或遭困苦，謂之佞人；列國智士稱之達者，不曰聖人。唯弟子中言其聖耳。逮至孟軻、孫卿之徒及漢世賢人君子，咸並服德歸美，謂之聖人，用春秋以爲王法。故遂隆崇，莫有非毁。揚子雲亦生衰亂之世，雖不見用，智者識焉。桓譚之絶倫，稱曰聖人。其事與孔子相似，又述玄經。平子處其將興之期，果如其言。若玄道不應天合神，平子無以知其行數。若平子瞽言期應，不宜效驗如合符契也。作而應天，非聖如何？昔詩稱「母氏聖善」，多方曰：「惟聖罔念作狂，惟狂克念作聖。」洪範曰：「睿作聖。」孟軻謂柳下惠作聖人。由是言之，人之受性，聰明純淑，無所繫軫，順天道履仁誼，因可謂之聖人。何常之有乎？世不達聖賢之數，謂聖人如鬼神而非人類，豈不遠哉？凡人賤近而貴遠，聞績所云，其笑必矣。冀值識者有以察焉。

（録自范望注太玄經卷首）

范望解贊

贊曰：揚子雲處前漢之末，值王莽用事，身縶亂世，遜退無由，是以朝隱，官爵不徙。昔者文王屈抑而繫易，仲尼當衰周而述春秋，爲一代之法，以彰聖人之符。子雲志不申顯，於是覃思耦易著玄。其道以陰陽爲本，比於庖犧之作，事異道同，福順禍逆，無有主名。桓譚謂之絶倫，張衡以擬五經，非諸子之疇也。自侯芭受業之後，希有相傳受者，乃到建安年中，故五業主事章陵宋衷、鬱林太守吴郡陸績各以淵通之才，窮核道真，爲十篇解釋，足以根其祕奥，無遺滯者已。然本經三卷雖有章句，辭尚婉妙，並宜訓解。且此書也，淹廢歷久，傳寫文字或有脱謬。宋君創之於前，鬱林釋之於後，二注并集，或相錯雜，或相理致，文字猥重，頗爲繁多，於教者勞，於誦者勸。望以闇固，學不博識，昔在吴朝校書臺觀，後轉爲郎，雠講歷年，得因二君已成之業，爲作義注四萬餘言，寫在觀閣，亡其本末。今更通率爲注，因陸君爲本，録宋所長，捐除其短；并首一卷本經之上，散測一卷注文之中；訓理其義，以測爲據；合爲十卷十萬餘言。意思褊淺，猶懼不能發暢揚氏幽微之旨，裨闓後學未覺也。

（録自范望注太玄經卷首）

司馬光説玄

易與太玄大抵道同而法異。易畫有二，曰陽曰陰；玄畫有三，曰一曰二曰三。易有六位，玄有四重。最上曰方，次曰州，次曰部，次曰家。本傳所謂「三摹而四分之，極於八十一」者也。

易以八卦相重爲六十四卦，玄以一、二、三錯於方、州、部、家爲八十一首。凡家每首輒變，三首而復初，如中、周、礥之類是也。部三首一變，九首而復初，如中、閑、上之類是也。州九首一變，二十七首而復初，如中、羡、從之類是也。方二十七首一變，八十一首而復初，如中、更、減之類是也。八十一首以上不可復加，故曰「自然之道也」。

易每卦六爻，合爲三百八十四爻；玄每首九贊，合爲七百二十九贊。圖曰：「玄有二道，一以三起，一以三生。以三起者，方州部家也。以三生者，三分陽氣以爲三重，極爲九營。是謂同本離生，天地之經也。」本傳曰「雄覃思渾天，三摹而四分之，極於八十一」者，謂玄首也。又曰「旁則三摹九據，極於七百二十九贊」者，謂玄贊也。首猶卦也，贊猶爻也。又曰：「觀易者，見其卦而名之；觀玄者，數其晝而定之。玄首四重者，非卦也，數也。」故易卦六爻，爻皆有辭；玄首四重，而別爲九贊，以繫其下。然則首與贊分道而行，不相因者也。

皆當朞以日。易卦氣起中孚，除震、離、兑、坎四正卦二十四爻主二十四氣外，其餘六十卦，每卦六日七分，凡得三百六十五日四分日之一。中孚初九，冬至之初也；頤上九，大雪之末也；周而復始。玄八十一首，每首九贊，凡七百二十九贊。每二贊合爲一日，一贊爲晝，一贊爲夜，凡三百六十四日半。益以踦、嬴二贊，成三百六十五日四分日之一。中初一，冬至之初也；踦、嬴二贊，大雪之末也。亦周而復始。凡玄首皆以易卦氣爲次序而變其名稱。中者，中孚也；周者，復也；礥、閑者，屯也；少者，謙也；戾者，睽也。餘皆倣此。故玄首曰：「八十一首，歲事咸貞。」測曰：「巡乘六甲，與斗相逢。曆以紀歲，而百穀時雍。」皆謂是也。

易有元、亨、利、貞，玄有罔、直、蒙、酋、冥。五者，太玄之德。罔，北方也，於易爲貞。直，東方也，於易爲元。蒙，南方也，於易爲亨。酋，西方也，於易爲利。冥者，未有形也。故玄文曰：「罔蒙相極，直酉相勑，出冥入冥，新故更代。」玄首起冬至，故分貞以爲罔冥。罔者，冬至以後；冥者，大雪以前也。

易大衍之數五十，其用四十有九；玄天地之策各十有八，合爲三十六策，地則虚三用三十三策。易揲之以四，玄揲之以三。太玄揲法：掛一而中分其餘，以三揲之，并餘於艻，一艻之後再數，其餘七爲一、八爲二、九爲三。

易有七、八、九、六，謂之四象；玄有一、二、三，謂之三摹。皆畫卦、首之數也。

易有彖，玄有首。彖者，卦之辭也。首者，亦統論一首之義也。

易有爻，玄有贊；易有象，玄有測。測，所以解贊也。

易有文言，玄有文。文解五德并中首九贊，文言之類也。

易有繫辭，玄有攡、瑩、掜、圖、告。五者，皆推贊太玄，繫辭之類也。

易有説卦，玄有數。數者，論九贊所象，説卦之類也。

易有序卦，玄有衝。衝者，序八十一首，陰陽相對而解之，序卦之類也。

易有雜卦，玄有錯。錯者，雜八十一首而説之。

殊塗而同歸，百慮而一致。皆本於太極、兩儀、三才、四時、五行，而歸於道德仁義禮也。

（録自司馬光太玄經集注）

邵雍論玄

洛下閎改顓帝曆爲太初曆，子雲準太初而作太玄，凡八十一卦。九分其兩卦，凡一五隔一四，細分之則四分半當一卦。氣起於中心，故首中卦。太玄九日當兩卦，余一卦當四日半。揚雄作玄，可謂見天地之心者也。

五星之説自甘公石公始也。曆不能無差。今之學曆者但知曆法，不知曆理。能布算者，洛下閎也；能推步者，甘公石公也。洛下閎但知曆法，揚雄知曆法又知曆理。

（録自邵雍皇極經世觀物外篇以元經會大小運數）

程頤論玄

（揚雄）作太玄本要明易，却尤晦如易，其實無益，真屋下架屋，牀上叠牀。他只是於易中得一數爲之，於曆法雖有合，只是無益。今更於易中推出來，做一百般太玄亦得，要尤難明亦得，只是不濟事。

（録自程氏遺書卷十九）

朱熹論玄

揚雄也是學焦延壽推卦氣。

太玄中高處只是黄老，故其言曰：「老子之言道德，吾有取焉。」

太玄説只是老莊。康節深取之者，以其書亦挨旁陰陽消長來説道理。

太玄亦自莊老來，惟寂惟寞可見。

（録自朱子語類卷六十七）

葉子奇太玄本旨序

揚子作太玄以擬易，易之用二而玄之用三。用二故二其二以爲四，二其四以爲八，二其八以爲十六，二其十六以爲三十二，二其三十二以爲六十四也；用三故三其三以爲九，三其九以爲二十七，三其二十七以爲八十一也。易凡六重之，故其爻六；玄凡四重之，故其位四。易畫則自下而上，自前而後，以☰乾一、☱兑二、☲離三、☳震四、☴巽五、☵坎六、☶艮七、☷坤八八卦，一貞八悔而互重之，故其究爲六十四卦；玄畫則自上而下，自内而外，以⚌一方一州、⚍一方二州、𝌁一方三州、⚎二方一州、⚏二方二州、𝌂二方三州、𝌃三方一州、𝌄三方二州、𝌅三方三州九首，三部三家而互重之，故其究爲八十一首。此易、玄取用不同之效也。易立天地人之道曰陰陽、剛柔、仁義，故其畫不過於⚊奇⚋偶之兩端；玄立天地人之道曰始、中、終，思、福、禍，下、中、上，故其畫遂有⚊一方一州一部一家，⚋二方二州二部二家，𝌀三方三州三部三家之三體。蓋易以兩之，玄以參之也。易自復至乾爲陽，自姤至坤爲陰，此二至陰始陽生之機也。玄自中至法爲陽，自應至養爲陰，此亦二至陰始陽生之候也。復之初九，姤之初六，當二至晝夜子午之半；中之次六，應之次六，亦當二至晝夜子午之半，此則易之與玄應天之運也。易則一正一反，對待而爲序；玄則跌陰跌陽，交錯而分家。易則爻多而卦少，由其畫止偶；玄則位少而首多，由其畫至三。至於遡流而窮源，自象而推理，則易有太極，玄則有玄也。是則用雖不同而所同者體，數雖不同而所同者理也。此則易之與玄可以類推而通者也。

雖然，易之儀象卦數，布置錯綜，與天地造化無不合，由其理出於自然，此所以爲聖人之學。玄之方州部家，分綴附會，求律曆節候而强其合，由其智出於臆見，此所以爲賢人之術。易之立象命名，莫不有義，如乾之六陽，健莫如也，故以名乾；坤之六陰，順莫如也，故以名坤。天地交而爲泰，天地隔而爲否；一陽來而爲復，一陰生而爲姤；五陽決一陰而爲夬，五陰剥一陽而爲剥，以至六十四卦莫不皆然。我不知玄之爲中、爲周、爲礥、爲閑，以至八十一首，其於四畫之位果何所見以取象命名乎！此求而未通者一也。夫卦與首既不同，爻與位亦有異。徒擬中於中孚，擬周爲復，擬礥、閑爲（按，疑此二「爲」字乃「於」字之誤）屯，吾不知何中之虚，何陽之復，何剛柔始交而難生！初無其義。此求而未通者二也。夫易爻以立卦，辭以明爻，故爻有六而辭亦六。今玄畫有四而贊辭反九，是上無所明，下無所屬，首自首而贊自贊，本末二致。此求而未通者三也。易畫自下而上，故爻辭也自下而上。玄畫自上而下，而贊辭乃自下而上，上下背馳。此求而未通者四也。易名陽爻以九，陰爻以六。今玄雖列九贊，但以次言之，初無指名。此求而未通者五也。易之爻位吉凶，推之以才德時象之變，錯之以中正剛柔之位，故可吉可凶，其法變動而不拘。今玄例以陽家一、三、五、七、九爲晝，措辭吉，二、四、六、八爲夜，措辭凶；陰家二、四、六、八爲晝，措辭吉，一、三、五、七、九爲夜，措辭凶；自始至終，一定不移，其法膠固而無變。此求而未通者六也。聖人之於易，雖未嘗不致其扶陽抑陰之義，然陰陽者，造化之本，不可相無。聖人於其不可相無者，則以健順仁義之屬明之。雖其消息之際，有淑慝之分，固未始以陽全吉而陰全凶也。今玄例以晝吉夜凶，陰禍陽福，恐亦未足以盡聖人之微旨。此求而未通者七也。聖人仰觀俯察，見天地之間不過陰陽兩端而已，因畫一奇以象陽，畫一偶以象陰，奇偶之上復加一陰一陽，馴而至於六十四卦三百八十四爻。其於歲數雖不求其盡合，而自無不合。今玄首畫既不同，別立九贊，以兩贊當一日，凡七百二十九贊當一歲三百六十四日半，外立踦、嬴二贊以當氣盈朔虛，雖於歲數盡合，蓋亦模仿於曆以附會焉。初未見其必然，恐彌綸天地之經殆不如此。此求而未通者八也。故朱子曰：太玄亦是拙底工夫。豈不以此乎？

雖然，不究六經之旨，無以見諸子之缺；不觀諸子之缺，無以見六經之全。如玄也，劉歆見，謂覆瓿，則已甚之毁；桓譚比之聖人，則過情之譽。要之，雄蓋學聖人之作而未至者也。求之兩漢，又豈多得哉？蓋亦自成其一家之學也。今觀宋、陸舊注，尚多舛失，輒不揆而爲之解。雖膚見謏（按，疑「謏」字之訛）聞，不足以窮玄之藴奥，然於文義之近，亦或庶幾焉。然而，雄也擬易於玄，有以傳其學；愚也索玄之旨，未免缺其疑。雖其固陋，不能有以知玄，然亦不可謂後世無揚子雲也。今疏其所疑於卷首，尚俟來哲以折衷云。

洪武元年秋八月己未，括蒼龍泉静齋葉氏子奇世傑謹序。

（録自明葉子奇太玄本旨卷首）

王夫之論玄

乃其尤信者，則莫劇於玄焉。其所仰觀，四分曆粗率之天文也；其所俯察，王莽所置方、州、部、家之地理也。進退以爲鬼神，而不知神短而鬼長；寒暑以爲生死，而不知冬生而夏殺。方有定而定神於其方，體有限而限易以其體。則亦王莽學周公之故智。新美雄而雄美新，固其宜矣。要而言之，之數者皆索神於方而疑數於體。其於易也，猶爝火之於日月。何也？神無方而易無體，易與神合而非因物以測神。神司變而物蔽物，易彌綸天地，而彼襲天地之緒餘。則得失之相去，豈特尋丈哉！

（録自王夫之周易外傳卷五）

五、提　要

太玄經十卷，漢揚雄撰，晉范望注。漢書藝文志稱：揚雄所序三十八篇，太玄十九。其本傳則稱：太玄三方、九州、二十七部、八十一家、二百四十三表、七百二十九贊，分爲三卷，曰一二三，與太初曆相應。又稱：有首、衝、錯、測、攡、瑩、數、文、掜、圖、告十一篇，皆以解剥玄體，離散其文；章句尚不存焉。與藝文志十九篇之説已相違異。桓譚新論則稱：太玄經三篇，傳十二篇。合之乃十五篇，較本傳又多一篇。案阮孝緒稱：太玄經九卷，雄自作章句。隋志亦載：雄太玄經章句九卷。疑漢志所云十九篇，乃合其章句言之。今章句已佚，故篇數有異。至桓譚新論，則世無傳本，惟諸書遞相援引，或訛十一爲十二耳。以今本校之，其篇名篇數一一與本傳皆合，固未嘗有脱佚也。

注其書者，自漢以來，惟宋衷、陸績最著。至晉范望乃因二家之注，勒爲一編。雄書本擬易而作，以家準卦，以首準彖，以贊準爻，以測準象，以文準文言，以攡、瑩、掜、圖、告準繫辭，以數準説卦，以衝準序卦，以錯準雜卦，全仿周易古本，經傳各自爲篇。望作注時，析玄首一篇，分冠八十一家之前，析玄測一篇，分繫七百二十九贊之下，始變其舊，至今仍之。其書，唐藝文志作十二卷，文獻通考則作十卷，均名曰太玄經注。此本十卷，與通考合，而卷端標題則稱：晉范望字叔明解贊。

考玄測第一條下有附注曰：此是宋陸二家所注，即非范望注也。蓋范望採此注，意自解經贊。儒有近習，罔知本末，妄將此注升於「測曰」之上，以雜范注，混亂義訓。今依范望正本移於「測曰」之下，免誤學者。已下七百二十九贊測注並同云云。考望自序亦稱：因陸君爲本，録宋所長，損其所短；并首一卷，本經之上，散測一卷，注文之中；訓理其義，以測爲據。然則望所自注特其贊辭，其它文則酌取二家之舊，故獨以解贊爲文。今概稱望注，要其終而目之耳。卷端列陸績述玄一篇，據陳振孫書録解題，爲范本所舊有。又列王涯説玄五篇，又列釋文一卷，則不知何人附入。其太玄圖旁，范望序末，及玄首、玄測之首尾，凡附記九條；卷末又有一跋，均不著名氏。考序後附記，稱近時林瑀。瑀與賈昌朝同時，則此九條當出北宋人手。又王涯説玄之末，附題一行云：右迪功郎充兩浙東路提舉茶鹽司幹辦公事張實（附記實作寔）校勘。則附記或出於實歟？其釋文一卷亦不著名氏。考鄭樵通志，太玄經釋文一卷亦林瑀撰。疑實刊是書時，併以涯之説，瑀之釋文，冠於編首也。

（録自四庫全書總目提要）

後記

揚雄是漢代著名的思想家和文學家。他敢於擬經而作，與當時最優秀的著作相媲美。他模擬周易所作太玄，以漢代天文、曆法爲基礎，闡發了當時流行的「元氣」學説、「陰陽消息」説和「因革相成」説，企圖建構一個廣大悉備的哲學系統。我曾經請教張岱年先生：太玄圖式是否可以説是一部特殊的曆法？揚雄是否可以説是漢代辯證思維的代表人物？得到張先生的充分肯定。原南京大學天文系主任盧央先生也認爲，太玄之中保存了大量古天文學知識，對太玄一書極感興趣。

一九七九年，我開始鑽研揚雄哲學。在研究生論文答辯時，張岱年先生提議：應該把太玄注釋出來。之後，我便着手搜集資料，開始太玄校釋的寫作。在寫作過程中，承蒙張岱年、朱伯崑兩位先生審閲書稿，提出了一些寶貴的意見，又蒙張先生賜寫書序，予以鼓勵；邱漢生先生亦審閲了書稿，譽之爲「揚雄的功臣」；我的導師中國人民大學石峻教授則自始至終給予了熱情關懷與指導。數年之前，承中華書局張繼海先生的美意，準備將此書納入新編諸子集成叢書；此次出版，中華書局鄒旭女士精心核校，付出了大量心血。在此一併深致謝忱。

由於揚雄喜造新詞，好用奇字，又吸收了大量天文學知識，使太玄成爲一部艱澀難懂的書，整理起來，難度很大。加以作者才力學識有限，書中錯訛不當之處在所難免，懇切希望得到學者同道及諸位讀者的指教。

鄭萬耕

二〇一四年七月